Torben Søndergaard

Kickstart-Buch

Torben Søndergaard

Kickstart-Buch

Das Buch zum Kickstart-Paket

GloryWorld-Medien

1. Auflage 2021

Bibelzitate sind, falls nicht anders gekennzeichnet, der Elberfelder Bibel, Revidierte Fassung von 2006 entnommen. Weitere Bibelübersetzungen:

LUT: Lutherbibel, Revidierte Fassung von 2017
NGÜ: Neue Genfer Übersetzung

Das Buch folgt den Regeln der Deutschen Rechtschreibreform. Die Bibelzitate wurden diesen Rechtschreibregeln angepasst.

Übersetzung/Satz: Manfred Mayer
Umschlaggestaltung: Ever Calamaco / Markus Amolsch
Druck: arkadruk.pl

Printed in the EU

ISBN: 978-3-95578-393-8
Bestellnummer: 356393

Erhältlich beim Verlag:

GloryWorld-Medien
Beit-Sahour-Str. 4
D-46509 Xanten
Tel.: 02801-9854003
Fax: 02801-9854004
info@gloryworld.de
www.gloryworld.de

oder in jeder Buchhandlung

Inhalt

Danksagungen

Vielen Dank an ALLE, die mitgearbeitet, editiert, recherchiert und mich unterstützt haben, um dies alles möglich zu machen.

Josué Studer bin ich unendlich dankbar. Er hat zwei Jahre lang hart an den „Kickstart Package“-Videos mit Grafiken, Videoschnitt und vielem mehr gearbeitet. Du bist ein großer Segen!

Auch Marcia Neuhold bin ich sehr dankbar, dass sie die Lehren aus den Videos des „Kickstart Package“ genommen und in diesem Buch festgehalten hat.

Ein besonderer Dank geht an Ever Calamaco für seine Hilfe bei der Gestaltung der Grafiken und des Designs sowohl in diesem Buch als auch im Arbeitsbuch.

Und ein ganz besonderes Dankeschön an Asia Brazil Scoggins für das Lektorat, die Entwicklung des Layouts, das Zusammentragen und die Formulierung der Informationen aus den „Kickstart Package“-Videos in diesem Buch und dem Arbeitsbuch.

Schließlich danke ich Nancy E. Williams dafür, dass sie wirklich eine erstaunliche Verlegerin und Herausgeberin ist.

Ihr alle seid ein großer Segen für mich und das Reich Gottes.

Möge das Leben vieler dadurch für immer verändert werden.

Ich danke euch!

Kickstart-Paket-App

Scanne den QR-Code, um die App herunterzuladen und die Videos des Kickstart-Pakets sowie andere Materialien und Videos zu sehen, die dir auf deinem Weg als Jünger helfen.

Einführung

Willkommen zum Kickstart-Buch. Ich bin Torben Søndergaard und freue mich sehr, dass ich dir dieses Buch vorlegen kann. Ich glaube wirklich, dass es voll mit dem Wort Gottes ist und ein Werkzeug sein wird, das dich befähigen und dein Leben für immer verändern wird. Dieses Buch ist für diejenigen, die die Wahrheit des Evangeliums von Jesus Christus kennenlernen und wissen wollen, wie man als Jünger Jesu im Alltag lebt.

Um ein wenig über meinen Hintergrund zu erzählen: Ich komme aus Dänemark und bin nicht in einer christlichen Familie aufgewachsen. Wie die meisten Menschen, die in Dänemark leben, wurde ich als Baby nach der Tradition der lutherischen Kirche getauft. Das Evangelium von Jesus Christus hörte ich zum ersten Mal am 5. April 1995. Ich tat Buße und erlebte, dass der Heilige Geist in mich hineinkam. Es war der Beginn eines neuen und erstaunlichen Lebens mit Gott. Seit diesem Tag habe ich in verschiedenen Städten christliche Gemeinden gegründet und bin durch die ganze Welt gereist, um Menschen zu lehren und zu zeigen, wie man das Leben lebt, von dem wir in der Bibel lesen. Gott gab mir eine Leidenschaft dafür, Menschen zuzurüsten, um Jesus zu folgen. Er erlaubte mir, *The Last Reformation* (Die letzte Reformation) zu gründen, eine Bewegung, die sich über die ganze Welt ausbreitet. In den letzten Jahren hatte ich die Ehre, Menschen in über 30 Nationen zu dienen. Zurzeit lebe ich in den USA, wo wir erleben, wie Gott erstaunliche Dinge tut. Neben alledem habe ich auch sechs Bücher geschrieben und drei Filme produziert, die von Millionen von Menschen gesehen wurden.

Eines der erstaunlichsten und nachhaltigsten Dinge, die wir in den letzten Jahren getan haben, sind unsere Kickstart-Wochenenden. Ein Kickstart-Wochenende ist ein dreitägiges Treffen mit einem starken

Fokus darauf, wie man das Leben lebt, von dem wir in der Bibel lesen. Bei diesen Treffen lernen die Leute, was das Evangelium ist und wie man es weitergibt, wie man Jesus gehorcht, wenn es darum geht, Kranke zu heilen und Dämonen auszutreiben, und wie man sich vom Heiligen Geist leiten lässt. Ein Kickstart-Wochenende besteht sowohl aus Lehre als auch darin, dass wir das Gelehrte demonstrieren und in der Praxis einüben. Wir lehren zunächst, dann zeigen wir den Leuten, wie sie es weitergeben können, und dann hat jeder die Chance, Jesus in dem, was er gelernt hat, zu gehorchen. Wenn wir z. B. lehren, wie man Kranke heilt, bitten wir einige Leute nach vorne, um für sie zu beten, und nachdem wir den Leuten gezeigt haben, wie man es macht, lassen wir alle füreinander beten. Danach schicken wir alle in kleinen Gruppen auf die Straße, um das Gleiche zu tun. Diese einfache, biblische Form der Jüngerschaft ist sehr effektiv. Wir sind nicht nur aufgerufen, Jesu Wort zu lesen, sondern es zu hören, zu lernen und ihm zu gehorchen.

Während eines Kickstart-Wochenendes erleben wir oft, dass viele Menschen wiedergeboren werden. Sie kommen zu unseren Wochenenden und denken, sie würden das Evangelium bereits kennen, aber in Wirklichkeit tun sie das nicht. Sie haben von Jesus gehört und dass er für sie gestorben ist, aber sie halten oft noch an ihren Sünden fest. Sie haben den Glauben an Jesus, die Bedeutung der Buße und dass sie, nachdem sie Buße getan haben, im Wasser und mit dem Heiligen Geist getauft werden müssen, nie wirklich verstanden.

Wenn Menschen an unseren Kickstart-Wochenenden das ganze Evangelium hören und dass sie Buße tun und sich im Wasser und mit dem Heiligen Geist taufen lassen müssen, dann verändert das ihr Leben. Wenn wir ihnen dann zeigen, wie sie das anderen weitergeben, für Kranke beten und Dämonen austreiben können, verändert das wirklich alles. Sie sind dann Feuer und Flamme und bereit, dies mit den Menschen um sie herum zu teilen. Wir haben dabei erlebt, wie schnell es von Mensch zu Mensch geht. Wenn jeder die Freiheit in Christus erfährt und dann lernt, hinauszugehen und sie anderen zu geben, kann sich das sehr schnell ausbreiten.

Wir haben erlebt, dass Tausende Menschen durch unsere Kickstart-Wochenenden vollständig wiedergeboren und verändert wurden.

Danach gehen sie nach Hause, um die Wahrheit des Evangeliums an die Menschen um sich herum weiterzugeben.

Du fragst dich vielleicht, warum es „Kickstart-Wochenende" heißt. Nun, stell dir ein Motorrad mit einem Kickstarthebel vor. Das Motorrad muss angekickt werden, damit der Motor anspringt und der Motorradfahrer losfahren kann. Das hat mich dazu inspiriert, diese Treffen „Kickstart-Wochenenden" zu nennen.

Im Laufe der Jahre habe ich erlebt, dass Zehntausende von Menschen an den Kickstart-Wochenenden teilgenommen haben, und auch, dass Gott diese Treffen benutzt hat, um ihr Leben radikal zu verändern. Diese Kickstart-Wochenenden sind das effektivste Werkzeug, das wir kennen, um Jünger Jesu hervorzubringen. Wir haben Tausende Zeugnisse von Menschen gehört, die ein Kickstart-Wochenende besucht haben. Viele von ihnen haben uns erzählt, sie seien geheilt, befreit, im Wasser und mit dem Heiligen Geist getauft und fruchtbare Jünger Christi geworden. Wir haben erlebt, dass Gott bei diesen Treffen so viele unglaubliche Dinge getan hat.

Da die hohe Effektivität der Kickstart-Wochenenden so augenscheinlich ist, haben viele Menschen gesagt, sie würden gerne ein Kickstart-Wochenende bei sich zu Hause veranstalten. Deshalb haben wir in den letzten zwei Jahren an einer eindrucksvollen, lebensverändernden Videoserie gearbeitet, die „Das Kickstart-Paket" heißt. Diese Videoreihe enthält klare und einfache Lehren, die dich befähigen werden, ein effektiver Jünger Jesu zu sein. Sie wird dir auch die Zuversicht und die Werkzeuge an die Hand geben, die du brauchst, um deine eigenen Kickstart-Wochenenden zu Hause, in deiner Gemeinde oder anderswo zu veranstalten.

In diesem Buch findest du die Lehre aus der Videoserie sowie Antworten auf manche der Fragen, die du möglicherweise hast, nachdem du die Videoserie gesehen hast, oder die dir gestellt werden könnten, wenn du deinen eigenen Kickstart veranstaltest. Wenn du dir zum Beispiel die Lehre über die Taufe anschaust, kann es sein, dass jemand fragt, ob er sich noch einmal taufen lassen soll, oder ob man die Taufe im Namen von Jesus oder im Namen des Vaters, des Sohnes und des Heiligen Geistes durchführen soll? Das sind die Art von Fragen, die ich dir in diesem Buch beantworten möchte. Ich ermutige dich, dieses Buch zu lesen und die Worte dein Leben verändern zu lassen. Dann kannst du in Erwägung ziehen, einen Kickstart bei dir zuhause, in deiner Gemeinde oder anderswo zu veranstalten. Du kannst deine Nachbarn, Freunde, Leute aus deiner Gemeinde und jeden anderen, der interessiert ist, einladen. Die Kombination aus der Videoserie und diesem Buch wird dich mit allem versorgen, was du brauchst.

Jedes der sieben Videos ist etwa 40 bis 50 Minuten lang, und du kannst ein Kickstart-Wochenende leicht in zwei Tagen veranstalten. Du und deine Gäste können den Kickstart am Samstag um 10 Uhr beginnen und Lektion 1 (Jünger Jesu) von 10.15 Uhr bis 11 Uhr und Lektion 2 (Die neue Geburt) von 11.15 Uhr bis 12 Uhr ansehen. Danach kannst du eine Mittagspause machen. Anschließend könnt ihr euch von 13.30 Uhr bis 14.15 Uhr Lektion 3 (Der Heilige Geist) und von 14.30 Uhr bis 15.15 Uhr Lektion 4 (Die Gute Nachricht) ansehen. Nach der Lehre solltest du dir Zeit nehmen, um für diejenigen zu beten, die Heilung brauchen, und diejenigen zu taufen, die mit Wasser und dem Heiligen Geist getauft werden müssen. In diesem Buch werden wir versuchen, dir so viel Hilfe wie möglich zu geben, damit du, der dies noch nie getan hat, bereit bist, im Gehorsam dich aufzumachen und dies zum ersten Mal zu tun. Der Samstag wäre also ein Tag, an dem du erlebst, wie Menschen wiedergeboren werden und wie Menschen durch Lehre, Gebet und Taufe verändert werden.

Am Sonntag trefft ihr euch wieder um 10 Uhr und schaut euch von 10.15 bis 11 Uhr Lektion 5 (Gott kennen) und von 11.15 bis 12 Uhr Lektion 6 (Der Ruf Jesu) an. Dann könnt ihr wieder eine Mittagspause einlegen. Danach ist es an der Zeit, hinauszugehen und das Gelernte zu üben. Von 13.30 Uhr bis 16.00 Uhr gehst du raus und gibst Menschen auf der Straße einen Kickstart (nimm Menschen mit auf die Straße, um ihnen beizubringen, wie sie von Jesus erzählen und für einen Fremden um Heilung beten können). Danach kehrt ihr zurück und du lässt die Leute erzählen, was sie auf der Straße erlebt haben. Zuletzt schaut euch von 16.30 Uhr bis 17.15 Uhr Lektion 7 (Der gute Boden) an.

Zusammen mit diesem Buch und den Videos gibt es noch die Website *www.KickstartPackage.com*, auf der wir dich mit noch mehr

Werkzeugen, Videos und allem, was du brauchst, um in diesem Leben voranzukommen, versorgen. Wenn du deinen eigenen Kickstart veranstalten möchtest, dich aber noch nicht bereit dafür fühlst, kannst du auf unserer Website auch Leute finden, die bereit sind, dir dabei zu helfen, ihn zu veranstalten.

Wir teilen auf unserer Website auch erstaunliche Zeugnisse von Menschen, die an einem Kickstart teilgenommen oder ihren eigenen Kickstart veranstaltet haben.

Wir glauben, dass Gott dieses Buch benutzen wird, um dein Leben zu verändern, und dir dann helfen wird, das faszinierende Leben zu erleben, von dem wir in der Bibel lesen. Wir glauben auch, dass du darin findest, was du brauchst, um anderen zu helfen, dasselbe zu erleben.

Wir hoffen, dass du bereit bist, dein Leben als Jünger von Jesus Christus zu beginnen. Und wir hoffen, dass du bereit bist, uns zu helfen, Jünger zu machen, indem du deinen eigenen Kickstart veranstaltest oder die Videoserie und das Buch an andere Menschen weitergibst.

Gott segne dich.

Torben Søndergaard

Jünger Jesu

LEKTION 1

Willkommen bei **Lektion 1**, der ersten von sieben Lektionen in diesem **Kickstart-Paket**.

In dieser Lektion werden wir uns ansehen, was es bedeutet, ein Jünger Jesu zu sein und wie das Leben eines Jüngers aussehen sollte. Ich möchte diese Lektion mit einem Blick auf die Bibel und einige ihrer Inhalte beginnen.

Die Bibel besteht aus 66 Büchern. Das Alte Testament besteht aus 39 Büchern und das Neue Testament aus 27. Das Neue Testament beginnt mit den Evangelien (Matthäus, Markus, Lukas und Johannes). Danach kommt die Apostelgeschichte und darauf folgen 21 Briefe, die von Paulus, Jakobus, Petrus, Johannes und Judas geschrieben wurden. Das Buch der Offenbarung steht am Ende des Neuen Testaments. Darin geht es um die Endzeit.

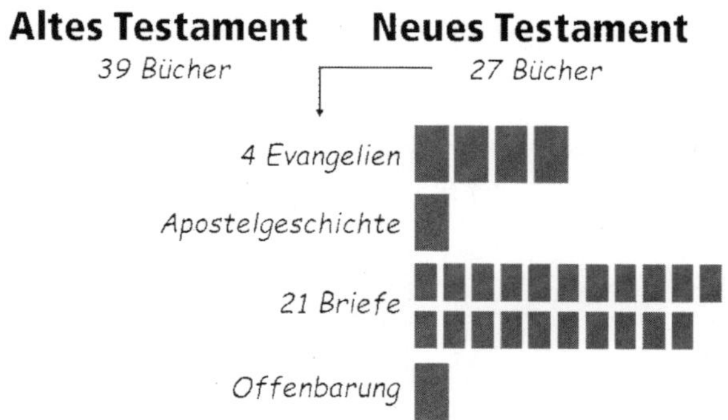

Ich möchte mich nun auf die Apostelgeschichte konzentrieren. Im Laufe der Jahrhunderte hat sich das Christentum leider weit von dem entfernt, was es ursprünglich sein sollte. Menschliche Traditionen haben im Laufe der Jahrhunderte das einfache und wirkungsvolle Leben mit Jesus in ein Leben von Traditionen und Kirchenkultur verwandelt. Damit wir verstehen, wie alles begann und wie es heute sein sollte, hat Gott uns die Bibel und besonders die Apostelgeschichte gegeben. Die Apostelgeschichte gleicht einem Tagebuch der ersten Jünger. Es ist ein ganz besonderes Buch, weil es das einzige historische Buch in der Bibel ist, das uns zeigt, wie sie Jesus gehorchten, wie sie das Evangelium weitergaben und wie die Menschen darauf reagierten. Ja, die Apostelgeschichte zeigt uns, wie die ersten Jünger das Evangelium predigten, Dämonen austrieben, Kranke heilten und Menschen mit Wasser und dem Heiligen Geist tauften. Wir sehen diese Dinge in keinem anderen Buch der Bibel. Und warum? Nun, die Antwort ist einfach. Es ist, weil die Ereignisse, die in den vier Evangelien (Matthäus, Markus, Lukas und Johannes) beschrieben werden, stattfanden, bevor Jesus am Kreuz starb und bevor der Heilige Geist an Pfingsten auf die Erde gesandt wurde.

Die vier Evangelien zeigen uns, wie Jesus umherging, was er predigte, was er tat und wie er seine Jünger aufrief, ihm zu folgen. In den Evangelien sehen wir auch, dass Jesus am Kreuz gestorben und wieder auferstanden ist. Ja, in den Evangelien werden viele erstaunliche Dinge beschrieben, aber nicht, wie die Jünger nach Jesu Gang zum Kreuz lebten und wie sie Jesus als wiedergeborene Gläubige nachfolgten, wie du und ich. Die Evangelien berichten über die Zeit vor dem Kreuz, und deshalb sehen wir nicht, dass jemand den Heiligen Geist empfängt oder im Namen Jesu getauft wird. Aus diesem Grund geben die Evangelien kein klares Bild davon, wie wir als Nachfolger Jesu leben sollen.

Die Briefe, die auf die Apostelgeschichte folgen, sind an Menschen geschrieben, die bereits Christen bzw. Jünger waren. In diesen Briefen lesen wir über das Gemeindeleben und die Probleme, die es dabei gab, aber wir lesen nicht, wie die Menschen zum Glauben kamen, was sie taten, als sie zum Glauben kamen, und wie sie Jesus in ihrem täglichen Leben gehorchten. Weil die Briefe alle an Menschen geschrieben wurden, die bereits Christen bzw. Jünger waren, wurden sie an Menschen geschrieben, die bereits Buße getan hatten, getauft worden waren und den Heiligen Geist empfangen hatten. Aus diesem

Grund sehen wir in den Briefen nicht, wie Menschen zum Glauben kamen oder wie die frühen Jünger das Evangelium verkündigten. Der einzige Ort, an dem wir das sehen, ist in der Apostelgeschichte.

Die Bibel lehrt, dass Jesus sich nicht verändert hat und niemals verändern wird. In Hebräer 13,8 steht: *„ Jesus Christus [ist] derselbe gestern und heute und in Ewigkeit."* Dieser Vers bedeutet auch, dass der Heilige Geist (der Geist Jesu) sich nicht geändert hat und sich auch niemals ändern wird. Der Heilige Geist ist derselbe gestern, heute und in Ewigkeit. Daraus können wir schließen, dass das, was wir in der Apostelgeschichte lesen, nicht nur für die Jünger der Urgemeinde gilt, sondern auch für uns heute. Das bedeutet, dass wir heute auch das erleben können, was die ersten Jünger in der Apostelgeschichte erlebt haben.

Einer meiner liebsten Abschnitte in der Bibel steht in Apostelgeschichte 9:

> *Es war aber ein Jünger in Damaskus, mit Namen Hananias; und der Herr sprach zu ihm in einer Erscheinung: Hananias! Er aber sprach: Siehe, [hier bin] ich, Herr! Der Herr aber [sprach] zu ihm: Steh auf und geh in die Straße, welche die »Gerade« genannt wird, und frage im Haus des Judas nach einem mit Namen Saulus von Tarsus! Denn siehe, er betet; und er hat in der Erscheinung einen Mann mit Namen Hananias gesehen, der hereinkam und ihm die Hände auflegte, damit er wieder sehend wird. Hananias aber antwortete: Herr, ich habe von vielen über diesen Mann gehört, wie viel Böses er deinen Heiligen in Jerusalem getan hat. Und hier hat er Vollmacht von den Hohen Priestern, alle zu binden, die deinen Namen anrufen. Der Herr aber sprach zu ihm: Geh hin! Denn dieser ist mir ein auserwähltes Werkzeug, meinen Namen zu tragen sowohl vor Nationen als [auch vor] Könige und Söhne Israel. Denn ich werde ihm zeigen, wie vieles er für meinen Namen leiden muss. Hananias aber ging hin und kam in das Haus; und er legte ihm die Hände auf und sprach: Bruder Saul, der Herr hat mich gesandt, Jesus – der dir erschienen ist auf dem Weg, den du kamst –, damit du wieder sehend und mit Heiligem Geist erfüllt wirst. Und sogleich fiel es wie Schuppen von seinen Augen, und er wurde sehend, und stand auf und ließ sich taufen* (Apg 9,10-19).

Wie wir in diesem Kapitel sehen, war Paulus (der zu jener Zeit Saulus genannt wurde) gegen Jesus und seine Anhänger. Paulus ging nach Damaskus und übergab der dortigen Synagoge einen Brief, in dem er um die Erlaubnis bat, diejenigen, die an Jesus glaubten, gefangen zu nehmen und nach Jerusalem zurückzubringen, um sie dort zu inhaftieren. Auf seinem Weg nach Damaskus kam ein großes Licht vom Himmel, und als Paulus es sah, fiel er zu Boden. Dann hörte er eine Stimme vom Himmel sagen: „Saul, Saul, warum verfolgst du mich?" Da fragte Paulus: „Wer bist du, Herr?" Und die Stimme aus dem Himmel antwortete: „Ich bin Jesus, den du verfolgst." Daraufhin wurde Paulus blind gemacht. Paulus wurde in ein Haus gebracht, wo er fastete und drei Tage lang Gott suchte. Dann kommen wir zu einem meiner Lieblingsverse in der Bibel: *„Es war aber ein Jünger in Damaskus, mit Namen Hananias; und der Herr sprach zu ihm in einer Erscheinung: Hananias! Er aber sprach: Siehe, [hier bin] ich, Herr!"* (Apg 9,10-19). Wenn du weiterliest, wirst du sehen, dass Gott zu seinem Jünger Hananias sprach und ihm sagte, er solle zu Paulus gehen und für ihn beten. Als Hananias in dem Haus ankam, in dem Paulus wohnte, legte er ihm die Hände auf, wodurch Paulus' Augen geheilt wurden, sodass er wieder sehen konnte. Dann predigte er Paulus das Evangelium, und Paulus ließ sich im Wasser taufen und empfing den Heiligen Geist.

Du fragst sich vielleicht, warum dies einer meiner Lieblingsverse in der Bibel ist. Das liegt daran, dass das Wort „Jünger" verwendet wird. Die Bibel sagt nicht, dass es einen großen Propheten oder Priester in Damaskus gab, der eine besondere Berufung hatte. Nein, die Bibel sagt, dass es in Damaskus einen Jünger namens Hananias gab, einen Jünger wie du und ich. Und zu diesem Jünger sprach Gott. Ich liebe diesen Vers, weil er zeigt, wie Gott heute zu dir und mir sprechen möchte. An diesem Tag, als er für Paulus betete, erlebte Hananias vier Dinge. Er erlebte,

- wie Gott zu ihm sprach,
- wie er vom Heiligen Geist geleitet wurde,
- wie er Paulus die Hände auflegte und erlebte, dass dieser im Namen Jesu geheilt wurde

- und schließlich, wie er Paulus mit Wasser und dem Heiligen Geist taufte.

Heute können du und ich die gleichen Dinge erleben wie Hananias, denn das ist das normale Christenleben. Wir wissen nicht viel darüber, wer Hananias war, aber die Bibel macht deutlich, dass er ein Jünger war wie du und ich.

Glaubst du, dass das, was Hananias an diesem Tag mit Paulus erlebte, das erste Mal war, dass er diese Dinge erlebte? Glaubst du, dass es das erste Mal war, dass er von Gott hörte? Glaubst du, dass es das erste Mal war, dass er durch den Heiligen Geist geführt wurde? Glaubst du, dass es das erste Mal war, dass er jemandem die Hände auflegte, der geheilt wurde, oder das erste Mal, dass er jemanden im Wasser und mit dem Heiligen Geist taufte? Nein, natürlich nicht. Das war nur ein Tag in Hananias' Leben. Nur weil nicht mehr über sein Leben berichtet wird, heißt das nicht, dass Hananias diese Dinge nicht in seinem täglichen Leben erfahren hat. Ich glaube, dass Hananias von Gott hörte, vom Heiligen Geist geleitet wurde, Kranke heilte, das Evangelium predigte, Menschen regelmäßig mit Wasser und mit dem Heiligen Geist taufte. Ich glaube tatsächlich, dass wir ein ganzes Buch über das Leben von Hananias schreiben könnten und darüber, was er mit Gott erlebt hat, und ich glaube, dass wir das auch mit den zwölf Jüngern und den siebzig, die Jesus später berief, tun könnten. Ich glaube, dass wir ein ganzes Buch über das Leben von jedem der 3000 Menschen schreiben könnten, die sich an Pfingsten taufen ließen. Und ich glaube auch, dass wir als Nachfolger Jesu in der Lage sein sollten, ein Buch über unser Leben zu schreiben und dass es dem, was wir in der Apostelgeschichte lesen, sehr ähnlich sein sollte.

Ich weiß, dass das Leben heute in Vielem anders ist als zu der Zeit, als Jesus auf Erden lebte. Wir haben Autos, Internet und eine Menge Dinge, die die Menschen damals nicht hatten. Aber trotz dieser Unterschiede ist der Heilige Geist immer noch derselbe. Was wir in der Apostelgeschichte lesen, sollte das normale christliche Leben sein. In Markus 16,17-18 sagt Jesus: *„Diese Zeichen aber werden denen folgen, die glauben: In meinem Namen werden sie Dämonen austreiben; sie werden in neuen Sprachen reden; werden Schlangen aufheben, und wenn sie etwas Tödliches trinken, wird es ihnen nicht schaden; Schwachen werden sie die Hände auflegen, und sie werden sich wohl befinden.“* Das Problem, das viele Menschen davon abhält, das normale christliche Leben zu leben, wie es in der Apostelgeschichte beschrieben wird, ist die Religion. In der Bibel lesen wir nicht davon, dass Babys getauft wurden, und auch nicht davon, dass diese Babys später konfirmiert wurden, wie wir es heute z. B. in der lutherischen Kirche sehen.

Nimm dir die Zeit, über dein Leben nachzudenken. Wenn du ein Tagebuch über dein Leben schreiben würdest, würde es wie die Apostelgeschichte aussehen? Wenn nicht, dann stimmt etwas nicht. Wir müssen unser Verständnis davon, wie das christliche Leben aussehen sollte, auf dem Wort Gottes aufbauen und nicht auf Religion, Kultur, vergangenen Erfahrungen, Bildung, Lehren oder menschlichen Traditionen usw. Ich erinnere mich, dass ich vor vielen Jahren die Apostelgeschichte las und sie dann mit meinem Leben verglichen habe. Dabei erkannte ich, dass mein Leben ganz anders war als das, was ich in der Apostelgeschichte sah. Ich erkannte, dass, obwohl ich mich als „Christ“ bezeichnete, mein Leben nicht wie das Leben der ersten Jünger aussah. In diesem Moment wurde mir klar, dass etwas mit der Art, wie ich lebte, nicht stimmte und dass ich von der Religion betrogen worden war. Und damit begannen sich die Dinge zu verändern. Wenn ich jetzt mein Leben mit dem vergleiche, was ich in der Apostelgeschichte finde, sehen mein Leben und das Leben der ersten Jünger gleich aus.

Die Bibel ist die Wahrheit, und das ist es, worauf wir unser Fundament aufbauen müssen. Wir müssen verstehen, dass wir kein Prophet oder Apostel sein müssen, um die Dinge zu erleben, von denen wir in der Apostelgeschichte lesen. Es geht nicht darum, jemand Besonderes zu sein. Nein, es geht darum, ein Jünger von Jesus zu sein wie Hananias. Es geht darum, für Jesus zu leben und ihm zu gehorchen, das Evangelium zu verbreiten, vom Heiligen Geist geleitet zu werden, Kranke zu heilen und Dämonen auszutreiben. Und Gott hat dich berufen, das zu tun. Er hat dich dazu berufen, sein Jünger zu sein. Wenn du dich entscheidest, dass du das normale christliche Leben leben willst, kannst du die gleichen Dinge erleben, die ich, Hananias und viele andere Menschen auf der Welt erlebt haben. Ja, du kannst erleben, dass Gott zu dir spricht und dich durch seinen Heiligen Geist leitet. Du kannst erleben, dass du für Kranke betest und sie geheilt werden. Und du kannst erleben, dass du Menschen im Wasser und mit dem Heiligen Geist taufst. Du kannst einige dieser Dinge in den Filmen oder YouTube-Videos von „The Last Reformation“ sehen.

Schauen wir uns nun zwei Wörter in der Bibel an. Das erste ist „Christ“ und das zweite „Jünger“. Wusstest du, dass das Wort „Christ“ nur drei Mal in der gesamten Bibel vorkommt? Jesus hat nie das Wort „Christ“ benutzt. Wir sehen „Christ“ zum ersten Mal in Apostelgeschichte 11,26 (LUT), elf Jahre nachdem Jesus auf der Erde gelebt hatte. Dort heißt es: *„In Antiochia wurden die Jünger zuerst Christen genannt.“* „Jünger“ wird erstaunlicherweise jedoch über 250 Mal in der Bibel geschrieben. Vielleicht sollten wir deshalb aufhören, das Wort „Christ“ zu benutzen. Heute wird das Wort „Christ“ sehr missverstanden. Du hast wahrscheinlich schon gehört, dass Leute zu dir gesagt haben: „Ich bin ein Christ, aber ich lebe nicht wirklich als einer“ oder: „Ich bin ein Christ auf meine eigene Art.“ Du hast wahrscheinlich auch schon gehört, dass man dir gesagt hat: „Ich bin ein Christ, weil ich zur Kirche gehe und versuche, ein gutes Leben zu führen.“ Aber versuche nun einmal, das Wort „Christ“ durch das Wort „Jünger“ zu ersetzen. Und stell dir vor, dass jemand zu dir sagt: „Ich bin ein Jünger Jesu, aber ich lebe nicht wirklich wie einer“ oder: „Ich bin ein Jünger Jesu auf meine eigene Art und Weise.“ Nochmals: Stell dir vor, jemand sagt: „Ich bin ein Jünger Jesu, weil ich in die Kirche gehe und versuche, ein gutes Leben zu führen.“ Das klingt verkehrt, nicht wahr? Es macht keinen Sinn, weil wir wissen, dass du Jesus nachfolgen musst, um sein Jünger zu sein. Du kannst kein Jünger Jesu werden, indem du nur in die Kirche gehst und versuchst, ein gutes Leben zu führen, und du kannst auch nicht auf deine eigene Weise sein Jünger werden. Also sollten wir vielleicht, wie Jesus, das Wort „Christ“ gar nicht benutzen.

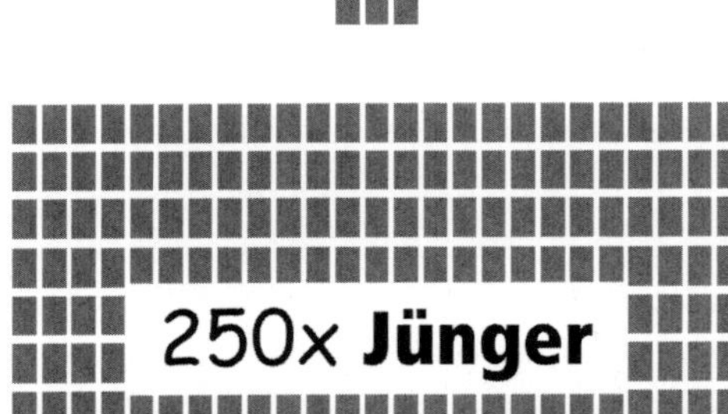

Was bedeutet dann das Wort „Jünger“? Heute ist es ein Wort, das wir nur in Gemeinden verwenden, und es kann Menschen, die keine Christen sind, verwirren, wenn du ihnen sagst, du seist ein Jünger Jesu. Zur Zeit Jesu war „Jünger“ jedoch ein sehr gebräuchliches Wort, und die Menschen verstanden, was es bedeutete. Während der Zeit Jesu auf der Erde gab es viele Menschen, die wie Jesus Jünger hatten. Zum Beispiel hatten die Pharisäer, Johannes der Täufer und Moses alle Jünger. Wenn wir also ein anderes Wort als „Christ“ verwenden wollen, um Nachfolger von Jesus zu beschreiben, wären „Jünger“ oder „Lehrling“ gute Alternativen.

Ein Jünger zu sein bedeutet, ein Lehrling zu sein. Zum Beispiel habe ich vor einigen Jahren dreieinhalb Jahre lang als Lehrling in einer Bäckerei gearbeitet. Zu der Zeit wusste ich nicht, wie man etwas backt. Aber ich hatte meinen Lehrer bzw. Meister (den Bäcker), der da war, um mich auszubilden und mir beizubringen, eines Tages so backen zu können wie er. Am Anfang war es sehr herausfordernd. Ich hatte Momente, in denen ich dachte, ich würde nie so backen können wie er, aber schließlich lernte ich und wurde immer besser. Irgendwann sah ich meinem Meister (dem Bäcker) immer ähnlicher, und am Ende war ich ein fast so guter Bäcker wie er. Ja, ich habe während meiner Lehrzeit viele Fehler gemacht, aber das ist normal und gehört zum Lernen dazu. Es ist okay, Fehler zu machen, aber es ist nicht okay, es nicht zu versuchen. Und so ist es auch mit Jesus. Wir sind Jesu Lehrlinge bzw. Jünger, und wenn wir eine Lehre bzw. Jüngerschaft mit ihm beginnen, stimmen wir zu, ihm zu folgen, von ihm zu lernen und jeden Tag mehr und mehr wie Jesus, unser Meister, zu werden. Jesus sagt in Lukas 6,40 (LUT): *„Ein Jünger steht nicht über dem Meister; wer aber alles gelernt hat, der ist wie sein Meister."*

Stell dir vor, ich würde dreieinhalb Jahre lang als Lehrling in einer Bäckerei arbeiten und am Ende meiner Lehrzeit wüsste ich immer noch nicht, wie man etwas backt. Ja, stell dir vor, ich hätte nicht versucht, selbst etwas zu backen, sondern hätte die ganze Zeit nur dabeigestanden und meinem Meister beim Backen zugesehen. Dann wäre mit der Bäckerei, meiner Lehre, meinem Meister oder mir etwas nicht in Ordnung gewesen. Und warum? Weil der ganze Sinn einer Lehre darin besteht, dass ich nach ein paar Jahren ein richtiger Bäcker bin wie er. Es ist auch etwas verkehrt, wenn du seit zehn Jahren Christ bzw. Schüler bzw. Lehrling bist und immer noch nicht weißt, wie du das tun sollst, wozu Jesus dich berufen hat. Wir sind berufen, wie Jesus zu sein. Wir sind dazu berufen, wie er zu sprechen, wie er vom Heiligen Geist geleitet zu werden, wie er Kranke zu heilen und Dämonen auszutreiben, wie er zu dienen, wie er zu lieben usw.

Wenn du seit zehn Jahren Christ/Jünger/Lehrling bist und immer noch nicht gelernt hast, das zu tun, wozu Jesus dich berufen hat, dann stimmt etwas nicht. Aber mach dir keine Sorgen, denn ich glaube, dass Gott dieses Buch benutzen kann, um dir dabei zu helfen. Ich glaube, dass Gott dieses Buch benutzen kann, um dir zu helfen, als Jünger bzw. Lehrling von Jesus zu leben. Ich möchte dir helfen, ein Tagebuch deines eigenen Lebens zu schreiben, das wie die Apostelgeschichte aussieht. Ich wünsche mir wirklich, dass du das Leben lebst, von dem Jesus möchte, dass du es lebst. Aber du musst bereit sein, Jesus zu gehorchen. Ich kann ihm nicht für dich gehorchen; das ist deine Aufgabe. Ich kann dir helfen, dich zu lehren und zu trainieren, aber du musst im Gehorsam hinausgehen und Jesus gehorchen.

Wie ich bereits gesagt habe, habe ich viele Fehler gemacht, als ich als Lehrling in einer Bäckerei arbeitete. Und so war es auch bei den Jüngern von Jesus. Es gab Zeiten, in denen die Jünger von Jesus nicht in der Lage waren, das zu tun, was Jesus von ihnen wollte. Ein Beispiel dafür finden wir in Matthäus 17. Dort lesen wir von einem Mann, der seinen Sohn, einen Epileptiker, zu den Jüngern von Jesus brachte, weil er wollte, dass sie seinen Sohn heilten. In Matthäus 17,16-17 heißt es: *Und ich brachte ihn zu deinen Jüngern, doch sie konnten ihn nicht heilen. Jesus aber antwortete und sprach: Ungläubiges und verkehrtes Geschlecht! Bis wann soll ich bei euch sein? Bis wann soll ich euch ertragen? Bringt ihn mir her!"* Später lesen wir, wie sie den Jungen zu Jesus brachten und dass Jesus ihn heilte und befreite. Interessanterweise sagte Jesus „Ungläubiges und verkehrtes Geschlecht..." *nicht* zu dem Jungen oder seinem Vater. Nein, er sagte das zu seinen Jüngern, weil er frustriert über sie war, dass sie nicht taten, was sie tun sollten.

Diese Geschichte in Matthäus 17 erinnert mich an meine Zeit als Lehrling und wie wütend mein Meister (der Bäcker) wurde, wenn ich vergaß, eine Zutat ins Brot zu tun, oder wenn ich etwas zu lange im Ofen ließ. Ja, ich weiß noch, wie er mich zurechtwies und schrie: „Torben, wie lange soll ich dich noch ertragen? Du hättest es schon längst lernen müssen." Aber mit der Zeit lernte ich und wurde besser, und das ist ja der Sinn einer Ausbildung. Unser Ziel ist es also, wie Jesus perfekt zu sein, aber wir sind auf einem Weg und werden Fehler machen. Und es ist okay, wenn wir jetzt nicht genau so aussehen wie Jesus. Aber es ist nicht in Ordnung, wenn wir heute Jesus nicht mehr gleichen als im letzten Jahr. Warum? Nun, weil wir Jesu Lehrlinge sind, und wir sollen von ihm lernen und wachsen, um mehr wie er zu sein.

Wenn eine Person Jesus annimmt, stimmt sie einer Lehre bzw. Jüngerschaft zu, in der sie lernen muss, wie Jesus zu sein. Jesus anzunehmen, bedeutet nicht, dass du Jahr für Jahr in die Kirche gehen sollst und nie lernst, die Dinge zu tun, zu denen Jesus dich berufen hat. Nein, das ist Religion. Und Jesus ist nicht gekommen, um Religion zu bringen. Jesus kam, um dir zu helfen, ihm als sein Jünger durch die Kraft des Heiligen Geistes zu folgen. Wiedergeboren zu sein (Buße zu tun und im Wasser und mit dem Heiligen Geist getauft zu werden) ist der erste Schritt, um ein Schüler bzw. Jünger Jesu zu sein, denn wir können nicht wie Jesus leben oder wie Jesus sein, wenn wir nicht die Kraft des Heiligen Geistes haben.

Vor einigen Jahren, als ich noch in Dänemark lebte, war ich mit einer bekannten dänischen Muslimin und einem bekannten dänischen Juden in einer dänischen Fernsehdiskussionssendung. Nachdem die Sendung beendet war, setzte ich mich mit der Muslimin zusammen und stellte ihr einige Fragen. Ich sagte zu ihr: „Erzählen Sie mir von Ihrem Glauben und davon, was Gott in Ihrem Leben tut." Sie war von meiner Frage überrascht und antwortete: „Es fühlt sich gut an, wenn ich den Koran lese und in den Moscheen bete." „Erzählen Sie mir mehr. Wie spricht Gott zu Ihnen?", fragte ich sie. Sie antwortete: „Es fühlt sich gut an, wenn ich den Koran lese und in den Moscheen bete." Dann sagte ich zu ihr: „Erzählen Sie mir mehr. Wie gibt Gott Ihnen Träume? Wie führt Gott Sie?" Wieder sagte sie: „Es fühlt sich gut an, wenn ich den Koran lese und in den Moscheen bete." Ich fuhr fort und sagte: „Erzählen Sie mir mehr. Wie werden Menschen durch Sie geheilt, und wie befreien Sie Menschen?" Wieder antwortete sie das Gleiche. Das war die einzige Antwort, die sie mir auf jede Frage, die ich ihr stellte, geben konnte. Dann fragte sie mich: „Was ist mit Ihrem Leben mit Gott?" Daraufhin begann ich ihr zu erklären, wie ich Gott begegnet bin, wie der Heilige Geist in mein Leben kam, wie Gott zu mir spricht, wie der Heilige Geist mich führt, wie ich für Kranke bete und sie geheilt werden, wie ich Dämonen austreibe und wie ich Visionen und Träume von Gott bekomme. Ich erzählte ihr auch von meiner Beziehung zu Gott und was ich mit ihm erlebt habe. Sie stellte mir weitere Fragen und wir unterhielten uns schließlich anderthalb Stunden lang. An diesem Tag wurde mir sehr klar, dass es einen großen Unterschied zwischen Religion und Beziehung gibt. Sie hatte eine Religion, aber ich hatte eine Beziehung zu Gott. Und leider ist für viele Christen ihr Christentum nur eine Religion.

Wenn ich zu Christen, die an Jesus glauben und in die Kirche gehen, sagen würde: „Erzählen Sie mir von Ihrem Leben. Wie benutzt Gott Sie?", würden sie wahrscheinlich eine ähnliche Antwort geben wie die bekannte dänische Muslimin und sagen: „Es fühlt sich gut an, wenn ich bete und in die Kirche gehe." Wenn ich zu ihnen sagen würde: „Erzählen Sie mir, wie der Heilige Geist Sie führt. Wie heilt Gott durch Sie?" Wieder würden viele sagen: „Es fühlt sich gut an, wenn ich bete und in die Kirche gehe." Ihre Antwort wäre ähnlich wie die der Muslimin, da sie eine Religion, aber keine Beziehung zu Gott haben. Es ist wichtig zu verstehen, dass Jesus kam, um eine Beziehung zu bringen, und nicht eine Religion.

In Matthäus 23,25-26 (LUT) sprach Jesus zu einigen der religiösen Führer: *„Weh euch, Schriftgelehrte und Pharisäer, ihr Heuchler, die ihr die Becher und Schüsseln außen reinigt, innen aber sind sie voller Raub und Gier! Du blinder Pharisäer, reinige zuerst das Innere des Bechers, damit auch das Äußere rein werde!"* Aus diesem Vers kannst du den großen Unterschied zwischen Religion und Beziehung klar erkennen. Wahres Christentum kommt von innen nach außen; es reinigt und verändert dich, sodass es für jeden um dich herum sichtbar wird, dass du Jesus folgst. Im wahren Christentum geht es darum, wiedergeboren zu werden, Jesu Lehrling bzw. Jünger zu werden und eine Beziehung mit dem lebendigen Gott zu haben. Es geht darum, eine neue Schöpfung zu werden und von der Knechtschaft der Sünde befreit zu werden, um ein neues, heiliges, übernatürliches Leben mit Gott zu beginnen und dabei von seinem Geist geführt zu werden. Im wahren Christentum geht es darum zu verstehen, dass wir als Nachfolger Jesu die Gemeinde sind und der Tempel des Heiligen Geistes, der in uns lebt.

Heute gleicht mein Leben sehr der Apostelgeschichte. Und dein Leben kann auch so aussehen. Es wird ein Weg sein, aber es wird ein erstaunlicher Weg sein. Ich hoffe, du bist bereit, Jesus als sein Jünger bzw. Lehrling zu folgen. Aber zuerst musst du wiedergeboren werden. Du musst wiedergeboren werden, und du brauchst den Heiligen

Geist, denn ohne ihn kannst du dieses Leben nicht leben. Das ist es, wozu wir berufen sind. Das normale christliche Leben ist es, ein Jünger Jesu zu sein und das Leben zu leben, von dem wir in der Apostelgeschichte lesen. Ja, am Anfang werden wir viele Fehler machen, aber wir werden durch diese Fehlern lernen und wachsen. Deshalb hoffe ich, dass du bereit bist, Jesus zu folgen und zu lernen, das Leben zu leben, das er sich für dich wünscht. Ich hoffe, du bist bereit, in deinem Alltag viele erstaunliche Dinge mit ihm zu erleben.

Fragen und Antworten zu Lektion 1

Wirst du getäuscht?

Für euch, die ihr dieses Buch lest, weiß ich, dass viele der Dinge, die in diesem Buch gesagt werden, sehr herausfordernd sein können, je nachdem, in welcher kirchlichen Tradition ihr aufgewachsen seid. Ich möchte daher ein wenig über Täuschung sprechen. Wir müssen verstehen, dass es nicht ausreicht, wenn wir in unserem Glauben aufrichtig sind. Wir können aufrichtig sein und trotzdem getäuscht werden. Ich habe viele Mormonen getroffen, die sehr aufrichtig in ihrem Glauben, aber trotzdem getäuscht sind. Ihnen wurde ein anderes Evangelium erzählt, ein Evangelium, das sie nicht retten kann. Ich habe auch viele Zeugen Jehovas getroffen, und auch sie sind sehr aufrichtig in ihrem Glauben und sehr aktiv darin, ihren Glauben zu verbreiten, aber sie sind trotzdem getäuscht worden. Warum? Weil sie ein anderes Evangelium geglaubt haben.

Wenn ich jetzt mein Leben anschaue, kann ich sehen, dass ich auch einmal verführt wurde, wie die, die ich erwähnt habe. Mir wurde auch ein anderes Evangelium beigebracht, das mich nicht retten konnte. Ich dachte, ich sei ein Christ, weil ich als Baby getauft und in der Kirche konfirmiert worden war. Aber das war eine Lüge. Die Bibel sagt nicht, man sei wiedergeboren, weil man als Baby getauft wurde und Mitglied einer Kirche ist. Ich hätte in der lutherischen Kirche, die ich besuchte, der aufrichtigste Anhänger sein können, aber ich wäre trotzdem getäuscht worden. Es ist nicht genug, aufrichtig zu sein; man muss auch das richtige Evangelium haben und das tun, was man laut der Bibel tun muss, um wiedergeboren zu werden, damit man Jesus nachfolgen kann. Und ich möchte dir dasselbe sagen. Es geht nicht um die Aufrichtigkeit deines Glaubens. Du kannst der aufrichtigste Kirchenbesucher sein und trotzdem getäuscht sein. Wir als Christen müssen mehr wie die Beröer sein, die jeden Tag die Schrift prüften, um zu sehen, ob das, was gesagt wurde, wahr ist (vgl. Apg 17,11). Wir müssen die Schrift selbst prüfen und aufhören, blindlings dem zu folgen, was man uns gesagt hat.

Ich möchte dich herausfordern, Fragen zu stellen zu dem, was dir bis jetzt gesagt wurde. Ja, ich möchte, dass du deine Traditionen und das, was dir in deiner Kirche gesagt wurde, hinterfragst. Stimmt es mit dem überein, was das Wort Gottes sagt? Du solltest auch Fragen über das stellen, was ich dich in diesem Buch lehre. Ja, nimm deine Bibel und prüfe, ob das, was ich sage, richtig ist. Das sollten wir mit jeder Person machen, damit wir nicht am Ende vor Gott stehen und feststellen, dass wir getäuscht worden sind.

Christ oder Jünger?

Ich hoffe, diese erste Lektion wird dich herausfordern und dich ermutigen, dir selbst einige sehr wichtige Fragen zu stellen. Frage dich: „Bin ich ein Christ oder bin ich ein Jünger? Sieht mein Leben aus wie das Leben von Hananias oder den anderen Jüngern, von denen ich in der Apostelgeschichte gelesen habe?“

Nachdem ich sechs Jahre lang Christ gewesen war, nahm ich eines Tages die Bibel zur Hand und schaute in die Apostelgeschichte und verglich sie mit meinem Leben. Als ich das tat, war ich völlig schockiert. Ich sah, dass ich in vielerlei Hinsicht getäuscht worden war und dass mein Leben nicht so aussah wie das, was ich in der Apostelgeschichte las. Ja, mein Leben sah gut aus, wenn ich es mit den anderen Menschen in der Gemeinde verglich, aber wir sollten unsere Gemeinden oder Traditionen nicht als Maßstab nehmen, nach dem wir unser Leben bewerten. Zur gleichen Zeit öffnete Gott mir die Augen, damit ich sehen konnte, wie falsch ich lag und wie getäuscht auch viele andere in unserer Gemeinde waren. Ja, wir bauten mehr auf unsere kirchlichen Traditionen als auf das, was das Wort Gottes sagt. Während dieser Zeit stieß ich auf ein Gleichnis Jesu, das in Lukas 13,6-9 steht:

> *Er sagte aber dieses Gleichnis: Es hatte jemand einen Feigenbaum, der in seinem Weinberg gepflanzt war; und er kam und suchte Frucht an ihm und fand keine. Er sprach aber zu dem Weingärtner: Siehe, drei Jahre komme ich und suche Frucht an*

diesem Feigenbaum und finde keine. Hau ihn ab! Wozu macht er auch das Land unbrauchbar? Er aber antwortet und sagt zu ihm: Herr, lass ihn noch dieses Jahr, bis ich um ihn graben und Dünger legen werde! Und wenn er künftig Frucht bringen wird, [gut,] wenn aber nicht, so magst du ihn abhauen.

In diesem Gleichnis geht es um einen Baum, der drei Jahre lang keine Früchte trug, und dass der Gärtner ihn fällen wollte. Aber der Mann sagte dem Gärtner, er solle ihm noch ein Jahr Zeit geben und wenn er bis dahin keine Früchte trage, solle er ihn abhauen. Als ich das las, war es, als hörte ich Gott sagen: „Torben, du bist dieser Feigenbaum." Aber ich war nicht nur drei Jahre lang ein „Christ" gewesen, ohne Frucht zu bringen, sondern sechs Jahre lang. Ich erkannte, dass ich kein wahrer Jünger Jesu war und dass ich keine Frucht in meinem Leben hatte. Und so wie Jesus in dem Gleichnis dem Feigenbaum ein weiteres Jahr gab, um Frucht zu bringen, sagte ich zu Gott, er solle auch mein Leben nehmen, wenn ich bis zum nächsten Jahr keine Frucht bringen würde. Ich weiß, dass das sehr radikal erscheint, aber mein Herz wurde wirklich überführt, und ich verstand plötzlich, wie wichtig es ist, Frucht zu bringen.

In Johannes 15,2 sagt Jesus: *„Jede Rebe an mir, die nicht Frucht bringt, die nimmt er weg; und jede, die Frucht bringt, die reinigt er, dass sie mehr Frucht bringt."* Ich sagte zu Gott: „Ich werde dir alles geben und dir gehorchen, und wenn ich in einem Jahr keine Frucht bringe, dann kannst du mir mein Leben nehmen. An dem Tag, an dem ich das sagte, begann ich ein 40-tägiges Fasten und erlebte, dass mein Leben langsam verändert wurde. Und ein Jahr später war mein Leben völlig verändert. Ja, ein Jahr später war ich nicht mehr ein „Christ" ohne Frucht, sondern ein fruchtbarer Jünger, der Jesus nachfolgte.

Meine Hoffnung für dich als Leser(in) dieses Buch ist, dass du es nicht nur liest und dann weitermachst und es vergisst. Nein, ich möchte wirklich, dass dieses Buch etwas in dir anregt und dich ermutigt, hinauszugehen und Jesus zu gehorchen. Ich möchte sehen, wie du dich in einen fruchtbaren Jünger Christi verwandelst, der ihm in seinem täglichen Leben nachfolgt. Was wirst du mit dem Ruf tun, den Jesus dir gegeben hat? Was wirst du mit den Worten tun, die du in diesem Buch liest? Es liegt ganz an dir.

Was ist, wenn ich diesem Leben nicht gerecht werden kann?

Wenn wir die Bibel lesen, sehen wir, dass ein Jünger Christi zu sein bedeutet, dass wir uns selbst verleugnen und unser Kreuz auf uns nehmen. Wir sehen, dass ein Jünger jemand ist, der Gott gehorcht, indem er anderen das Evangelium predigt, Kranke heilt, Dämonen austreibt, ein heiliges und rechtschaffenes Leben führt und vieles mehr. Und ein Jünger zu sein bedeutet auch, dem zu gehorchen, was Jesus in Matthäus 11,28-30 sagt, wo es heißt: *„Kommt her zu mir, alle ihr Mühseligen und Beladenen! Und ich werde euch Ruhe geben. Nehmt auf euch mein Joch, und lernt von mir! Denn ich bin sanftmütig und von Herzen demütig, und ‚ihr werdet Ruhe finden für eure Seelen'; denn mein Joch ist sanft, und meine Last ist leicht."* Auch wir müssen Jesus gehorchen, indem wir zu ihm gehen, um Ruhe zu finden. Der Ruf, den Jesus uns gegeben hat, sollte sich nicht wie eine schwere Last anfühlen, denn wenn wir ihm alles geben, wird er uns von innen heraus verwandeln, und all die Dinge, zu denen er uns berufen hat, wird er in uns tun. Ja, er wird dich verwandeln, und du wirst die Dinge nicht aus eigener Kraft tun müssen. Er wird dich niemals zu etwas aufrufen, wozu er dir nicht die Kraft gibt. Mach dir also keine Sorgen und denke nicht, dass du dem Leben als Jünger Jesu nicht gerecht werden könntest. Folge Jesus nach und lass ihn dein Leben verwandeln. Der Rest wird von selbst kommen.

Geht es nicht nur um Werke?

Die Bibel macht deutlich, dass Glaube ohne Werke bzw. Gehorsam tot ist. Jakobus 2,26 sagt: *„Denn wie der Leib ohne Geist tot ist, so ist auch der Glaube ohne Werke tot."* Aber die Bibel macht auch deutlich, dass die Werke, von denen hier in Jakobus die Rede ist, nicht Werke durch das Gesetz sind. Wir werden nicht gerecht, indem wir dem Gesetz gehorchen. Die Gabe, die Gott uns gegeben hat, ist für jeden umsonst. Das kannst du in Epheser 2,8-9 nachlesen, wo es heißt: *„Denn aus Gnade seid ihr errettet worden durch den Glauben, und das nicht aus euch, sondern Gottes Gabe ist es, nicht aus Werken,* *damit sich nicht jemand rühme.“* Dieser Vers macht deutlich, dass wir als Gläubige nicht durch Werke des Gesetzes gerettet werden, sondern dass wir durch die Gnade Gottes durch den Glauben und nicht durch Werke gerettet werden, sodass wir nichts haben, dessen wir uns rühmen können. Im nächsten Vers, Epheser 2,10, heißt es: *„Denn aus Gnade seid ihr gerettet durch Glauben, und das nicht aus euch, Gottes Gabe ist es; nicht aus Werken, damit niemand sich rühmt.“* Aber noch einmal: Hier ist nicht von Werken durch das Gesetz die Rede, und es heißt auch nicht, dass wir das Gesetz Moses befolgen sollen. Nein, es sind Werke, wie Jakobus sagt, die aus dem Gehorsam und der Liebe zu Gott kommen.

Wir kommen also zu Gott, so wie wir sind, mit nichts, was wir ihm anbieten könnten, und es ist durch die Gnade Gottes, dass wir durch den Glauben an Jesus Christus gerettet werden. Und wenn er uns dann die Rettung anbietet und unser Leben verwandelt, wollen wir natürlich unserem Herrn Jesus Christus gehorchen. Warum? Weil er uns errettet hat und wir ihn lieben und ihm deshalb gehorchen wollen. Das ist kein Gehorsam, der durch eine schwere Last verursacht wird, und es sind auch nicht die Werke in dem Versuch, dem Gesetz Moses zu gehorchen, sondern Werke (bzw. ein Gehorsam), die durch den Glauben kommen.

Heute gibt es die Vorstellung, wir sollten als Christen keine Werke tun, aber das ist völlig falsch. Wir müssen gehorchen. Wenn du nicht gehorchst, dann wird Jesus sagen: *„Was nennt ihr mich aber: Herr, Herr!, und tut nicht, was ich sage?“* (Lk 6,46). Was ist mit dir? Gehorchst du Jesus? Sei einfach ehrlich zu dir selbst und zu ihm. Wenn wir ihm nicht gehorchen und keine Werke tun, warum nennen wir ihn dann Herr? Die Bibel macht deutlich, dass diejenigen, die das Haus auf den Felsen bauen, diejenigen sind, die nicht nur auf Gottes Wort hören, sondern ihm auch gehorchen. Nach Lukas 6,46 fährt Jesus mit den Worten fort:

> *Jeder, der zu mir kommt und meine Worte hört und sie tut – ich will euch zeigen, wem er gleich ist. Er ist einem Menschen gleich, der ein Haus baute, grub und vertiefte und den Grund auf den Felsen legte; als aber eine Flut kam, stieß der Strom an jenes Haus und konnte es nicht erschüttern, weil es gut gebaut war. Der aber gehört*

und nicht getan hat, ist einem Menschen gleich, der ein Haus auf die Erde baute ohne Grundmauer; der Strom stieß daran, und sogleich fiel es, und der Sturz jenes Hauses war groß (Lk 6,47-49).

Wer also denkt, dass Gehorsam ein Werk ist und etwas, das wir nicht tun sollten, der befindet sich an einem sehr gefährlichen Ort. Ja, wir sind frei, dem Gesetz Moses zu gehorchen, und frei, Christus und seinen Worten zu gehorchen. Mein Rat an dich ist, dass du einen Schritt nach dem anderen machen solltest. Beginne damit, ihn dein Herz verwandeln zu lassen und ihn mehr kennenzulernen. Dann wird der Rest viel natürlicher geschehen. Und dann wirst du nicht mehr aufhören wollen, ihm zu gehorchen, und es wird sich nicht wie eine Last oder harte Arbeit anfühlen.

Was ist, wenn meine Familie und die Menschen um mich herum an etwas anderes glauben?

Wie du in diesem Buch sehen wirst, werden wir viele Dinge betrachten, einschließlich dessen, was es bedeutet, Jesus zu folgen. Das meiste von dem, was ich in diesem Buch sagen werde, wird wahrscheinlich einige der Traditionen infrage stellen, in denen du aufgewachsen bist. Aber das ist wichtig, denn wir müssen uns von unseren Traditionen lösen, um Jesus und seinem Wort zu gehorchen.

Ich weiß noch, als ich das erste Mal das Evangelium von Jesus Christus hörte. Meine Familie und jeder andere in meinem Leben waren dagegen. Mein Vater verbot mir, irgendetwas mit Jesus zu tun zu haben, weil es so neu für ihn war, und er hatte Angst, dass sein Sohn verrückt geworden war. Aber ich hatte eine Wahl zu treffen. Ich musste wählen, ob ich meinem Vater gehorchen wollte oder dem, von dem ich tief in meinem Inneren wusste, dass es die Wahrheit war. Ich erinnere mich noch, wie ich meinen Vater ansah und mir dachte: „Vater, ich liebe dich, deshalb werde ich nicht tun, was du sagst, denn wenn ich die Wahrheit nicht finde, wer wird sie dann dir mitteilen? Ja, wenn ich Jesus nicht bekomme, wer kann ihn dir dann geben?" Und ich traf die Entscheidung, Jesus zu folgen und ihm zu gehorchen, anstatt auf das zu hören, was meine Familie und alle anderen um mich herum sagten. Mein Vater war nicht glücklich über meine Entscheidung, und in den nächsten vier oder fünf Jahren war er sehr traurig, enttäuscht und manchmal sogar wütend, dass sein Sohn seiner Ansicht nach eine Gehirnwäsche erlebte. Aber schließlich begann mein Vater, eine tiefe Veränderung in meinem Leben zu sehen. Und als er sah, was Gott in meinem Leben tat, wusste er, dass Jesus die Wahrheit ist. Eines Tages tat er Buße. Ich taufte ihn mit Wasser, und als ich ihm die Hände auflegte, wurde er mit dem Heiligen Geist erfüllt. Von diesem Tag an war mein Vater ein veränderter Mensch. Danach war er so dankbar, dass ich nicht auf ihn gehört hatte, als er mir verboten hatte, etwas mit Jesus zu tun zu haben. Ja, er war so dankbar, dass ich mich entschieden hatte, der Wahrheit zu folgen und damals nicht auf ihn zu hören. Und ich möchte dich ermutigen, das Gleiche zu tun, auch wenn deine Familie und Freunde dich für verrückt halten. Entscheide dich immer dafür, der Wahrheit zu folgen, egal was andere um dich herum sagen, denn es ist die Wahrheit. Und wenn es die Wahrheit für dich ist, ist es auch die Wahrheit für sie. Vielleicht begreifen sie das im Moment nicht, aber wenn du sie wirklich liebst, dann hilf ihnen, die Wahrheit zu erkennen. Hilf ihnen, Jesus zu bekommen. Und wie kannst du das tun, wenn du ihn nicht hast?

Das Wort Gottes wird sich niemals ändern. Die Meinungen und Ideen der Menschen können sich ändern, ebenso wie ihre Traditionen, aber das Wort Gottes wird für immer dasselbe sein. Einige Menschen werden deine Entscheidung wahrscheinlich nicht verstehen, und es wird wahrscheinlich Menschen um dich herum geben, die versuchen werden, mit dir über deinen Glauben zu streiten. Aber wir können es nicht jedem recht machen, also lasst uns die Wahl treffen, Gott zu gefallen und unser Fundament auf die Wahrheit zu bauen, auf Jesus. Die Wahrheit soll nicht nur dich selbst frei machen, sondern auch alle Menschen um dich herum.

Wenn Menschen dich nicht mögen, weil du dich entschieden hast, Jesus zu folgen, ist das okay. Jesus hat tatsächlich viele Male in der Bibel darüber gesprochen, also sei nicht überrascht, wenn es passiert. In Matthäus 10,34-39 spricht Jesus zum Beispiel darüber, dass er nicht gekommen sei, den Frieden, sondern das Schwert in diese Welt zu bringen:

Meint nicht, dass ich gekommen sei, Frieden auf die Erde zu bringen; ich bin nicht gekommen, Frieden zu bringen, sondern das Schwert. Denn ich bin gekommen, den Menschen zu entzweien mit seinem Vater und die Tochter mit ihrer Mutter und die Schwiegertochter mit ihrer Schwiegermutter; und des Menschen Feinde [werden] seine eigenen Hausgenossen [sein]. Wer Vater oder Mutter mehr liebt als mich, ist meiner nicht würdig; und wer Sohn oder Tochter mehr liebt als mich, ist meiner nicht würdig; und wer nicht sein Kreuz aufnimmt und mir nachfolgt, ist meiner nicht würdig. Wer sein Leben findet, wird es verlieren, und wer sein Leben verliert um meinetwillen, wird es finden.

Jesus spricht auch darüber, dass die Welt seine Nachfolger hassen werde:

Wenn die Welt euch hasst, so wisst, dass sie mich vor euch gehasst hat. Wenn ihr von der Welt wäret, würde die Welt das Ihre lieben; weil ihr aber nicht von der Welt seid, sondern ich euch aus der Welt erwählt habe, darum hasst euch die Welt. Gedenkt des Wortes, das ich euch gesagt habe: Ein Sklave ist nicht größer als sein Herr. Wenn sie mich verfolgt haben, werden sie auch euch verfolgen; wenn sie mein Wort gehalten haben, werden sie auch das eure halten (Joh 15,18-20).

Im Laufe deines Lebens in der Nachfolge Jesu wirst du erleben, dass einige Menschen dich verlassen und nicht mehr deine Freunde sein wollen, aber du wirst neue Menschen treffen, die sich mit dir verbinden wollen und die ebenfalls, wie du, Jesus dienen. Es hat mich viel gekostet, Jesus nachzufolgen, und obwohl ich viel verloren habe, habe ich so viel mehr gewonnen, als ich mir jemals hätte vorstellen können. Also hab keine Angst. Folge Jesus nach, und du wirst erleben, dass er sich um den Rest kümmern wird, wie er in Markus 10,28-30 sagt:

Petrus begann und sagte zu ihm: Siehe, wir haben alles verlassen und sind dir nachgefolgt. Jesus sprach: Wahrlich, ich sage euch: Da ist niemand, der Haus oder Brüder oder Schwestern oder Mutter oder Vater oder Kinder oder Äcker verlassen hat um meinetwillen und um des Evangeliums willen, der nicht hundertfach empfängt, jetzt in dieser Zeit Häuser und Brüder und Schwestern und Mütter und Kinder und Äcker unter Verfolgungen – und in dem kommenden Zeitalter ewiges Leben.

Eine Offenbarung darüber, was es heißt, ein Jünger zu sein

Für mich hat sich alles damit verändert, dass ich verstand, dass ich ein Jünger Jesu bin und dass man einen Jünger mit einem Lehrling vergleichen kann. Es hat mir geholfen, keine Angst vor Fehlern zu haben. Warum? Nun, weil es für einen Lehrling normal ist, Fehler zu machen. Ich habe auch keine Angst, es zu versuchen, weil ein Jünger jemand ist, der es versuchen muss. Ich merke, dass ich Christus jetzt ähnlicher bin als im letzten Jahr.

Ich möchte dir sagen, dass es sehr wichtig ist, dass du dich nicht mit anderen Menschen vergleichst. Manche sind erst seit ein paar Monaten Jünger, andere seit ein paar Jahren und wieder andere schon seit vielen Jahren. Wir sollten uns nicht mit anderen vergleichen, weil wir alle an unterschiedlichen Orten auf unserem Weg mit Gott sind. Aber es ist wichtig, dass wir alle wachsen. Ja, wir müssen wachsen und heute mehr wie Christus aussehen als im letzten Jahr. Wir müssen weiterhin mehr wie Christus werden, wenn es darum geht, ein heiliges Leben zu führen, vom Heiligen Geist geleitet zu werden, Dämonen auszutreiben, das Evangelium zu predigen, Kranke zu heilen usw. Ich glaube, dass unser Leben für immer verändert wird, wenn wir als Gläubige anfangen zu verstehen, was es bedeutet, ein Jünger zu sein, und wenn wir sowohl uns selbst als auch andere um uns herum als Jünger Jesu sehen und verstehen, dass wir ihm gehorchen und im gleichen sollen.

Wie ich bereits gesagt habe, ist die Apostelgeschichte wie ein Tagebuch. Ich möchte dich ermutigen, dich hinzusetzen und anzufangen, dein eigenes Tagebuch über dein Leben mit Gott zu schreiben. Schreibe auf, was Gott in deinem Leben tut und wie er dich gebraucht. Dann schau dir dein Tagebuch an und frage dich, ob es wie die Apostelgeschichte aussieht. Wenn ja, dann bin ich sehr glücklich und begeistert, dass du dieses erstaunliche Leben lebst. Wenn es nicht wie die Apostelgeschichte aussieht, glaube ich wirklich, dass, wenn du dieses Buch weiterliest und den Lehren in der Videoserie zuhörst, Gott dein Leben verändern wird und dein Tagebuch mehr und mehr wie das Tagebuch von Paulus, Petrus, Johannes, Jakobus und Hananias aussehen wird. Und warum? Nun, wie ich bereits gesagt habe, ist Jesus derselbe gestern, heute und in Ewigkeit, und das heißt, dass auch der Heilige Geist derselbe gestern, heute und in Ewigkeit ist. Das bedeutet, dass Gott dich benutzen will, um sein Reich auszubreiten, so wie er die ersten Jünger benutzt hat. Ist das nicht erstaunlich?

Deshalb möchte ich dich herausfordern, dass du ein Tagebuch über dein Leben schreibst und dann beurteilst, wie es aussieht. Wenn es nicht so aussieht, wie das, was du in der Bibel siehst, dann ist es nicht so, dass etwas mit der Bibel nicht stimmt, sondern dass etwas mit deinem Leben nicht stimmt. Es ist nicht die Bibel, die sich ändern muss, um mit deinem Leben übereinzustimmen. Du bist es, der sich ändern muss. Aber die gute Nachricht ist: Wenn dein Leben noch nicht so aussieht wie das, was wir in der Apostelgeschichte lesen, kannst du etwas dagegen tun.

Die Neue Geburt

LEKTION 2

Willkommen zu **Lektion 2** dieses **Kickstart-Pakets**. In dieser Lektion werden wir uns ansehen, was es bedeutet, wiedergeboren zu sein. Dies ist ein sehr wichtiges Thema, denn wenn wir nicht wiedergeboren sind, sind wir nicht in der Lage, das Leben zu leben, zu dem Jesus uns als seine Jünger berufen hat.

Wir beginnen damit, dass wir uns zwei Bibelstellen ansehen, die eine wichtige Grundlage für Gläubige bilden. In 1. Korinther 15,3-4 heißt es: *„Denn ich habe euch vor allem überliefert, was ich auch empfangen habe: dass Christus für unsere Sünden gestorben ist nach den Schriften; und dass er begraben wurde und dass er auferweckt worden ist am dritten Tag nach den Schriften."* Und in 2. Korinther 5,21 steht: *„Den, der Sünde nicht kannte, hat er für uns zur Sünde gemacht, damit wir Gottes Gerechtigkeit wurden in ihm."* Diese beiden Verse sprechen über die Säule des Christentums. Sie sprechen über das Kreuz und dass Jesus für dich und mich am Kreuz gestorben ist, damit wir durch ihn ein neues Leben empfangen können. In ihm können wir Freiheit von unseren Sünden und Gerechtigkeit von Gott erfahren. Das zu verstehen, ist wichtig für uns, aber es ist nicht genug, nur davon zu hören, davon zu träumen oder darüber zu lesen. Wir müssen die neue Geburt und die Gerechtigkeit von Gott erleben.

Es ist nicht genug zu

Du musst es erleben!

Das Leben mit Jesus

Das Evangelium von Jesus ist die Gute Nachricht, und es ist mächtig, aber es ist nur für diejenigen lebensverändernd, die nicht nur daran glauben, sondern auch wiedergeboren sind. In Johannes 3,3 heißt es: *„Jesus antwortete und sprach zu ihm: Wahrlich, wahrlich, ich sage dir: Wenn jemand nicht von Neuem geboren wird, kann er das Reich Gottes nicht sehen.“* Jesus sprach dies zu einem Mann namens Nikodemus, dem Lehrer Israels. Er war nicht nur „ein“ Lehrer. Er war „der“ Lehrer Israels. Er war ein sehr intelligenter Pharisäer, der das Wort Gottes besser kannte als jeder andere in Israel. Allerdings verstand er nicht, dass Jesus über eine geistliche Geburt sprach. Deshalb stellte Nikodemus Jesus in Johannes 3,4 eine Frage: *„Wie kann ein Mensch geboren werden, wenn er alt ist? Kann er etwa zum zweiten Mal in den Leib seiner Mutter hineingehen und geboren werden?“* Wie wir an seiner Antwort sehen können, verstand Nikodemus nicht, dass Jesus nicht von einer physischen Wiedergeburt sprach. Jesus antwortet in Vers 5: *„Wahrlich, wahrlich, ich sage dir: Wenn jemand nicht aus Wasser und Geist geboren wird, kann er nicht in das Reich Gottes hineingehen.“* Wir können aus Jesu Antwort erkennen, dass wir geistlich wiedergeboren werden müssen, um in das Reich Gottes zu kommen.

Es ist nicht genug zu

Du musst wiedergeboren sein!

Ich möchte dir sehr deutlich machen, dass es nicht genügt, an Gott zu glauben oder den Glauben an Gott zu haben. Satan und die Dämonen glauben an Gott, und sie sind nicht gerettet. Es gibt viele Menschen, die an Gott glauben und denken, das sei genug, aber das ist es nicht. Es ist nicht genug, dass du jeden Sonntag in die Kirche gehst, oder dass du in einer christlichen Familie aufgewachsen bist oder dass du denkst, du seist ein guter Mensch. Nein, nichts davon ist genug. Du musst wiedergeboren werden, indem du im Wasser und mit dem Heiligen Geist getauft wirst, wie es Jesus in Johannes 3,5 andeutet. Und wenn du aus Wasser und Geist wiedergeboren wirst, hat dein neues Leben begonnen. Ja, an diesem Punkt beginnt dein neues Leben und wird Jesus anfangen, dich zu verwandeln.

Ich möchte dir nun eine Frage stellen: Wo in der Bibel sehen wir, wie die frühe Gemeinde das Evangelium predigte, und wo sehen wir, wie Menschen als Reaktion auf das Hören des Evangeliums wiedergeboren wurden? Finden wir es in den 39 Büchern des Alten Testaments? Nein. Warum nicht? Weil das Alte Testament vor der Zeit Jesu geschrieben wurde; deshalb finden wir die neue Geburt, von der Jesus in Johannes 3,5 spricht, im Alten Testament nicht. Wo finden wir sie also? Finden wir sie in den vier Evangelien nach Matthäus, Markus, Lukas und Johannes? Viele Menschen würden auf diese Frage mit „Ja“ antworten, weil sie oft denken, das Evangelium würde in den Evangelien gepredigt werden. Aber die Antwort ist immer noch „Nein“. Wir sehen in den vier Evangelien des Neuen Testaments nicht, wie das Evangelium gepredigt wurde oder wie die Menschen auf das Evangelium reagierten, weil sie als Brücke zwischen der Zeit des Alten und des Neuen Testaments dienten, also die Zeit vor dem Kreuz beschreiben.

Was sehen wir also in den vier Evangelien? Wir lesen, dass Jesus in Markus 1,15 predigte: *„Die Zeit ist erfüllt, und das Reich Gottes ist nahe gekommen. Tut Buße und glaubt an das Evangelium!“* In den Evangelien hat Jesus also gepredigt, dass die Zeit nahe ist und dass die Menschen umkehren und an das Evangelium glauben sollen. Aber Jesus sagte den Menschen nicht, sie sollten umkehren und sich taufen lassen und sie würden dann die Gabe des Heiligen Geistes empfangen. Warum? Weil er dies damals noch nicht erfüllen konnte. Da Jesus noch hier auf der Erde war, gab es keine Taufe im Namen Jesu Christi und keine Taufe mit dem Heiligen Geist, weil, noch einmal, die Zeit, von der wir in den vier Evangelien lesen, vor dem Kreuz war. Jesus war noch nicht am Kreuz gestorben und begraben worden, auch war er noch nicht auferstanden und in den Himmel aufgefahren, noch hatte er seinen Heiligen Geist auf die Erde gesandt. Und deshalb predigte er in Markus 1,15: *„Das Reich Gottes ist nahe gekommen. Tut Buße und glaubt an das Evangelium!"* Während der Zeit der vier Evangelien hat sich also niemand auf Jesus Christus taufen lassen, noch hat jemand die Gabe des Heiligen Geistes empfangen und in Zungen gesprochen. Nein, das geschah erst nach dem Kreuz.

Also noch einmal: Wo in der Bibel sehen wir, wie die frühe Gemeinde das Evangelium predigte, und wo sehen wir, wie Menschen als Reaktion auf das Hören des Evangeliums wiedergeboren wurden? Die Antwort steht in der Apostelgeschichte. Wir finden das nicht in den 21 Briefen, weil die Briefe an Menschen geschrieben wurden, die bereits gläubig waren und die es nicht nötig hatten, das Evangelium zu hören und gesagt zu bekommen, dass sie wiedergeboren werden müssen. Man kann an der Art, wie die Briefe beginnen, erkennen, an wen sie geschrieben wurden. Die 21 Briefe beginnen oft mit „An die Gemeinde in …" oder „An die Gläubigen in …". Die Menschen, die in den Briefen angesprochen wurden, waren bereits wiedergeborene Gläubige, die Buße getan hatten, im Wasser getauft worden waren und den Heiligen Geist empfangen hatten. Die Apostelgeschichte ist also das einzige Buch in der Bibel, in dem wir sehen, wie Menschen wie du und ich das Evangelium hören und als Reaktion darauf durch Buße und die Taufe in Wasser und mit dem Heiligen Geist wiedergeboren werden.

Nachdem Jesus am Kreuz gestorben und der Heilige Geist auf die Erde herabgesandt worden war, lesen wir in Apostelgeschichte 2, wie die ersten Jünger mit dem Heiligen Geist erfüllt wurden und sich vor eine Menschenmenge stellten und das Evangelium verkündeten. In Apostelgeschichte 2,37 kommt das ganze Bild zusammen: *„Als sie aber [das] hörten, drang es ihnen durchs Herz, und sie sprachen zu Petrus und den anderen Aposteln: Was sollen wir tun, ihr Brüder?"* Aus diesem Vers können wir ersehen, dass sie in einer Weise predigten, die die Herzen der Menschen überführte, sodass sie Petrus und die anderen fragten: *„Was sollen wir tun?"* Das ist eine wirklich gute und wichtige Frage. Welche Antwort sollten wir Menschen geben, wenn sie fragen: „Was sollen wir tun, um gerettet zu werden?" oder:

„Was sollen wir tun, um wiedergeboren zu werden?“ Wir können aus der Antwort, die Petrus in Apostelgeschichte 2,38 gab, sehen, wie wir antworten sollten: *„Tut Buße, und jeder von euch lasse sich taufen auf den Namen Jesu Christi zur Vergebung eurer Sünden! Und ihr werdet die Gabe des Heiligen Geistes empfangen.“*

Tut Buße

und jeder von euch lasse sich

taufen

auf den Namen Jesu Christi zur Vergebung eurer Sünden! Und ihr werdet die Gabe des

Heiligen Geistes

empfangen

Jesus ist am Kreuz gestorben, wurde begraben und ist wieder auferstanden, und jetzt müssen wir – du und ich – unser Kreuz auf uns nehmen und seinem Beispiel folgen. Wir müssen sterben, wie Jesus gestorben ist. Ja, wir müssen unseren Sünden und unserem „Selbst“ sterben. Dann müssen wir, wie Jesus begraben wurde, begraben werden. Wir müssen unser altes Leben begraben, und das wird erreicht, wenn wir auf Jesus Christus getauft werden. So wie Jesus von den Toten auferstanden ist, müssen auch wir auferstehen und, ausgerüstet mit der Kraft des Heiligen Geistes, das neue Leben führen. Es ist so erstaunlich, mitzuerleben, wie ein Mensch wiedergeboren wird. Ja, es ist schön zu sehen, wie jemand seine Sünden erkennt und sich von ihnen abwendet, sich selbst stirbt, sein altes Leben in der Taufe begräbt und dann den Heiligen Geist empfängt.

Ich möchte dir noch weitere Beispiele in der Apostelgeschichte zeigen, wo wir sehen, wie Menschen umkehren, sich taufen lassen und den Heiligen Geist empfangen. Ein Beispiel finden wir in Apostelgeschichte 19. Hier lesen wir, wie Paulus nach Ephesus ging und dort einige Gläubige traf. In Apostelgeschichte 19,2 fragte er sie: *„Habt ihr den Heiligen Geist empfangen, als ihr gläubig geworden seid?"* Wow, das ist eine sehr wichtige Frage, und diese Frage müssen wir auch heute noch den Menschen stellen. Wenn wir Menschen treffen, die an Gott glauben, müssen wir sie, wie Paulus, fragen: „Habt ihr den Heiligen Geist empfangen, als ihr geglaubt habt?" Es ist wichtig, ihnen diese Frage zu stellen, denn es ist möglich, an Gott zu glauben, ohne jemals den Heiligen Geist zu empfangen.

Ich möchte dir nun die gleiche Frage stellen. Hast du den Heiligen Geist empfangen, als du gläubig geworden bist? In Apostelgeschichte 19,2 antworteten die Leute Paulus mit den Worten: *„Wir haben nicht einmal gehört, ob der Heilige Geist [überhaupt da] ist."* Als Paulus hörte, dass die Menschen in Ephesus den Heiligen Geist nicht empfangen hatten, nahm er sich die Zeit, ihnen das Evangelium zu erklären. Später lesen wir in Apostelgeschichte 19,5-6: *„Als sie es aber gehört hatten, ließen sie sich auf den Namen des Herrn Jesus taufen; und als Paulus ihnen die Hände aufgelegt hatte, kam der Heilige Geist auf sie, und sie redeten in Sprachen und weissagten."* Halleluja! Das ist es, was wir heute tun müssen. Wenn ich die Antwort lese, die sie Paulus gaben, dann muss ich an mich selbst vor vielen Jahren denken. Ich hätte eine ähnliche Antwort wie sie gegeben. Ich war ein Christ, oder zumindest dachte ich das, weil ich in der lutherischen Kirche aufgewachsen bin, und ich wurde als Baby getauft und später konfirmiert. Sicher, ich hatte den Glauben an Gott, aber ich hatte den Heiligen Geist nicht empfangen. Ich war nicht wiedergeboren und hatte noch nicht das volle Evangelium verstanden. Ich brauchte jemanden, der mir zu verstehen half, dass ich Buße tun musste, der mich mit Wasser taufte und der für mich betete, damit ich den Heiligen Geist empfing.

Heute erlebe ich, dass das, was wir in Apostelgeschichte 19 lesen, überall auf der Welt passiert. Ich habe so viele Menschen getroffen, die an Gott geglaubt haben, aber wenn ich sie dann fragte, ob sie den Heiligen Geist empfangen haben, als sie glaubten, sagten viele von ihnen: „Nein, das habe ich nicht." Wenn sie den Heiligen Geist nicht empfangen haben, müssen wir uns die Zeit nehmen, ihnen das Evangelium mitzuteilen. Und wenn sie Buße tun und im Wasser und mit dem Heiligen Geist getauft werden wollen, sollten wir ihnen dabei helfen. Taufe sie mit Wasser. Lege ihnen die Hände auf und bete für sie, dass sie den Heiligen Geist empfangen. Es ist so kraftvoll und schön. Jesus ist derselbe gestern, heute und für immer, und der Heilige Geist ist derselbe gestern, heute und für immer. Du kannst heute wiedergeboren werden. Du kannst dich auf Christus taufen lassen und den Heiligen Geist heute empfangen, genau wie wir es in Apostelgeschichte 2, Apostelgeschichte 19 und an vielen anderen Stellen in der Apostelgeschichte lesen.

Ich möchte deine Aufmerksamkeit nun auf Apostelgeschichte 10 lenken. Hier besuchte Petrus einen Mann namens Kornelius. Als er in dessen Haus ankam und zu ihm und seiner Familie sprach, kam der Heilige Geist über sie alle und sie redeten in Zungen. Wir finden das in Apostelgeschichte 10,46-48, wo es heißt: „*... denn sie hörten sie in Sprachen reden und Gott erheben. Dann antwortete Petrus: Könnte wohl jemand das Wasser verwehren, dass diese nicht getauft würden, die den Heiligen Geist empfangen haben wie auch wir? Und er befahl, dass sie getauft würden im Namen Jesu Christi. Dann baten sie ihn, einige Tage zu bleiben.*

Diesen Vers liebe ich, denn das ist nicht nur in dieser Zeit passiert. Nein, wir erleben, wie dies Tag für Tag an vielen Orten auf der ganzen Welt geschieht. Manchmal sehen wir, wie Menschen Buße tun und zuerst den Heiligen Geist empfangen und dann im Wasser getauft werden. Andere Male sehen wir, wie Menschen Buße tun, zuerst im Wasser getauft werden und dann den Heiligen Geist empfangen. Obwohl die Reihenfolge leicht variieren kann, ist es wichtig, dass du eine wahre Buße/Umkehr erlebst. Dann, nachdem du Buße getan hast, lass dich im Wasser und mit dem Heiligen Geist taufen.

Das Problem heute ist Religion. Viele von uns sind mit Religion und Tradition aufgewachsen. Wie ich bereits gesagt habe, bin ich in einer lutherischen Kirche aufgewachsen. Ich habe die lutherische Kirche nicht oft besucht, aber ein Teil der lutherischen Kirche zu sein, war in Dänemark Tradition. Mir wurde vom Pfarrer der lutherischen Kirche gesagt, wir hätten alle den Heiligen Geist. Und warum? Weil wir alle als Babys getauft wurden. Aber das war eine Lüge. Das, womit meine Familie und ich aufgewachsen sind und was uns gelehrt wurde, war nicht das volle Evangelium. Was uns gelehrt wurde, war falsch. Ich wurde viele Jahre lang betrogen, aber als ich schließlich das volle Evangelium verstanden und Buße getan hatte, getauft worden war und den Heiligen Geist empfangen hatte, wurde mein Leben für immer verändert und ich erlebte Freiheit von meiner Sünde. Aber es dauerte sechs Jahre, bis ich diese Freiheit erreichte. Ja, es dauerte sechs Jahre von dem Zeitpunkt an, als ich zum Glauben kam und Buße tat, bis ich im Wasser und mit dem Heiligen Geist getauft wurde. Und warum? Nun, weil es niemanden um mich herum gab, der mir das volle Evangelium erklärte und mir bei diesen Schritten half. Als ich also zum Glauben kam und Buße tat, dauerte es sechs Jahre, bis ich im Wasser und mit dem Heiligen Geist getauft wurde. Aber es muss bei dir nicht so lange dauern. Paulus sagt in Römer 1,16: *„Denn ich schäme mich des Evangeliums nicht, ist es doch Gottes Kraft zum Heil jedem Glaubenden, sowohl dem Juden zuerst als auch dem Griechen.“* Ja, das Evangelium ist die Kraft für jeden, der glaubt. Es hat die Kraft, einen Menschen von innen heraus zu verändern. So wie es viele Menschen, die zur Zeit der Bibel lebten, und viele Menschen, die heute leben, verwandelt hat, kann es auch dein Leben verwandeln.

Wir wollen noch einmal zurückblicken. Es gibt drei Dinge, über die Petrus in der Apostelgeschichte gesprochen hat, die mit dem Glauben an Jesus zusammenhängen. Welche sind es? Es sind Buße, die Taufe mit Wasser und die Taufe mit dem Heiligen Geist. In Apostelgeschichte 2,38 heißt es: *„Tut Buße, und jeder von euch lasse sich taufen auf den Namen Jesu Christi zur Vergebung eurer Sünden! Und ihr werdet die Gabe des Heiligen Geistes empfangen.“* Das ist es, was wir heute tun müssen.

Buße ist mehr als nur die Entscheidung, an Jesus zu glauben. Buße hat mit Sünde zu tun und mit der Entscheidung, sich von der Sünde abzuwenden. Es ist, wenn du bereust, was du getan hast und dich entscheidest, dich abzuwenden und dein Leben zu ändern. In Kolosser 3,5-10 heißt es:

> *Tötet nun eure Glieder, die auf der Erde sind: Unzucht, Unreinheit, Leidenschaft, böse Begierde und Habsucht, die Götzendienst ist! Um dieser Dinge willen kommt der Zorn Gottes über die Söhne des Ungehorsams. Unter denen seid auch ihr einst gewandelt, als ihr in*

diesen Dingen lebtet. Jetzt aber legt auch ihr das alles ab: Zorn, Wut, Bosheit, Lästerung, schändliches Reden aus eurem Mund. Belügt einander nicht, da ihr den alten Menschen mit seinen Handlungen ausgezogen und den neuen angezogen habt, der erneuert wird zur Erkenntnis nach dem Bild dessen, der ihn erschaffen hat!

Was wir hier lesen, beschreibt perfekt die Buße bzw. Umkehr. Ja, Buße tun bedeutet, unser altes Leben zu begraben und das neue Leben anzuziehen. Es bedeutet, dass wir unsere Sünde sehen und all die Dinge, die wir getan haben, die Gott nicht gefallen, und uns entscheiden, uns von all dem abzuwenden. Und auch, dass wir erkennen, dass wir unser eigenes Leben gelebt haben, und uns entscheiden, dass wir dieses Leben nicht mehr wollen und uns davon abzuwenden. Zur Buße gehört, dass wir unser Herz ändern, wenn es um Sünde geht, und die Sünde hassen, wie Gott sie hasst. Und wenn wir Buße tun und uns von unseren Sünden abwenden, wird Gott etwas Erstaunliches tun: Er wird unsere steinernen Herzen entfernen und uns neue Herzen aus Fleisch geben, und er wird das Gesetz auf unsere Herzen schreiben.

Ich weiß noch, wie es war, als ich anfing zu glauben und beschloss, Buße zu tun. Ich weiß noch, dass ich mich sehr verändert habe und dass mein Gewissen wie neu wurde. Während ich aufwuchs, gab es Dinge, die ich immer getan hatte und die ich immer gerne getan hatte. Damals hatte ich nicht das Gefühl, dass das, was ich tat, falsch war, weil ich so daran gewöhnt war, es zu tun. Aber als ich schließlich meine Sünde sah und mich von ihr abwandte, bekam ich ein neues Gewissen und konnte nicht mehr tun, was ich vorher getan hatte. Ich konnte nicht mehr in Sünde weiterleben. Und warum? Nun, weil diese Dinge, die ich früher getan hatte, zu meinem alten Leben gehörten. Sie waren nicht mehr ein Teil von mir. Und als Gott mir ein neues Herz gab, wollte ich Gott wirklich gefallen und das neue Leben führen, das er mir geschenkt hatte. In 1. Johannes 3,5-6 heißt es:

Und ihr wisst, dass er offenbart worden ist, damit er die Sünden wegnimmt; und Sünde ist nicht in ihm. Jeder, der in ihm bleibt, sündigt nicht; jeder, der sündigt, hat ihn nicht gesehen noch ihn erkannt.

Das sind sehr radikale Worte. Sie sagen uns, dass wir nicht mehr sündigen können, wenn wir in ihm bleiben und wenn wir ihn kennen. Und warum? Weil er uns ein neues Herz gegeben hat. In den nächsten Versen (1. Johannes 3,7-9) heißt es:

> *Kinder, niemand verführe euch! Wer die Gerechtigkeit tut, ist gerecht, wie er gerecht ist. Wer die Sünde tut, ist aus dem Teufel, denn der Teufel sündigt von Anfang an. Hierzu ist der Sohn Gottes offenbart worden, damit er die Werke des Teufels vernichtet. Jeder, der aus Gott geboren ist, tut nicht Sünde, denn sein Same bleibt in ihm; und er kann nicht sündigen, weil er aus Gott geboren ist.*

Nochmals, wow, was wir hier lesen, ist so real! Es ist die Wahrheit, und wir können das erleben. Du musst dieses neue Herz – Gottes Samen in dir – erfahren, damit du nicht mehr so sündigen kannst, wie du es vorher getan hast.

Ich möchte dir sagen, dass du vor allem am Anfang fallen und Fehler machen wirst, weil du lernen musst, wie du dieses neue Leben führen kannst. Aber es gibt einen Unterschied zwischen dem Lernen, dieses Leben zu führen und Fehler zu machen, und dem vorsätzlichen Weitersündigen. Vorsätzlich zu sündigen bedeutet zu wissen, dass es Sünde ist, und die bewusste Entscheidung zu treffen, es trotzdem zu tun. Jeder, der wirklich wiedergeboren ist und den Samen Gottes in sich trägt, kann nicht weiter willentlich sündigen. Wenn du als neugeborener Gläubiger fällst, musst du wieder aufstehen und dann 1. Johannes 1,9 gehorchen, wo es heißt: *„Wenn wir unsere Sünden bekennen, ist er treu und gerecht, dass er uns die Sünden vergibt und uns reinigt von jeder Ungerechtigkeit.“* Ja, er ist treu und gerecht, und er wird dir vergeben, wenn du um Vergebung bittest.

Ich bin mir sicher, dass einige von euch wissen, was ich meine, wenn ich sage, dass Gott euch ein neues Herz und ein neues Gewissen gibt, wenn ihr Buße tut und euren Glauben auf Jesus setzt, und dass ihr nicht mehr in Sünde leben könnt. Aber wenn du nicht weißt, wovon ich spreche, und dies nicht erfahren hast, bist du verloren. Ja, wenn das der Fall ist, bist du derzeit verloren und du musst Buße tun, denn wenn du wirklich Buße tust und deinen Glauben auf Gott setzt, wirst du dieses neue Herz und das neue Gewissen erfahren. Beginne also mit der Buße und lass dich dann im Wasser und mit dem Heiligen Geist taufen.

Ich möchte die Taufe nun etwas genauer betrachten. Das Wort „taufen“ *(baptizó)* bedeutet „eintauchen“ oder „untertauchen“. Getauft zu werden, bedeutet, unter Wasser getaucht oder untergetaucht zu werden. Es stellt den Tod und das Begräbnis des Körpers dar. Es ist nicht, wie manche Kirchen glauben, ein Besprenkeln mit Wasser. Jesus und die ersten Jünger tauften die Menschen durch vollständiges Untertauchen in Wasser. Aber wie kam die Kirche dazu, das Besprengen mit Wasser als die Art der Taufe zu akzeptieren? Nun, das erste Mal, dass wir die Taufe durch Besprengen mit Wasser sehen, war im Jahr 253 n. Chr. Sie wurde von einem örtlichen Bischof für einige besondere Fälle erlaubt. Im Jahr 753 n. Chr. wurde das Besprengen mit Wasser zu einer Form der Taufe, die offiziell genehmigt wurde, aber nur für einige wenige Fälle, in denen es keine andere Möglichkeit gab, z. B. wenn Menschen im Bett lagen, krank waren und nicht durch vollständiges Untertauchen getauft werden konnten. Im Jahr 1311 n. Chr. erklärte das Konzil von Ravenna, dass das Besprengen mit Wasser die offizielle Art und Weise ist, Menschen zu taufen. Aber nur, weil ein Bischof auf einem Konzil gesagt hat, es sei in Ordnung, mit einer Besprengung mit Wasser getauft zu werden, heißt nicht, dass das in Ordnung ist. Wir müssen auf das bauen, was die Bibel sagt, und nicht auf eine Tradition.

Im Laufe der Jahre haben sich viele Traditionen in die Kirche eingeschlichen, die nicht biblisch sind. Ein Beispiel dafür ist die Babytaufe. Ich wurde als Baby in der lutherischen Kirche getauft. Dazu zogen sie mir ein weißes Taufkleid an. Wenn heute jemand versuchen würde, mir ein weißes Kleid anzuziehen, würde ich sagen: „Auf keinen Fall!“ Aber damals protestiert ich nicht dagegen, ein weißes Kleid zu tragen, da ich ein Baby war und es mir egal war. Ich verstand nicht einmal, was da vorging. Und selbst wenn ich nackt getauft worden wäre, hätte ich mich nicht beschwert. Und warum? Nun, weil ich mir der Sünde nicht bewusst war. Ich war ja noch ein Baby. Als Adam und Eva im Garten herumliefen, bevor die Sünde kam und ihnen die Augen öffnete, schämten sie sich nicht. Sie schämten sich nicht, dass sie nackt waren, weil sie ihre Nacktheit nicht sahen. Aber als sie vom Baum der Erkenntnis von Gut und Böse aßen, wurden ihre Augen geöffnet, und sie sahen ihre Nacktheit. Ja, sie schämten sich und wollten sich unbedingt bedecken. Genauso wie Adam und Eva sich einst der Sünde nicht bewusst waren, sind auch Babys sich der Sünde nicht bewusst. Deshalb ist es verrückt, Babys zu taufen! Die frühe Kirche taufte keine Babys. Nein, du kannst nirgendwo in der Bibel eine Babytaufe finden. Babytaufen waren eine Tradition, die Hunderte von Jahren später kam. Plötzlich, 500 Jahre nachdem Jesus auf der Erde wandelte, hatte jemand die Idee, Babys zu taufen und beschloss, dass dies die neue Norm sein sollte. Aber das ist Tradition, und sie kann dich nicht retten. Nur Jesus kann dich retten.

Was ist also die Taufe? Ist die Taufe nur ein Symbol? Nein. Es ist auch eine Tradition, die Taufe ein Symbol zu nennen. Aber die Taufe ist kein Symbol. Jesus sagt in Markus 16,16: *„Wer gläubig geworden und getauft worden ist, wird gerettet werden; wer aber ungläubig ist, wird verdammt werden.“* Jesus sagte also, dass derjenige, der glaubt und sich taufen lässt, gerettet werden wird. Und was haben die ersten Jünger in der Apostelgeschichte gesagt? In Apostelgeschichte 2,38 predigte Petrus das Evangelium, und die Leute fragten, was sie tun sollten. Petrus antwortete: *„Tut Buße, und jeder von euch lasse sich taufen auf den Namen Jesu Christi zur Vergebung eurer Sünden! Und ihr werdet die Gabe des Heiligen Geistes empfangen.“* Als Hananias Paulus in Apostelgeschichte 22,16 taufte, sagte er zu Paulus: *„Und nun, was zögerst du? Steh auf, lass dich taufen und deine Sünden abwaschen, indem du seinen Namen anrufst!“* Wir sehen also, dass die frühen Jünger in der Apostelgeschichte sagen, dass die Taufe zur Vergebung der Sünden dient und auch, dass sie die Sünden abwäscht. Klingt das wie ein Symbol? Nein. Wie können wir lesen, was die Bibel über die Taufe sagt, und daraus schließen, dass sie nur ein Symbol ist?

Was sagen die Briefe in der Bibel über die Taufe? Römer 6,4 sagt, dass wir durch die Taufe mit Christus sterben und mit Christus auferstehen: *„So sind wir nun mit ihm begraben worden durch die Taufe in den Tod, damit, wie Christus aus den Toten auferweckt worden ist durch die Herrlichkeit des Vaters, so [werden] auch wir in Neuheit des Lebens wandeln.“* In 1. Korinther 12,13 heißt es, dass wir durch die Taufe in einen Leib getauft werden: *„Denn in einem Geist sind* *wir alle zu einem Leib getauft worden, es seien Juden oder Griechen, es seien Sklaven oder Freie, und sind alle mit einem Geist getränkt worden.“* Galater 3,27 erklärt, dass wir durch die Taufe Christus anziehen: „Denn ihr alle, die ihr auf Christus getauft worden seid, ihr habt Christus angezogen.“ Kolosser 2,12 sagt uns, dass die Taufe eine Beschneidung von Christus ist und dass wir mit Christus begraben sind. Es heißt dort: *„... mit ihm begraben in der Taufe, in ihm auch mit auferweckt durch den Glauben an die wirksame Kraft Gottes, der ihn aus den Toten auferweckt hat.“* Titus 3,5 sagt uns, dass die Taufe eine Waschung der Wiedergeburt ist: *„... rettete er uns, nicht aus Werken, die, in Gerechtigkeit [vollbracht], wir getan hätten, sondern nach seiner Barmherzigkeit durch die Waschung der Wiedergeburt und Erneuerung des Heiligen Geistes.“* 1. Petrus 3,21 (LUT) sagt, dass die Taufe rettet: *„Das ist ein Vorbild der Taufe, die jetzt auch euch rettet. Denn in ihr wird nicht der Schmutz vom Leib abgewaschen, sondern wir bitten Gott um ein gutes Gewissen, durch die Auferstehung Jesu Christi ...“* Klingt die Taufe wie ein Symbol? Nein, natürlich nicht!

Lasst euch taufen zur Vergebung eurer Sünden
Apg 2,38

Steh auf, lass dich taufen und deine Sünden abwaschen
Apg 22,16

Stirb mit Christus, steh auf mit Christus
Röm 6,3-7

Beschneidung – begraben mit Christus
Kol 2,12

Zieht Christus an
Gal 3,27

Das Bad der Wiedergeburt
Titus 3,5

Die Taufe, die euch jetzt rettet
1 Petr 3,21

Die frühen Jünger waren sehr radikal, wenn es um die Taufe ging, und wir können das an der Reaktion der Menschen sehen, denen sie das Evangelium verkündigten. Wenn in der Bibel Menschen zum Glauben kamen, wurden sie dann am ersten Sonntag, nachdem sie zum Glauben gekommen waren, getauft? Nein. Wurden sie erst Jahre, nachdem sie das Evangelium gehört hatten, getauft, wenn andere Menschen das Gefühl hatten, sie seien nun bereit, sich taufen zu lassen? Nein. In der Bibel sehen wir, dass Menschen sofort getauft wurden, wenn sie das Evangelium hörten und zum Glauben kamen. In Apostelgeschichte 2 wurden zum Beispiel 3000 Menschen am selben Tag getauft, an dem sie zum Glauben kamen. In Apostelgeschichte 10, als Petrus Kornelius und seine Familie besuchte, sehen wir, dass Kornelius und seine Familie mit dem Heiligen Geist getauft werden, und als Antwort darauf sagt Petrus: *„Kann auch jemand denen das Wasser zur Taufe verwehren, die den Heiligen Geist empfangen haben ebenso wie wir? Und er befahl, sie zu taufen in dem Namen Jesu Christi. Da baten sie ihn, dass er noch einige Tage dabliebe"* (Apg 10,47-48 LUT). Wie wir also sehen können, wurden Kornelius und seine Familie sofort mit Wasser getauft. In Apostelgeschichte 16 finden wir ein weiteres Beispiel, als der Kerkermeister und sein Haushalt das Evangelium hörten und sich mitten in der Nacht taufen ließen. Warum werden in der Apostelgeschichte so viele Menschen sofort getauft, nachdem sie zum Glauben gekommen waren? Das liegt daran, dass die Taufe der Beginn ihres neuen Lebens war. Ja, es war der Beginn ihres neuen Lebens, indem sie den alten Menschen ablegten und ihre Sünden abwuschen.

In der Taufe wird das alte Leben, das unter der Knechtschaft der Sünde stand, begraben, und wir werden dazu befreit, ein neues Leben zu führen. Eine sehr gute Illustration der Taufe im Alten Testament sehen wir bei Mose und den Israeliten. Das Alte Testament ist voller Schatten und Bilder von dem, was sich im Neuen Testament erfüllte. Im Alten Testament lesen wir davon, dass die Israeliten Sklaven in Ägypten unter einem Herrscher namens Pharao waren. Eines Tages ging Mose (ein Bild für Christus) zum Pharao und sagte: *Lass mein Volk ziehen ..."* Aber der Pharao wollte die Israeliten nicht ziehen lassen. Daraufhin schickte Gott eine Reihe von Plagen nach Ägypten, damit der Pharao die Israeliten ziehen ließe. Und am Ende tat Gott etwas Interessantes: Gott sandte einen Todesengel, um alle erstgeborenen Söhne der Ägypter zu töten, und er befahl Mose, den Israeliten zu sagen, sie sollten das Blut eines Lammes über der Tür ihrer Häuser anbringen, damit der Todesengel an ihren Häusern vorbeigehen würde. So rettete Gott die Israeliten durch das Blut. Dies dient als Bild für Christus, da er Gottes erstgeborener Sohn ist und sein Blut am Kreuz vergossen wurde, um uns von unseren Sünden zu retten. Nach dieser letzten Plage ließ der Pharao die Israeliten ziehen, und die Israeliten wurden endlich aus Ägypten gerettet. Als sie aus Ägypten herauskamen, freuten sie sich, weil sie durch das Blut gerettet worden waren. Aber sie waren immer noch Gefangene/Sklaven ihres alten Lebens, weshalb sie immer noch ihr altes Leben begraben mussten, das ihnen aus Ägypten gefolgt war. Ja, sie mussten einen Weg finden, um von ihrem alten Leben der Sünde frei zu werden.

Wie begruben die Israeliten also ihr altes Leben der Sünde? Nun, was als Nächstes geschah, ist bemerkenswert. Der Pharao bereute es, dass er die Israeliten hatte gehen lassen, und schickte seine Armee hinter ihnen her. Plötzlich freuten sich die Israeliten nicht mehr über ihre Freiheit, sondern dachten, sie würden sterben. Ja, die Ägypter (ihr altes Leben) waren hinter ihnen her. Also mussten sie noch einmal gerettet werden, um vollständig zu entkommen und frei zu sein. Gott teilte das Schilfmeer, damit die Israeliten auf die andere Seite hinübergehen konnten, und als sie hinübergingen, folgten ihnen die Ägypter (ihr altes Leben). Als die Israeliten die andere Seite erreichten, ließ Gott das Wasser wieder zusammenfließen und ertränkte alle Ägypter, und die Israeliten waren ein für alle Mal gerettet. Sie waren nicht mehr in Ketten, und sie hatten keine Angst, dass ihr altes Leben kommen und sie gefangen nehmen würde. Aber das war immer noch nicht genug. Sie mussten ihr neues Leben fortsetzen, indem sie von der Wolke geführt wurden. Ja, sie mussten sich vom Geist führen lassen, um das verheißene Land zu betreten, das Gott für sie vorbereitet hatte. Und das ist ein Bild für unsere Errettung. Wir werden von der Welt gerettet, wenn wir Buße tun, und wir werden von unserem alten Leben der Sünde durch die Taufe im Wasser gerettet. Dann müssen wir den Heiligen Geist empfangen und lernen, wie wir uns vom Geist führen lassen können. Und wer bis zum Ende durchhält, wird endgültig gerettet werden. Das ist wunderbar und das, was wir heute erleben müssen. Wenn wir weiterlesen, heißt es in Römer 6,3-7:

> *Oder wisst ihr nicht, dass wir, so viele auf Christus Jesus getauft wurden, auf seinen Tod getauft worden sind? So sind wir nun mit ihm begraben worden durch die Taufe in den Tod, damit, wie Christus aus den Toten auferweckt worden ist durch die Herrlichkeit des Vaters, so [werden] auch wir in Neuheit des Lebens wandeln. Denn wenn wir verwachsen sind mit der Gleichheit seines Todes, so werden wir es auch mit der [seiner] Auferstehung sein; da wir dies erkennen, dass unser alter Mensch mitgekreuzigt worden ist, damit der Leib der Sünde abgetan sein soll, dass wir der Sünde nicht mehr dienen. Denn wer gestorben ist, ist freigesprochen von der Sünde.*

Halleluja! Das ist so schön. Das ist es, was passiert, wenn wir getauft werden.

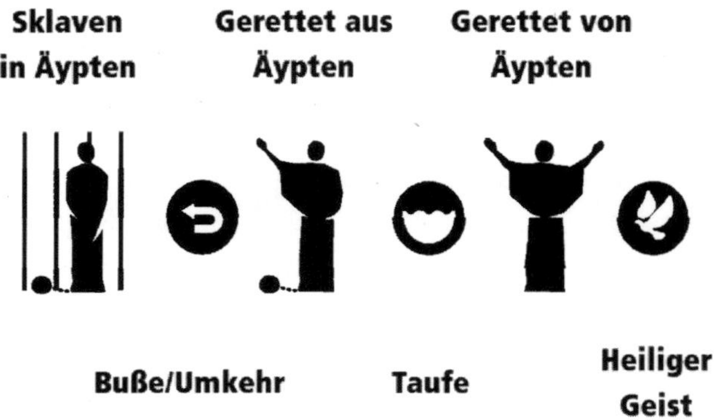

Ich erinnere mich noch an den Tag, an dem ich Römer 6,14 las, wo es heißt: *„Denn die Sünde wird nicht über euch herrschen, denn ihr seid nicht unter Gesetz, sondern unter Gnade."* Dieser Vers veränderte mein Leben. Zu jener Zeit kämpfte ich immer noch mit der Sünde und war nicht frei. Ich war gerade getauft worden, aber die Taufe hatte mir keine Freiheit gegeben. Das verstand ich nicht. Aber als ich Römer 6,14 las, hatte ich eine Offenbarung darüber, was die Taufe ist, und ich erlebte eine Freiheit von der Sünde wie nie zuvor. An diesem Tag wurde ich wirklich wiedergeboren. Heute bin ich kein Sklave der Sünde mehr, und mein Leben sieht ganz anders aus als vorher. Ich sage nicht, dass wir keine Fehler machen werden, aber wenn wir sie machen, wissen wir, dass wir um Vergebung bitten können und dass Gott uns vergeben wird.

Wenn du noch ein Sklave der Sünde bist, kann das verschiedene Gründe haben. Ein Grund dafür ist, dass du nicht vollständig Buße getan und dich von deinen Sünden abgewendet hast, oder, falls du dich abgewendet hast, dass du nicht richtig getauft wurdest. Um richtig getauft zu werden, musst du dich zuerst von deinen Sünden abwenden und ein neues Herz bekommen, bevor du das alte Leben begraben kannst. Viele Menschen wachsen in einer Kirche auf und lassen sich als Teenager taufen. Aber sie begreifen erst zehn oder fünfzehn Jahre später, was Buße ist und wenden sich von ihren Sünden ab. Wenn du dich erst nach deiner Taufe von der Sünde abwendest, dann war es keine echte Taufe. Es hat vor der Taufe keine Umkehr stattgefunden. Du musst deine Sünden erkennen und dich von ihnen abwenden, bevor du dein altes Leben begraben kannst. Das ist ein wichtiger Grund, warum du und viele andere Menschen möglicherweise mit der Sünde zu kämpfen haben. Ein weiterer Grund ist, dass du, wie ich, die Kraft der Taufe nicht verstanden hast, als du dich taufen ließest. Es könnte sein, dass du die Kraft der Taufe im Glauben empfangen musst. Lies Römer 6 und bitte Gott, dir die Augen zu öffnen, damit du verstehst, was mit dir passiert ist, als du getauft wurdest, und damit du dieses neue Leben führen kannst. Es ist so wichtig, dass du die neue Geburt durch Buße erlebst, und dass du durch die Taufe und den Empfang des Heiligen Geistes vom alten Leben gerettet wirst.

Fragen und Antworten zu Lektion 2

Die Apostelgeschichte verstehen

Wie du in Lektion 2 gesehen hast, habe ich verschiedene Verse aus der Apostelgeschichte zitiert, um dir zu zeigen, was die ersten Jünger predigten und was Menschen tun mussten, um wiedergeboren zu werden. Heute betrachten manche Menschen die Apostelgeschichte nicht als ein theologisches Buch, weil sie glauben, dass sie ein rein historisches Buch ist. Einige Leute glauben, es sei nur ein Buch, das die Vergangenheit erklärt, und denken deshalb, wir könnten daraus keine Theologie ableiten wie aus dem Rest des Neuen Testaments. Aber dieses Argument ist nicht stichhaltig, da wir in der Apostelgeschichte durch das, was die frühen Jünger sagten und taten, eine Menge Theologie sehen. Ja, man kann sehen, was die frühen Jünger glaubten, indem man sieht, wie sie lebten. Und wir können darüber hinaus eine Bestätigung dessen sehen, was sie glaubten, wenn wir die Briefe lesen, die an die verschiedenen Gemeinden geschrieben wurden. Die Apostelgeschichte ist ein einzigartiges Buch, da sie weder wie die Briefe in der Bibel geschrieben ist noch wie ein theologisches Buch. Sie ist ein Buch, das Ereignisse beschreibt, die über 30 Jahre hinweg geschehen sind. Manchmal erzählt sie die spezifischen Details von Ereignissen, andere Male erzählt sie Ereignisse nur grob.

Ich habe Leute sagen hören, dass es nicht notwendig ist, getauft zu werden, weil in der Apostelgeschichte nicht jedes Mal, wenn jemand zum Glauben kommt, Menschen getauft werden. Es ist wahr, dass wir an einigen Stellen in der Apostelgeschichte nicht von der Taufe lesen. Ein Beispiel dafür ist Apostelgeschichte 6,7, wo es heißt: *„Und das Wort Gottes wuchs, und die Zahl der Jünger in Jerusalem mehrte sich sehr; und eine große Menge der Priester wurde dem Glauben gehorsam."* Wir lesen nicht, dass die Menschen im Wasser getauft wurden, und wir lesen auch nicht, dass sie den Heiligen Geist empfingen. Aber wir lesen auch nicht, dass sie Buße taten. Wir lesen nur, dass die

Zahl der Jünger wuchs und dass sie dem Glauben gehorsam waren. Aber dem Glauben gehorsam zu sein, bedeutet, Jesus in dem zu gehorchen, was er uns aufgetragen hat. Auch wenn wir in Apostelgeschichte 6,7 nicht lesen, dass sie Buße taten, sich im Wasser taufen ließen und den Heiligen Geist empfingen, heißt das nicht, dass dies nicht geschehen ist.

Ein weiteres Beispiel dafür ist Apostelgeschichte 9,35, wo es heißt: *„Und es sahen ihn alle, die zu Lydda und Scharon wohnten; die bekehrten sich zum Herrn."* Hier lesen wir nichts darüber, dass sie glaubten, Buße taten oder sich im Wasser taufen ließen. Bedeutet das, dass diese Menschen nicht glaubten, als sie sich zum Herrn wandten, oder dass sie sich nicht taufen ließen? Nein, es bedeutet nur, dass nicht jedes Detail aufgeschrieben wurde, weil es sich um ein historisches Buch und nicht um ein theologisches Buch handelt.

Um die Apostelgeschichte vollständig zu verstehen, ist es wichtig, „herauszuzoomen". Ja, man muss die ganze Apostelgeschichte betrachten, vom Anfang bis zum Ende, und seine Theologie nicht auf einem einzigen Vers oder Kapitel in der Bibel aufbauen. Wenn wir das tun, werden wir auch mehr Informationen darüber sehen, was geschah, als Menschen zum Glauben kamen. Es gibt viele Stellen in der Apostelgeschichte, an denen wir, anstatt nur zu lesen, dass Menschen sich dem Herrn zuwandten oder glaubten, mehr darüber lesen, wie Menschen zum Glauben kamen und wiedergeboren wurden. Zum Beispiel sehen wir mehr Details in Apostelgeschichte 2, 8, 10, 16 und 19.

In Apostelgeschichte 2 sehen wir, dass sie Buße, Wassertaufe und die Taufe mit dem Heiligen Geist verkündigten und dass 3000 Menschen zum Glauben kamen und alle am selben Tag getauft wurden. In Apostelgeschichte 8 reiste Philippus nach Samaria, und in diesem Kapitel kann man deutlich sehen, dass es möglich ist, mit Wasser getauft zu werden, ohne den Heiligen Geist zu empfangen. Man kann auch sehen, dass Philippus das Evangelium mit dem Kämmerer teilte und dass sich der Kämmerer sofort taufen ließ, nachdem er das Evangelium gehört hatte (vgl. Apg 8,38). Ja, die Taufe war laut den Versen in der Apostelgeschichte, die uns mehr Details geben, die Reaktion von ihm und allen anderen, nachdem sie das Evangelium gehört hatten. Apostelgeschichte 10 spricht darüber, dass Petrus zum Haus des Kornelius reiste, und hier sehen wir, dass die Taufe mit dem Heiligen Geist manchmal vor der Wassertaufe kommt:

> *Während Petrus noch diese Worte redete, fiel der Heilige Geist auf alle, die das Wort hörten. Und die Gläubigen aus der Beschneidung, so viele ihrer mit Petrus gekommen waren, gerieten außer sich, dass auch auf die Nationen die Gabe des Heiligen Geistes ausgegossen worden war; denn sie hörten sie in Sprachen reden und Gott erheben. Dann antwortete Petrus: Könnte wohl jemand das Wasser verwehren, dass diese nicht getauft würden, die den Heiligen Geist empfangen haben wie auch wir? Und er befahl, dass sie getauft würden im Namen Jesu Christi. Dann baten sie ihn, einige Tage zu bleiben* (Apg 10,44-48).

Auch Apostelgeschichte 16 liefert ausführliche Details, da hier darüber berichtet wird, wie Paulus und Silas ins Gefängnis kamen und wie der Kerkermeister dort zum Glauben kam und sich sofort mitten in der Nacht taufen ließ. In Apostelgeschichte 16,26-34 heißt es:

> *Plötzlich aber geschah ein großes Erdbeben, sodass die Grundfesten des Gefängnisses erschüttert wurden; und sofort öffneten sich alle Türen, und aller Fesseln lösten sich. Als aber der Kerkermeister aus dem Schlaf aufwachte und die Türen des Gefängnisses geöffnet sah, zog er das Schwert und wollte sich umbringen, da er meinte, die Gefangenen seien entflohen. Paulus aber rief mit lauter Stimme und sprach: Tu dir kein Leid an! Denn wir sind alle hier. Er aber forderte Licht und sprang hinein; und zitternd fiel er vor Paulus und Silas nieder. Und er führte sie heraus und sprach: Ihr Herren, was muss ich tun, dass ich gerettet werde? Sie aber sprachen: Glaube an den Herrn Jesus, und du wirst gerettet werden, du und dein Haus. Und sie redeten das Wort des Herrn zu ihm samt allen, die in seinem Haus waren. Und er nahm sie in jener Stunde der Nacht zu sich und wusch ihnen die Striemen ab; und er ließ sich taufen und alle die Seinen sogleich. Und er führte sie hinauf in sein Haus, ließ ihnen den Tisch decken und jubelte, an Gott gläubig geworden, mit seinem ganzen Haus.*

Schließlich liefert Apostelgeschichte 19 Details über Paulus' Reise zu den Gläubigen in Ephesus. Paulus fragte diese, ob sie den Heiligen Geist empfangen hatten, und als er herausfand, dass dies noch nicht geschehen war, teilte er ihnen das volle Evangelium mit. Nachdem er für sie gebetet hatte, wurden sie im Wasser und mit dem Heiligen Geist getauft. Wir sehen das in Apostelgeschichte 19,6, wo es heißt: *„Als sie es aber gehört hatten, ließen sie sich auf den Namen des Herrn Jesus taufen; und als Paulus ihnen die Hände aufgelegt hatte, kam der Heilige Geist auf sie, und sie redeten in Sprachen und weissagten"* (Apg 19,6).

Wenn wir alle diese zitierten Stellen nehmen und dazu den Rest der Apostelgeschichte, bekommen wir ein sehr klares Bild davon, dass Menschen Buße taten, sich taufen ließen und den Heiligen Geist empfingen, wenn sie zum Glauben kamen. Wir lesen nichts über ein Lebensübergabe-Gebet oder dass man Jesus in sein Herz bittet, was viele Menschen heute statt dem tun, was wir hier in der Apostelgeschichte lesen.

Lasse dich nicht von Leuten täuschen, die gegen die Wassertaufe oder die Taufe mit dem Heiligen Geist argumentieren, indem sie sagen, es gäbe Stellen in der Bibel, wo man nicht erkennen kann, dass Menschen getauft werden, nachdem sie zum Glauben gekommen sind. Nur weil es nicht immer aufgezeichnet ist, heißt das nicht, dass es nicht geschehen ist. Genauso verhält es sich mit der Buße bzw. Umkehr. In einigen Versen in der Apostelgeschichte steht nicht, wie ich schon gezeigt habe, dass die Menschen Buße taten, als sie zum Glauben kamen. Aber noch einmal: Nur weil wir in einigen Bibelstellen nichts darüber lesen, heißt das nicht, dass sie nicht Buße taten. Wenn wir „herauszoomen" und einen Blick auf die ganze Apostelgeschichte werfen, können wir sehen, dass das, was in Apostelgeschichte 2,38 gepredigt wird (Buße, Taufe im Wasser und mit dem Heiligen Geist), die Botschaft des Evangeliums ist, die sich durch das ganze Buch hindurch fortsetzt.

Etwas sehr Wichtiges, das wir über die Bibel verstehen müssen, ist, dass sie ursprünglich ohne Kapitel und Verse geschrieben wurde. Kapitel und Verse wurden erst viel später hinzugefügt. Ein jüdischer Rabbi namens Nathan teilte das Alte Testament 1488 n. Chr. in Verse ein und 1555 teilte ein Mann namens Robert Estienne, auch bekannt als Stephanus, das Neue Testament in nummerierte Verse ein. Wir müssen also erkennen, dass wir erst dann den Kontext und die Botschaft eines Buches der Bibel verstehen können, wenn wir es ganz gelesen haben. Ja, nur ein oder zwei Kapitel auf einmal zu lesen, war nicht die Art und Weise, wie die Bibel ursprünglich zum Lesen gedacht war. Wir müssen daran denken, das ganze Buch zu betrachten, um die Botschaft wirklich zu verstehen.

Buße/Umkehr zieht sich durch unser ganzes Leben

Buße ist nicht etwas, das nur einmal in deinem Leben passiert, sondern etwas, das dein ganzes Leben durchzieht, und es ist sehr wichtig, dass du das verstehst. Wenn ich in Lektion 2 von Buße spreche, dann meine ich das allererste Mal, wenn du umkehrst und glaubst, und den Moment, in dem Gott dir das neue Herz gibt. Ja, ich spreche von dem Moment, in dem du deine Sünde erkennst und dich von ihr abwendest, dich Gott zuwendest und ein neues Herz erhältst. Ich spreche von dem Moment, in dem Gott dein steinernes Herz herausnimmt und dir ein Herz aus Fleisch gibt, auf das er sein Gesetz schreibt. Die meisten Menschen können das Datum oder die Zeit nennen, wann sie diese erste Buße erlebt haben. Aber abgesehen davon zieht sich die Buße durch unser ganzes Leben.

Und dabei geht Buße immer tiefer und tiefer. Heute tue ich immer noch Buße, aber die Dinge, für die ich jetzt Buße tue, sind ganz anders als damals, als ich zum ersten Mal Buße tat. Wenn ein Mensch zum ersten Mal Buße tut und ein neues Herz bekommt, ist das erste Zeichen, dass er das getan hat, oft die Art, wie er spricht. Er ändert oft sofort seine Sprache. Jesus sagt in Lukas 6,45: *„Der gute Mensch bringt aus dem guten Schatz seines Herzens das Gute hervor, und der böse bringt aus dem bösen das Böse hervor; denn aus der Fülle des Herzens redet sein Mund.“* Jesus sagt also, dass aus dem Mund fließen wird, was im Herzen ist.

Bevor ich zum ersten Mal Buße tat, war mein Herz voll von bösen und lästerlichen Dingen. Das floss ganz natürlich aus meinem Mund. Aber als ich Buße tat und ein neues Herz aus Fleisch erhielt, wollte ich diese bösen Dinge nicht mehr sagen. Es war, als ob ich es nicht mehr könnte. Ich fing an, mich zu fragen: „Torben, warum sprichst du auf diese Weise? Warum fluchst du? Warum lästerst du über Gott?“ Ich fing an, über die Art und Weise, wie ich sprach, nachzudenken, denn mein Herz war verändert, und ich konnte nicht mehr weiter böse und lästerliche Dinge aussprechen. Es war, als ob es in meinem Mund falsch schmeckte.

Nachdem eine Person die Art, wie sie spricht, geändert hat, wird sie auch die konkreteren Dinge in ihrem Leben ändern. Zum Beispiel hatte ich, bevor ich Buße tat, eine Freundin, und wir schliefen miteinander. Zu der Zeit dachte ich nicht, dass es falsch war. Und als ich Buße tat und ein neues Herz bekam, brauchte ich immer noch einige Zeit, um zu lernen, Jesus zu gehorchen und Sünde zu erkennen, und so schlief ich wieder mit ihr. Aber als ich das nach meiner Umkehr tat, fühlte ich mich sehr schuldig und schämte mich. Es war, als würde ein Alarm in meinem Kopf losgehen, und alles, was ich denken konnte, war: „SÜNDE, SÜNDE, SÜNDE!“ Ich wusste, dass ich nicht weiter in Sünde mit ihr leben konnte, und deshalb beendete ich unsere Beziehung.

Wenn ein Mensch Buße tut und ein neues Herz erhält, ist er immer noch von Sünde umgeben. Was mich betrifft, so war ich immer noch mit meinen Freunden zusammen und wir betranken uns usw. Aber jemand, der wie ich Buße getan und ein neues Herz erhalten hat, kann nicht weiterhin einen sündigen Lebensstil führen. Und selbst wenn diese Person noch ein- oder zweimal sündigt, wird sie in ihrem Inneren spüren, dass sie nicht mehr sündigen kann. Sie wird spüren, dass es falsch ist. Mit der Zeit wird Gott diese Person völlig verändern, und es wird für jeden um sie herum deutlich zu sehen sein, dass sie Buße getan hat.

Heute tue ich immer noch Buße, aber es geht nicht mehr um konkrete Dinge wie Trinken, Fluchen oder das Verfallen in sexuelle Sünden wie am Anfang. Nein, diese Sünden sind weit weg von mir, und so sollte es für jeden sein, der schon lange für den Herrn arbeitet. Jetzt hat meine Buße mit mehr inneren Dingen zu tun, wie den Motiven meines Herzens. Ich muss mich selbst prüfen und fragen: „Bin ich stolz? Habe ich etwas Falsches gesagt? Habe ich jemanden mit meinen Worten verletzt? Habe ich Unversöhnlichkeit in meinem Herzen?" Ich tue also immer noch Buße, aber heute ist es auf einer viel tieferen Ebene als am Anfang. Es ist wichtig, dass wir das Menschen erklären, die gerade Buße getan haben und zum Glauben gekommen sind. Ja, sage ihnen, dass sie jetzt ein neues Herz haben, dass das aber nicht bedeutet, dass das Leben einfach sein wird. Sage ihnen, dass sie bereit sein müssen, Buße zu tun, wenn sie etwas Falsches tun, und dass sie Gott in ihrem Leben wirken lassen müssen, um Heiligkeit und am Ende ewiges Leben hervorzubringen. Noch einmal: Wenn wir Menschen fragen, ob sie Buße getan haben, dann fragen wir sie, ob sie sich von ihren Sünden abgewandt und das neue Herz empfangen haben, von dem die Bibel spricht. Und für uns „ältere" Jünger gilt: Wir sollten in der Buße bleiben, darauf achten, dass die Sünde nicht in unser Leben eindringt, und Gott weiterhin in uns wirken lassen.

Verdrehe nicht das Wort Gottes

Ich weiß, dass die Taufe aufgrund unserer Traditionen für viele Menschen sehr schwierig ist. Was die Taufe angeht, kann ich sehen, dass der Feind versucht hat, den Menschen Angst zu bereiten und es zu einem unangenehmen Thema zu machen, sodass die Menschen nicht darüber sprechen oder Fragen dazu stellen wollen. Aber, wie wir in der Bibel sehen können, ist es sehr wichtig, darüber zu sprechen. Wir können nicht einfach ignorieren, was Jesus dazu sagt.

Jesus sagt in Markus 16,16 (LUT): *„Wer da glaubt und getauft wird, der wird selig werden; wer aber nicht glaubt, der wird verdammt werden."* Viele Menschen versuchen, Jesu Worte hier zu verdrehen, und sagen, wir müssten nicht getauft werden, weil Jesus nur sagte, dass diejenigen, die nicht glauben, verdammt werden sollen, nicht, dass diejenigen, die nicht glauben und nicht getauft werden, verdammt werden sollen. Aber dieses Argument ist töricht und unbegründet, weil Jesus nicht zu sagen brauchte, dass derjenige, der nicht glaubt und nicht getauft wird, verdammt werden wird, denn wenn man nicht glaubt, dann wird man auch nicht getauft werden. Es ist bereits klar, und deshalb ist es nicht nötig, es zu wiederholen.

Ich habe viele verschiedene Argumente gegen die Taufe gehört. In Apostelgeschichte 2,38 heißt es: *„Petrus aber sprach zu ihnen: Tut Buße, und jeder von euch lasse sich taufen auf den Namen Jesu Christi zur Vergebung eurer Sünden! Und ihr werdet die Gabe des Heiligen Geistes empfangen."* Manche Menschen lesen diesen Vers und denken, dass Menschen, wenn sie glauben, automatisch untergetaucht werden, weil Petrus das Untertauchen in Wasser nicht erwähnt. Deshalb glauben sie nicht, dass Petrus über die Wassertaufe spricht. Aber Argumente wie diese sind nicht logisch, denn wenn wir wieder „herauszoomen" und die ganze Apostelgeschichte betrachten, können wir viele Beispiele sehen, wo es klar ist, dass Taufen *im Wasser* stattfanden. Zum Beispiel können wir sehen, dass Philippus in Apostelgeschichte 8 den Eunuchen im Wasser taufte, oder dass Johannes der Täufer in Johannes 3 die Menschen im Jordan taufte, weil es dort viel Wasser gab. Argumente wie diese, die versuchen, das Wasser aus der Taufe zu streichen, indem sie sagen, Taufe bedeute nur, untergetaucht zu werden, und dass wir in Jesus untergetaucht würden, wenn wir glauben, sind perfekte Beispiele für die Verdrehung des Wortes Gottes, und ich könnte noch viele weitere Beispiele wie dieses aufzählen.

Wenn du also mit der Taufe oder einem anderen Thema in der Bibel zu kämpfen hast, dann solltest du, wie ich schon sagte, „herauszoomen." Versuche zum Beispiel, die Apostelgeschichte und das ganze Neue Testament vom Anfang bis zum Ende zu betrachten. Und wenn du das tust und deine Traditionen beiseitelegst, wirst du feststellen, dass die Dinge klar werden, und du wirst sehen, dass die Taufe einfach und etwas sehr Kraftvolles ist.

Körperlich und geistlich

Heute hat die Welt, und besonders die Kirche, die physischen Dinge von den geistlichen Dingen getrennt. Aber das ist weder eine biblische noch eine hebräische, sondern eine griechische Denkweise. Die hebräische Denkweise besteht nämlich darin zu glauben, dass die physische und die geistliche Welt stark miteinander verbunden sind. Zum Beispiel befanden sich im Garten Eden physische Bäume. Einer davon wurde „Baum der Erkenntnis von Gut und Böse" und ein anderer „Baum des Lebens“ genannt. Würden Adam und Eva vom Baum des Lebens essen, sollten sie für immer leben, aber falls sie vom Baum der Erkenntnis des Guten und Bösen essen würden, sollten sie sterben. Hier hatte also das Essen von diesen physischen Bäumen eine geistliche Auswirkung. Ein weiteres Beispiel dafür, dass die physische und die geistige Welt miteinander verbunden sind, findet sich in 2. Könige 5, wo von einem Mann namens Naaman die Rede ist. Naaman litt an Lepra, und der Prophet Elisa sagte ihm, er solle hingehen und sich siebenmal im Jordan untertauchen, dann würde er geheilt werden. Als Naaman Gott gehorchte und dies tat, benutzte Gott das Wasser, um ihn vollständig zu heilen. Das physische Wasser hatte also eine geistliche Wirkung, und Naaman wurde physisch geheilt. Auch beim Abendmahl ist das physische und geistliche verbunden. Das können wir aus dem sehen, was Paulus in 1. Korinther 27-30 sagt:

> *Wer also unwürdig das Brot isst oder den Kelch des Herrn trinkt, wird des Leibes und Blutes des Herrn schuldig sein. Der Mensch aber prüfe sich selbst, und so esse er von dem Brot und trinke von dem Kelch. Denn wer isst und trinkt, isst und trinkt sich selbst Gericht, wenn er den Leib [des Herrn] nicht [richtig] beurteilt.*

So ist es auch mit der Taufe. In der Taufe wird man physisch in Wasser eingetaucht, und das hat eine bedeutende geistliche Wirkung. So wie Gott im Alten Testament das Wasser benutzte, um den Aussatz Naamans wegzuwaschen, benutzt Gott im Neuen Testament das Wasser, um die Sünden der Menschen wegzuwaschen. Es ist entscheidend, die griechische Denkweise aufzugeben und zu erkennen, dass die richtige Art, die Bibel zu verstehen, darin besteht, anzuerkennen, dass die physische und die geistliche Welt in der Tat eng miteinander verbunden sind und dass das eine das andere beeinflusst. Wir glauben nicht, dass das Wasser in irgendeiner Weise magisch und besonders ist. Es ist nicht das Wasser, sondern der Glaube. Der Glaube zusammen mit dem Wasser ist das, was Gott ausgewählt hat, um unsere Sünden wegzuwaschen und das alte Leben zu begraben.

Frei von Sünde, aber nicht sündlos

Wenn ich darüber spreche, wie wir in Christus Freiheit von unseren Sünden erfahren können, spreche ich nicht von Sündlosigkeit. Ich sage auch nicht, dass wir Sklaven der Sünde sind, denn das sind wir nicht. Ich habe Menschen in der Gemeinde argumentieren hören, dass wir als Nachfolger Jesu nicht frei von Sünde sein sollen, denn wenn wir das wären, dann bräuchten wir Christus nicht mehr, weil wir perfekt und ohne Sünde wären. In erster Linie möchte ich sagen, dass wir Christus immer brauchen werden. Nur in ihm können wir unsere Sünde überwinden. Jesus ist nicht am Kreuz gestorben, damit wir in der Sünde bleiben können, sondern damit wir Freiheit von unseren Sünden erfahren können. Aber das bedeutet nicht, dass wir sündlos sind.

Würde mir jemand sagen, er habe in den letzten 50 Jahren nicht gesündigt, wäre diese Person entweder blind oder ein Lügner, denn solange wir noch hier auf der Erde sind und auf die Wiederkunft von Jesus warten, kann man nicht so sündlos sein. Frei von unseren Sünden zu sein bedeutet, dass wir nicht immer wieder in unsere alten Sünden zurückfallen müssen. Ja, es bedeutet, dass wir frei sind, uns zu entscheiden, nicht zurückzufallen und dieselben Sünden zu begehen, weil wir nicht länger ein Sklave dieser Sünden sind. Aber wenn man einen Fehler macht und etwas *Falsches* tut, *sagt uns die Bibel, dass wir um Vergebung bitten können und dass er uns vergeben wird.* Wir sehen das in 1. Johannes 1,9: *„Wenn wir unsere Sünden bekennen, ist er treu und gerecht, dass er uns die Sünden vergibt und uns reinigt von jeder Ungerechtigkeit“.*

Als ich zum Glauben kam und Buße tat, veränderte sich zwar mein Herz, aber ich fühlte mich immer noch nicht frei. Ich fühlte mich oft verdammt und durch die Sünde gebunden, weil ich immer wieder in dieselbe Sünde fiel. Und als ich Römer 7,14-20 las, hatte ich das Gefühl, dass dort von meinem Leben die Rede war, denn dort heißt es:

> *Denn wir wissen, dass das Gesetz geistlich ist, ich aber bin fleischlich, unter die Sünde verkauft; denn was ich vollbringe, erkenne ich nicht; denn nicht, was ich will, das tue ich, sondern was ich hasse, das übe ich aus. Wenn ich aber das, was ich nicht will, ausübe, so stimme ich dem Gesetz bei, dass es gut ist. Nun aber*

vollbringe nicht mehr ich es, sondern die in mir wohnende Sünde. Denn ich weiß, dass in mir, das ist in meinem Fleisch, nichts Gutes wohnt; denn das Wollen ist bei mir vorhanden, aber das Vollbringen des Guten nicht. Denn das Gute, das ich will, übe ich nicht aus, sondern das Böse, das ich nicht will, das tue ich. Wenn ich aber das, was ich nicht will, ausübe, so vollbringe nicht mehr ich es, sondern die in mir wohnende Sünde.

Zu dieser Zeit glaubte ich, dass das, was ich in Römer 7,14-20 las, das normale christliche Leben war. Aber später wurde mir klar, dass Paulus in Römer 7 über jemanden spricht, der an die Sünde gebunden ist, und dass er nicht das normale christliche Leben beschreibt. Das normale christliche Leben wird in Römer 6 beschrieben. In Römer 6,6 heißt es: „... *da wir dies erkennen, dass unser alter Mensch mitgekreuzigt worden ist, damit der Leib der Sünde abgetan sein soll, dass wir der Sünde nicht mehr dienen.*" Ja, es ist ein Leben in Freiheit von der Sünde, wo die Sünde keine Herrschaft über dich hat.

Als ich zum ersten Mal diese Freiheit verstand, änderte das alles. Ich erkannte, dass ich frei war, nicht immer wieder in dieselbe Sünde zurückzufallen. Ich erkannte auch, dass, obwohl wir als Gläubige frei sind, wir immer noch nicht sündlos sind. Ich sagte manchmal immer noch etwas, das ich nicht hätte sagen sollen, dachte etwas, das ich nicht hätte denken sollen, oder tat etwas, das ich nicht hätte tun sollen. Aber wenn ich diese Dinge tat, bat ich um Vergebung. Gott vergab mir, und ich ging weiter. Es gibt also einen großen Unterschied zwischen frei von Sünde sein und sündlos sein.

Frei von Sünde zu sein bedeutet, dass du, wenn du etwas Falsches tust, die Freiheit hast, dich davon abzuwenden und zu ändern. Ja, es bedeutet, dass du nicht weiter in ihr leben musst. Du kannst weitergehen! Als Gläubige sind wir also keine Sünder, die von der Sünde versklavt sind. Wir sind Heilige, frei von Sünde. Wir können erleben, dass der Heilige Geist in uns wirkt und uns verändert, damit wir heiliger werden, wie es unser Vater im Himmel ist. Es ist eine Reise, auf der wir, besonders am Anfang, manchmal fallen und Fehler machen werden, aber wir müssen und können nicht weiterhin ein Leben in Sünde führen.

Nur eine Taufe

Wir glauben an nur eine Taufe; und dennoch gibt es viele Menschen, die sich noch einmal taufen lassen. Aber für diese Menschen, die sich „noch einmal" taufen lassen, ist diese „zweite Taufe" etwas, das sie von nun an als ihre erste Taufe ansehen sollten. Sie sollten erkennen, dass die andere „Taufe", die sie vorher hatten, nicht echt war. Zum Beispiel wurde ich als Baby „getauft", aber als ich später zum Glauben kam und Buße tat, entschied ich mich, „noch einmal" getauft zu werden. Manche Leute mögen denken, dass ich zweimal getauft wurde, aber ich sehe das nicht so. Für mich war meine Baby-"Taufe" nicht echt, und deshalb war die „zweite", spätere Taufe meine erste und einzige Taufe.

Es ist wichtig, dass die Menschen, die sich entscheiden, „noch einmal" getauft zu werden, verstehen, dass die „Taufe", die sie vorher hatten, keine echte Taufe war. Würden sie sie immer noch als echt ansehen, warum sollten sie sich dann noch einmal taufen lassen? Wenn sie sich also entscheiden, sich noch einmal taufen zu lassen, nachdem sie erkannt haben, dass ihre erste „Taufe" nicht echt war, ist es wichtig, dass sie dieses Mal wirklich verstehen, was die Taufe bedeutet, dass sie Buße tun und anerkennen, dass dies die letzte und einzige Taufe ist, die sie je brauchen werden. Es ist entscheidend, dass sie das erkennen, weil wir nicht wollen, dass Menschen denken, dass sie sich wieder taufen lassen sollen, wenn sie einen schlechten Tag haben oder wenn sie eine gute Predigt hören. Ja, wir wollen vermeiden, dass Menschen sich zwei-, drei- oder viermal taufen lassen. Wie wir in der Bibel sehen, sollte es nur eine Taufe geben, und hoffentlich werden wir, wenn die Gemeinden zu diesem Verständnis zurückkehren, die Menschen nicht mehr „wiedertaufen" müssen, weil die Menschen beim ersten Mal richtig getauft worden sind.

Wir sehen oft, dass Menschen sich zwei- oder dreimal taufen lassen, weil sie in dem waren, was wir „Religion" nennen. Viele Menschen haben sich taufen lassen, ohne wirklich zu verstehen, was Sünde ist, und ohne wirklich Buße zu tun. Das ist die Realität, und wenn wir hinausgehen und das Evangelium verbreiten und das Reich Gottes wachsen sehen, werden wir viele Menschen das sagen hören.

Die Situation ist bei jedem Menschen anders, und deshalb ist es wichtig, sich die Zeit zu nehmen, mit jeder Person zu sprechen, die sich taufen lassen möchte. Wir müssen mit ihnen über echte Buße/Umkehr sprechen, um sicherzustellen, dass sie vollständig verstehen, worum es dabei geht, und dass sie wirklich bereit sind, umzukehren. Sie müssen verstehen, dass, wenn sie getauft werden, es ein neuer Anfang für sie und ihre einzige Taufe sein wird. Wenn du sicher bist, dass sie diese Dinge verstehen, dann solltest du sie taufen.

Wenn ich sage, dass es nur eine Taufe gibt, beziehe ich mich auf die Taufe auf den Namen Jesus Christus. Bevor Jesus am Kreuz starb, wurden Menschen getauft, aber es war nicht eine Taufe auf Jesus. Es war die Bußtaufe des Johannes. Und diese Menschen, die mit der Bußtaufe des Johannes getauft wurden, wurden später wieder auf Christus getauft. Wir können das deutlich in Apostelgeschichte 19,3-4 sehen, wo Paulus einige Jünger traf und sie fragte, welche Taufe sie empfangen hatten. Dort heißt es: *„Und er* (Paulus) *sprach: Worauf seid ihr denn getauft worden? Sie aber sagten: Auf die Taufe des Johannes. Paulus aber sprach: Johannes hat mit der Taufe der Buße getauft, indem er dem Volk sagte, dass sie an den glauben sollten, der nach ihm komme, das ist an Jesus."* Also musste Paulus ihnen das ganze Evangelium erklären und dass wir in der Taufe mit Christus begraben werden und mit Christus auferstehen, um ein neues Leben zu empfangen. Und nachdem sie die Botschaft des Paulus gehört hatten, ließen sie sich alle (erneut) taufen, aber diesmal auf Jesus Christus. Aber diese Situation in der Bibel sollte für uns heute kein Thema sein, weil wir keine Menschen treffen, die mit der Taufe des Johannes getauft wurden und deshalb wieder auf Christus getauft werden müssen. Wir treffen aber viele Menschen, die im Namen von Religion und Tradition getauft wurden und die nicht vollständig Buße getan haben. Und wenn wir diese Menschen treffen, müssen wir ihnen das volle Evangelium erklären und sie dann, wenn sie Buße getan haben, taufen.

Woher weiß ich, ob meine Taufe korrekt war?

Die Wahrheit ist, dass wir Menschen falsch taufen können. Wir können Menschen „taufen“ und es eine „Taufe“ nennen, auch wenn es keine ist. Als ich zum Beispiel als Baby in der lutherischen Kirche „getauft“ wurde, akzeptierte das jeder als eine Taufe, obwohl ich heute weiß, dass es keine war. Und warum? Nun, es war keine richtige Taufe, weil ich als Baby meine Sünde nicht erkannt habe, nicht Buße getan habe und die „Taufe“ nicht mit einem vollen Untertauchen verbunden war. Deshalb war das, ungeachtet dessen, was die Leute sagen, keine echte Taufe.

Ich habe viele Menschen gesehen, die in der Kirche aufgewachsen sind und mit vollem Untertauchen getauft wurden, aber ich würde einige von diesen Taufen für genauso falsch halten wie eine lutherische oder katholische Taufe, die mit einer Besprengung mit Wasser durchgeführt wurde. Warum? Weil oft der wichtigste Teil, der für eine korrekte Taufe notwendig ist, fehlt: die Buße. Die Buße muss vor der Taufe kommen und nicht danach. Wie kann man sein altes Leben begraben, wenn man nicht Buße getan, sich von seinen Sünden abgewendet und ein neues Herz von Gott empfangen hat? Wenn sich also Menschen ohne Buße taufen lassen, sogar mit vollem Untertauchen im Wasser, würde ich es damit vergleichen, dass man ein Bad nimmt. Sie begraben nichts, da sie ihr Fleisch und ihr altes Leben nicht gekreuzigt haben. Deshalb muss die Buße unbedingt vor der Taufe kommen.

Wenn ich in dieser Lektion von Buße spreche, dann meine ich wieder das erste Mal, wenn man seine Sünde erkennt, sich von ihr abwendet und ein neues Herz bekommt. Wir werden Menschen treffen, die in der Gemeinde aufgewachsen sind und z. B. sagen, dass sie mit etwa 14 Jahren im Wasser getauft wurden, aber als sie etwa 30 Jahre alt waren, sahen sie endlich ihre Sünden und taten Buße und änderten ihr Leben. Viele von ihnen lebten vor und nach ihrer „Taufe“ in Sünde, und es gab danach keine Veränderung in ihrem Leben. Müssen sie wieder getauft werden? Ja, das müssen sie. Warum? Weil ihre Buße kam, nachdem sie „getauft“ wurden, und es deshalb keine echte Taufe war.

Dieser Moment der Buße ist also sehr wichtig, und er muss vor der Taufe geschehen. Die Menschen müssen diesen Moment erleben, in dem sie ihre Sünden erkennen und sich nicht länger an der Sünde erfreuen und in der Sünde fortfahren können, wie sie es vorher getan haben. Warum können Menschen, wenn dieser Moment der Buße kommt, nicht weiterhin die Sünde genießen? Es ist so, weil der Same Gottes in sie hineingelegt wurde und sie nicht länger in der Sünde leben können.

Wenn du Menschen taufst, ist es sehr wichtig, dass du dir Zeit nimmst, um ihre Lebensgeschichte zu hören. Höre dir ihr Zeugnis an, um zu sehen, ob es mit der Heiligen Schrift übereinstimmt. Und wenn du sie (wieder) taufst, stelle sicher, dass sie verstehen, dass diese Taufe, die sie vor sich haben, ihre einzige und letzte Taufe ist, denn wir wollen nicht, dass Menschen immer wieder getauft werden. Es gibt nur eine Taufe. Das können wir in Epheser 4,4-5 sehen, wo es heißt: *„Ein Leib und ein Geist, wie ihr auch berufen worden seid in einer Hoffnung eurer Berufung! Ein Herr, ein Glaube, eine Taufe ...“* Aber wegen der Traditionen der Menschen haben wir leider Hunderte von Menschen neu taufen müssen. Alle diese Menschen, die wir (wieder) getauft haben, erkannten ihre Sünden und verstanden, dass ihre frühere „Taufe“ nicht echt war und dass die, die sie jetzt vor sich hatten, ihre einzige echte und endgültige Taufe war.

Warum Menschen im Namen Jesu taufen?

Vielleicht hast du es in dieser Lektion bemerkt: Wenn ich über die Taufe spreche, spreche ich darüber, dass Menschen im Namen Jesu getauft wurden. Ich möchte dir sagen, dass es eine weitere falsche Tradition in der Kirche gibt, wenn es um die Taufe geht, und es geht um den Namen, den wir benutzen, um Menschen zu taufen. Viele Leute werden sagen, dass wir im Namen des Vaters, des Sohnes und des Heiligen Geistes taufen sollten, wie es in Matthäus 28,19 heißt: *„Geht nun hin und macht alle Nationen zu Jüngern, und tauft sie auf den Namen des Vaters und des Sohnes und des Heiligen Geistes ...“* Ich habe das auch geglaubt, viele Jahre lang, aber dann, eines Tages, sah ich mir an, was die Jünger in der Apostelgeschichte taten, nachdem Jesus in den Himmel gegangen war.

Nimm dir einen Moment Zeit, um Matthäus 28,19, wo Jesus sagte, dass wir Menschen im Namen des Vaters, des Sohnes und des Heiligen Geistes taufen sollten, mit Apostelgeschichte 2,38 zu vergleichen, wo Petrus sagt: *„Tut Buße, und jeder von euch lasse sich taufen auf den Namen Jesu Christi zur Vergebung eurer Sünden! Und ihr werdet die Gabe des Heiligen Geistes empfangen."* Hier hat Petrus nicht gesagt, man solle Buße tun und sich auf den Namen des Vaters, des Sohnes und des Heiligen Geistes taufen lassen. Er sagte, man solle im Namen von Jesus Christus getauft werden. Wir können im gesamten Neuen Testament sehen, dass der Name Jesu verwendet wurde, um Menschen zu taufen.

Wir wissen also aus dem, was Petrus in Apostelgeschichte 2,38 sagte, dass die 3.000 Menschen, die in Apostelgeschichte 2,41 getauft wurden, alle im Namen Jesu getauft wurden. Wir sehen auch ein anderes Beispiel, in Apostelgeschichte 8, wo Menschen im Namen Jesu getauft wurden. Petrus und Johannes gingen nach Samaria, um für die Gläubigen dort zu beten, dass sie den Heiligen Geist empfangen, und in Apostelgeschichte 8,16 steht: *„... denn er war noch auf keinen von ihnen gefallen, sondern sie waren allein getauft auf den Namen des Herrn Jesus."* Auch Hananias taufte Paulus im Namen Jesu und sagte zu ihm in Apostelgeschichte 22,16: *„Und nun, warum wartest du? Steh auf und lass dich taufen und wasche deine Sünden ab, indem du den Namen des Herrn anrufst."* Wir können in der Apostelgeschichte also sehen, dass die Menschen entweder auf den Namen des „Herrn Jesus" oder „Jesus Christus" getauft wurden und nie auf den Namen des Vaters, des Sohnes und des Heiligen Geistes.

Wir sehen in den Briefen noch weitere Beispiele dafür, dass Menschen auf den Namen Jesu getauft werden sollen. Zum Beispiel lesen wir in Römer 6,3: *„Oder wisst ihr nicht, dass wir, so viele auf Christus Jesus getauft wurden, auf seinen Tod getauft worden sind?"* Oder in Galater 3,27: *„ Denn ihr alle, die ihr auf Christus getauft worden seid, ihr habt Christus angezogen."* Wenn wir also das ganze Neue Testament betrachten, können wir viele Verse sehen, die über das Taufen im Namen Jesu sprechen, aber wir finden eigentlich keine

Beispiele von Menschen, die im Namen des Vaters, des Sohnes und des Heiligen Geistes getauft haben.

Warum hat also niemand im Neuen Testament Jesus gehorcht, als er sagte, wir sollten die Menschen im Namen des Vaters, des Sohnes und des Heiligen Geistes taufen? Nun, dafür gibt es zwei mögliche Erklärungen. Eine Erklärung ist, dass wir missverstanden haben, was Jesus in Matthäus 28,19 gesagt hat. Vielleicht bezog sich Jesus in Matthäus 28,19 auf den Vater, den Sohn und den Heiligen Geist, weil alle drei Teil der Taufe sind. Ja, vielleicht sprach er darüber, dass wir dem Vater gegenüber Buße tun müssen, auf den Namen des Sohnes, Jesus Christus, getauft werden müssen und mit dem Heiligen Geist erfüllt werden müssen. Wenn es das ist, was Jesus meinte, dann macht es Sinn, dass er erwähnt, dass wir auf den Namen des Vaters, des Sohnes und des Heiligen Geistes getauft werden, weil alle drei Teil des ganzen Prozesses der Wiedergeburt sind. Ja, Jesus möchte, dass wir hinausgehen und den Menschen sagen, dass sie gegenüber dem Vater Buße tun sollen, auf den Namen des Sohnes getauft werden sollen und den Heiligen Geist empfangen sollen.

Eine andere Erklärung konzentriert sich auf den Namen des Vaters, des Sohnes und des Heiligen Geistes. Wie lautet also der Name des Sohnes? Wir wissen, dass es „Jesus“ ist. Aber was ist der Name des Vaters oder des Heiligen Geistes? Der Heilige Geist wird oft als der „Geist Christi“, der „Geist Gottes“ oder der „Heilige Geist“ bezeichnet. Das bedeutet, dass der Heilige Geist ein Teil von Gott und dem Sohn ist. Und Jesus sagt in Johannes 14,9: *„Wer mich gesehen hat, hat den Vater gesehen ...“*, was bedeutet, dass Jesus und der Vater eins sind. Apostelgeschichte 4,12 spricht von dem Namen Jesus, wenn es dort heißt: *„ Und es ist in keinem anderen das Heil; denn auch kein anderer Name unter dem Himmel ist den Menschen gegeben, in dem wir gerettet werden müssen“*. Und in Römer 10,13 heißt es: *„... denn jeder, der den Namen des Herrn anrufen wird, wird gerettet werden.“* Es ist also klar, dass der Name Jesu über jedem Namen steht und die Macht hat, zu retten. Und weil Matthäus 28,19 nicht sagt, dass wir hinausgehen und Menschen auf *die* Namen des Vaters, des Sohnes und des Heiligen Geistes taufen sollen, sondern auf *den* Namen, können wir daraus schließen, dass es nur einen Namen für alle drei gibt, und das ist Jesus Christus.

Ungeachtet dessen, wie du Matthäus 28,19 interpretierst, sollten wir unser Verständnis nicht auf einen Vers allein aufbauen. Wir müssen das ganze Neue Testament betrachten, um Matthäus 28,19 zu verstehen, und dann können wir deutlich sehen, dass jeder auf Christus getauft wurde. Und warum? Nun, weil es Jesus war, der am Kreuz starb, begraben wurde und aus dem Grab auferstand. Und in der Taufe tun wir dasselbe. Die Taufe ist, wenn wir mit Christus sterben, unser altes Leben zurücklassen und mit ihm auferstehen. Das wird in Römer 6,4 gezeigt, wo es heißt: *„So sind wir nun mit ihm begraben worden durch die Taufe in den Tod, damit, wie Christus aus den Toten auferweckt worden ist durch die Herrlichkeit des Vaters, so [werden] auch wir in Neuheit des Lebens wandeln."* Es ist also wichtig, im Namen von Jesus zu taufen.

Als ich getauft wurde, wurde ich auf den Namen des Vaters, des Sohnes und des Heiligen Geistes getauft, und ich habe mich nicht wieder taufen lassen. Warum? Nun, als ich getauft wurde, verstand ich, dass ich auf Christus getauft wurde, und ich glaube, dass Gott größer ist als das, was die Person, die einen tauft, sagt. Selbst wenn die Person, die einen tauft, etwas Falsches sagt, bedeutet das nicht, dass die Taufe falsch ist. Aber wenn du verstehst, dass wir im Namen Jesu taufen sollen und dem nicht gehorchst, dann glaube ich, dass du sündigst. Ja, wenn wir diese Wahrheit verstehen, dann haben wir eine Verantwortung, im Namen Jesu zu taufen. Deshalb taufe ich jetzt immer Menschen auf Christus.

Wenn ich Menschen taufe, frage ich sie oft: „Bist du bereit, dich auf Jesus taufen zu lassen?" Wenn sie antworten: „Ja", dann sage ich: „Ich taufe dich auf Christus." Sie tauchen dann im Wasser unter, und während sie das tun, sage ich: „Stirb mit Christus." Wenn sie aus dem Wasser aufsteigen, sage ich: „Steh auf mit Christus." Die Bibel sagt uns nicht, was wir speziell sagen müssen, wenn Menschen getauft werden, aber wir wissen, dass sie auf den Namen Jesus getauft werden müssen.

Es ist Kraft im Namen Jesu Christi. Wenn du Menschen taufst und sagst: „Im Namen des Vaters, des Sohnes und des Heiligen Geistes", dann erwähnst du Jesus, den Namen über alle Namen, nicht. Wenn wir um Heilung für Kranke beten, sagen wir nicht: „Sei geheilt im Namen des Vaters, des Sohnes und des Heiligen Geistes." Und wir treiben auch keine Dämonen im Namen des Vaters, des Sohnes und des Heiligen Geistes aus. Nein, wir beten für die Kranken und treiben die Dämonen aus im Namen Jesu. Und warum? Weil die Dämonen diesen Namen kennen und weil so viel Macht in diesem Namen steckt. Und wir können in Matthäus 28,18 sehen, dass Jesus alle Macht hat, wie es dort heißt: *„Und Jesus trat zu [ihnen] und redete mit ihnen und sprach: Mir ist alle Macht gegeben im Himmel und auf Erden."*

Deshalb ermutige ich dich, Menschen im Namen von Jesus Christus zu taufen. Aber wenn du Menschen triffst, die Buße getan haben, bevor sie getauft wurden, aber auf den Namen des Vaters, des Sohnes und des Heiligen Geistes getauft wurden, dann ist das in Ordnung. Ich glaube nicht, dass sie noch einmal getauft werden müssen. Aber jetzt, wo du die Wahrheit kennst, taufe Menschen im Namen Jesu, und du wirst die Kraft in seinem Namen sehen.

Vergleiche niemals deine Taufe

Du hast vielleicht in unseren YouTube-Videos oder Filmen gesehen, dass die Taufe sehr kraftvoll ist. Wir haben erlebt, dass bei der Taufe Dämonen mit lautem Geschrei herauskamen, Menschen geheilt wurden und Menschen sehr laut in neuen Zungen sprachen. Ja, wir haben viele erstaunliche Dinge durch die Taufe gesehen. Aber ich möchte dir etwas sehr deutlich machen. Vergleiche niemals deine Taufe mit der von jemand anderem.

Als ich getauft wurde, gab es keine dämonische Manifestation. Warum? Nun, weil ich keine Dämonen hatte. Ich hatte auch schon den Heiligen Geist und sprach in Zungen, als ich getauft wurde, und deshalb sprang ich nicht aus dem Wasser und fing an, in neuen Zungen zu reden. Meine Taufe war also friedlich, ohne Manifestationen, und sie hat mein Leben für immer verändert. Als ich nach meiner Taufe nach Hause kam, las ich Römer 6 und erhielt eine Offenbarung. Ja, ich erkannte, dass ich frei von Sünde war, dass mein altes Leben begraben war und dass ich nun frei war, in der Neuheit des Lebens zu wandeln, zu der Christus mich berufen hatte. Aber diese Offenbarung kam nicht in dem Moment, als ich getauft wurde.

Jeder Mensch ist anders. Manche Menschen erleben dämonische Manifestationen und Befreiung, und manche Menschen erleben, dass der Heilige Geist auf eine kraftvolle Weise kommt und sie beginnen, laut in neuen Zungen zu rufen. Andere Menschen erleben in dem Moment, in dem sie getauft werden, nichts Besonderes, aber das bedeutet nicht, dass ihre Taufe weniger wert ist als die eines anderen Menschen. Es ist sehr wichtig, dass du deine Taufe nie mit anderen vergleichst, da jeder Mensch anders ist, und wie Menschen die Taufe erleben, ist unterschiedlich. Egal, was die Person während der Taufe erlebt, wenn sie Buße getan und sich entschieden hat, Jesus nachzufolgen, ist es eine Abwaschung der Sünden, ein Begräbnis des alten Lebens und ein neuer Anfang.

Wie tauft man Menschen praktisch?

Wenn du Menschen findest, die Buße getan haben und getauft werden wollen, dann finde etwas Wasser, in dem du sie taufen kannst. Es kann eine Badewanne sein, ein Pool, ein Fluss, das Meer, überall, wo sie vollständig in Wasser eingetaucht werden können. Vergewissere dich, besonders wenn es eine Frau ist, die getauft wird, dass sie kein weißes Hemd trägt, da es durchsichtig werden kann, wenn es nass wird. Es ist wichtig zu verstehen, dass jeder taufen kann. Es geht nicht darum, ordiniert zu sein oder eine besondere Position in einer Kirche zu haben. Nein, es geht darum, dem Ruf zu folgen, den Jesus uns gegeben hat und Jünger zu machen.

Wenn du Menschen taufst, ist es nicht wichtig, ob sie vorwärts oder rückwärts ins Wasser gehen wollen, aber es ist wichtig, dass sie mit vollem Untertauchen getauft werden. Sie müssen auch das volle Evangelium verstehen, ihre Sünde erkennen, Buße tun und bereit sein, getauft zu werden. Bevor wir Menschen taufen, führen wir ein Bußgespräch mit ihnen. Wir tun dies, um sicherzustellen, dass sie das Evangelium verstanden haben. Wir fragen sie: „Welche Sünden willst du abwaschen?“ Es liegt so viel Kraft darin, anderen Menschen Sünden zu bekennen. Nein, sie müssen nicht jede Sünde bekennen, die sie jemals in ihrem Leben begangen haben, aber sie haben vielleicht bestimmte Sünden, die sie dir bekennen möchten. Und wenn du ihnen diese Fragen stellst, kann es ihnen helfen, vollständig zu erkennen, dass Taufe und Buße zusammengehören und dass sie ihre Sünden abwaschen. Dann fragen wir sie: „Was wollt ihr im Wasser begraben?" Es kann sein, dass sie eine schwere Last von Depressionen, Angst, Unversöhnlichkeit, Verletzungen und so weiter mit sich herumtragen. Es ist wichtig, sie danach zu fragen, denn bei der Taufe geht es nicht nur darum, Sünden wegzuwaschen, sondern auch darum, das alte Leben zu begraben. Und dann fragen wir sie: „Hast du den Heiligen Geist empfangen?" Und das ist eine sehr gute Frage, denn wenn sie aus dem Wasser kommen, müssen wir wissen, ob wir für sie beten müssen, damit sie den Heiligen Geist empfangen und in Zungen sprechen. Wenn sie dir während der Taufe einige Sünden gebeichtet haben, versuche, es privat zu halten, wenn andere Leute dabei sind, damit du sie nicht in Verlegenheit bringst.

Wenn sie bereit sind, getauft zu werden, bringen wir sie ins Wasser und fragen sie: „Bist du bereit, deine Sünden abzuwaschen?" Wenn sie antworten: „Ja", dann fragen wir: „Bist du bereit, dich auf deinen eigenen Glauben hin auf Christus taufen zu lassen?" Und wenn sie antworten: „Ja", sagen wir: „Wir taufen dich auf Jesus Christus." Dann tauchen wir sie unter das Wasser, und dabei sagen wir: „Stirb mit Christus", und wenn sie aus dem Wasser herauskommen, sagen wir: „Steh auf mit Christus." Wenn sie aus dem Wasser kommen, nehmen wir uns die Zeit, für sie zu beten. Das ist sehr wichtig. Danke Gott, dass er ihre Sünden weggewaschen hat, bete um Freiheit und dass alle Scham und Schuld ihrer Sünden verschwindet. Bete, dass sie jede Sünde im Wasser zurücklassen. Du kannst auch speziell für die Dinge beten, die sie dir gebeichtet haben. Wenn sie dir zum Beispiel gesagt haben, dass sie mit Sucht, Unversöhnlichkeit, Depressionen, Angst oder okkulten Dingen zu kämpfen haben, dann kannst du um Freiheit von diesen Dingen beten. Du kannst zum Beispiel sagen: „Ich breche alle Süchte im Namen Jesu, und ich befehle jedem Geist der Sucht, dich zu verlassen" oder „Ich breche alle Ängste und Depressionen, und ich befehle jedem unreinen Geist, dich jetzt zu verlassen, im Namen Jesu."

Da man in der Taufe sein altes Leben begräbt, haben Dämonen nichts, woran sie sich festhalten können, und sie müssen gehen. Manchmal wirst du erleben, dass Dämonen anfangen sich zu manifestieren, wenn Menschen aus dem Wasser kommen. Wenn das passiert, hab keine Angst. Treibe sie einfach im Namen von Jesus aus. Andere Male, wenn Menschen aus dem Wasser kommen, wirst du sehen, dass Gott beginnt, ihre tiefen, schmerzhaften Wunden zu heilen, und sie beginnen zu weinen. Egal, was du siehst, was sie erleben, nimm dir die Zeit, für sie um Freiheit zu beten. Sobald sie frei sind, bete für sie, dass sie den Heiligen Geist empfangen, wenn sie ihn nicht schon haben. Ermutige sie, ihren Mund zu öffnen und einfach die ersten Worte auszusprechen. Wenn sie den Heiligen Geist bereits haben, ermutige sie, in Zungen zu sprechen, denn es wird tiefer und natürlicher aus ihnen fließen, da sie ihr altes Leben begraben und ihre Sünden abgewaschen haben.

Ich möchte dich ermutigen, keine Angst zu haben. Erinnere dich daran, dass wir Jünger bzw. Lehrlinge sind und lernen, indem wir etwas praktisch tun. Manchmal werden wir Fehler machen. Manchmal wirst du das Gefühl haben, dass du das Evangelium nicht gut genug erklärt hast, dass du nicht lange genug für sie gebetet hast, oder dass du sie vielleicht zu lange im kalten Wasser gelassen hast. Ich ermutige dich, aus deinen Fehlern zu lernen, und du wirst immer besser darin werden, Menschen für Gott zu dienen. Also hab keine Angst. Fang an, hinauszugehen und Jesu Gebot zu befolgen, Jünger zu machen. Wenn du mehr Inspiration brauchst, kannst du dir unsere YouTube-Videos und unsere Filme ansehen.

Geboren aus Wasser und Geist

Jesus sagt in Johannes 3,5-6: „*Wahrlich, wahrlich, ich sage dir: Wenn jemand nicht aus Wasser und Geist geboren wird, kann er nicht in das Reich Gottes hineingehen. Was aus dem Fleisch geboren ist, ist Fleisch, und was aus dem Geist geboren ist, ist Geist.*“ Es gibt eine Menge Missverständnisse über das, was Jesus hier sagte. Manche Menschen glauben heute, dass Jesus, als er sagte, man müsse aus Wasser geboren werden, sich auf die körperliche Geburt bezog.

Wenn ein Baby geboren wird, wird es aus dem Wasser des Mutterleibs geboren. Aber wenn Jesus sich auf die physische Geburt bezogen hätte, dann hätte er etwas wie dieses gesagt: „Ihr könnt nicht in das Reich Gottes kommen, wenn ihr nicht aus dem Mutterleib und dem Geist geboren werdet." Aber diese Interpretation dessen, was Jesus in Johannes 3,5 sagte, ergibt keinen logischen Sinn. Sie macht nicht nur keinen Sinn, sondern nimmt auch die Kraft der Wassertaufe aus dem ganzen Evangelium weg.

Die Menschen, die glauben, dass Jesus sich hier auf die physische Geburt bezog, glauben auch, die Wassertaufe sei nur ein Symbol und nicht notwendig, um gerettet zu werden. Diese Menschen glauben oft, dass, sobald jemand zum Glauben kommt und Buße tut, er automatisch den Heiligen Geist empfängt. Aber sie erkennen nicht die lebensverändernde Kraft, die in der Wassertaufe und in der Taufe des Heiligen Geistes liegt.

Würde Jesus sich also in Johannes 3,5 auf die physische Geburt beziehen, hätte er gesagt, dass niemand in das Reich Gottes eingehen kann, wenn er nicht aus dem Mutterleib und dem Geist geboren wird. Aber das ist eine törichte Auslegung von Johannes 3,5, denn jeder, der jemals gelebt hat, wurde aus dem Mutterleib geboren. Ja, jeder, zu dem Jesus gesprochen hat, jeder, der während Jesu Zeit hier auf der Erde gelebt hat, jeder, der die Bibel liest, jeder, der dieses Buch liest, und jeder auf der ganzen Welt ist aus dem Mutterleib geboren worden. Es macht also keinen logischen Sinn, dass Jesus Menschen, die bereits aus dem Mutterleib geboren sind, sagen würde, dass sie nicht in das Reich Gottes kommen können, wenn sie nicht aus dem Mutterleib geboren wurden. Würde er sich wirklich auf die physische Geburt beziehen, dann hätte er einfach sagen müssen, dass sie nicht in das Reich Gottes kommen können, wenn sie nicht durch den Geist geboren werden, weil sie bereits aus dem Mutterleib, der physischen Geburt, geboren sind.

Jesus bezog sich hier in Johannes 3,5-6 in Wirklichkeit auf die geistliche Geburt und nicht auf die körperliche Geburt. Die physische Geburt ist jedoch ein wirklich gutes Bild, das wir verwenden können, um die geistliche Geburt zu verstehen. Zum Beispiel kommen diejenigen, die physisch aus dem Mutterleib geboren werden, aus der

Dunkelheit (des Mutterleibs) ins Licht (der Erde). Dies stellt die Umkehr dar. Dann muss die Nabelschnur durchgeschnitten werden, und das ist ein Bild für die Wassertaufe, bei der man sein altes Leben abschneidet. Wenn das Baby dann nicht automatisch seinen ersten Atemzug macht, legen die Ärzte oder Krankenschwestern ihm die Hände auf und tun, was nötig ist, um ihm zu helfen, zu atmen. Dies stellt das Gebet für den Empfang des Heiligen Geistes dar. Und wenn das Baby seinen ersten Atemzug macht, wird es schreien, und das steht für das Sprechen in neuen Zungen. Wenn Jesus also in Johannes 3,6 sagt: *„Was aus dem Fleisch geboren ist, ist Fleisch, und was aus dem Geist geboren ist, ist Geist“,* dann bezieht er sich sowohl auf die körperliche als auch auf die geistliche Geburt, und dass es für uns alle wichtig ist, geistlich geboren zu werden.

Der Heilige Geist

LEKTION 3

Willkommen zu Lektion 3 dieses Kickstart-Pakets. In der letzten Lektion haben wir uns angesehen, was es bedeutet, wiedergeboren zu werden, Buße zu tun und mit Wasser getauft zu werden. In dieser Lektion werden wir uns mit der Taufe mit dem Heiligen Geist und dem Sprechen in Zungen befassen.

Ich möchte mit Johannes 7,37-39 beginnen:

> *An dem letzten, dem großen Tag des Festes aber stand Jesus und rief und sprach: Wenn jemand dürstet, so komme er zu mir und trinke! Wer an mich glaubt, wie die Schrift gesagt hat, aus seinem Leibe werden Ströme lebendigen Wassers fließen. Dies aber sagte er von dem Geist, den die empfangen sollten, die an ihn glaubten; denn noch war der Geist nicht da, weil Jesus noch nicht verherrlicht worden war.*

Hier sprach Jesus über den Heiligen Geist. Es ist interessant, dass es in diesen Versen heißt, der Heilige Geist sei noch niemandem gegeben worden, weil Jesus noch nicht verherrlicht worden war. Ja, während Jesus auf der Erde lebte, konnte er nur über den Heiligen Geist sprechen und lehren, aber er konnte noch niemanden mit dem Geist taufen, weil er erst am Kreuz sterben, begraben werden, aus dem Grab auferstehen und in den Himmel auffahren musste, bevor er seinen Heiligen Geist auf die Erde senden konnte.

Jesus spricht weiter über den Heiligen Geist in Johannes 16,7: *„Doch ich sage euch die Wahrheit: Es ist euch nützlich, dass ich weggehe, denn wenn ich nicht weggehe, wird der Beistand nicht zu euch kommen; wenn ich aber hingehe, werde ich ihn zu euch senden."* Hier sagt Jesus, es sei besser für ihn, wegzugehen, damit er seinen Geist senden könne, den er als den „Beistand" oder „Helfer" bezeichnet. Es scheint merkwürdig, dass Jesus mit den Worten beginnt: „*... ich sage euch die Wahrheit ...*“ Warum sollte Jesus das sagen? Hat er jemals eine Lüge erzählt? Nein. Alles, was Jesus sagte, war die Wahrheit. Ich glaube, dass Jesus mit diesen Worten – dass es besser für sie sei, wenn er weggehe – betonen wollte, wie schwer es für sie zu verstehen sein würde. Ich glaube, dass Jesus dies sagte, weil er sie auf das vorbereiten wollte, was er anschließend sagen wollte.

Warum war es besser für uns, dass Jesus wegging? Nun, die Antwort ist einfach. Wäre Jesus heute noch hier auf der Erde, müsstest du nach Israel reisen, um mit ihm zu sprechen, und du müsstest dich mit sieben Milliarden anderen Menschen anstellen, die auch mit ihm sprechen wollen. Jesus war Gott in menschlicher Gestalt. Er musste immer noch essen, schlafen und so weiter. Wäre Jesus also nicht weggegangen und hätte seinen Geist nicht gesendet, könntest du keine Beziehung zu ihm zu haben, weil es Milliarden anderer Menschen geben würde, die auch Zeit mit ihm verbringen wollen würden. Es wäre fast unmöglich für dich, ihn zu sehen. Aber als Jesus wegging, sandte er seinen Geist auf die Erde, und der Heilige Geist (der Geist Christi) ist jetzt hier. Heute ist er unser Beistand. Er hilft uns in unseren Schwächen, er hilft uns zu beten, er gibt uns die Kraft, das Evangelium weiterzugeben, und er erinnert uns an jedes Wort, das Jesus gesprochen hat. Ja, es ist so viel besser für dich und mich, dass Jesus in den Himmel gegangen ist, denn jetzt können wir durch den Heiligen Geist Gemeinschaft mit Christus haben, ohne nach Israel reisen zu müssen. Wir müssen nicht mit Milliarden von anderen Menschen in einer Schlange stehen, die auch Gemeinschaft mit ihm haben wollen. Du kannst Gemeinschaft mit Jesus haben, wo immer du gerade bist.

Als Jesus am Kreuz starb, begraben wurde und auferstand, ging er zu seinen Jüngern und trug ihnen auf, Jerusalem nicht zu verlassen, bis sich die Verheißung seines Vaters erfüllt hatte. Wir können das in Apostelgeschichte 1,4 sehen, wo es heißt: „*Und als er mit ihnen versammelt war, befahl er ihnen, sich nicht von Jerusalem zu entfernen, sondern auf die Verheißung des Vaters zu warten – die ihr[, sagte er,] von mir gehört habt.*‘“ Die Verheißung, auf die sich Jesus bezog, war der Heilige Geist, und in Apostelgeschichte 1,8 fährt Jesus fort: „*Aber ihr werdet Kraft empfangen, wenn der Heilige Geist auf euch gekommen ist; und ihr werdet meine Zeugen sein, sowohl in Jerusalem als auch in ganz Judäa und Samaria und bis an das Ende der Erde.“* Wir sehen die Verheißung erfüllt, als der Heilige Geist am Pfingsttag auf die Erde gesandt wurde, zehn Tage nachdem Jesus in den Himmel aufgefahren war. In Apostelgeschichte 2,1-4 heißt es:

> *Und als der Tag des Pfingstfestes erfüllt war, waren sie alle an einem Ort beisammen. Und plötzlich geschah aus dem Himmel ein Brausen, als führe ein gewaltiger Wind daher, und erfüllte das ganze Haus, wo sie saßen. Und es erschienen ihnen zerteilte Zungen wie von Feuer, und sie setzten sich auf jeden Einzelnen von ihnen. Und sie wurden alle mit Heiligem Geist erfüllt und fingen an, in anderen Sprachen zu reden, wie der Geist ihnen gab auszusprechen.*

Hier sehen wir, wie zusammenkommt, was Jesus und der Vater versprochen haben. Der Tag von Pfingsten ist das erste Mal in der ganzen Bibel, dass wir sehen, dass Menschen mit dem Heiligen Geist getauft werden. Die Verheißung des Heiligen Geistes gilt auch dir und mir heute. Gott ist heute derselbe, Jesus ist heute derselbe, und der Heilige Geist ist heute derselbe, was bedeutet, dass du und ich dieses erstaunliche Leben mit dem Heiligen Geist erleben können. Ja, wir können den Heiligen Geist empfangen wie die ersten Jünger in der Apostelgeschichte.

An Pfingsten sagte Petrus in Apostelgeschichte 2,38: *„... Tut Buße, und jeder von euch lasse sich taufen auf den Namen Jesu Christi zur Vergebung eurer Sünden! Und ihr werdet die Gabe des Heiligen Geistes empfangen.“* Und in Vers 39 fährt er fort: *„Denn euch gilt die Verheißung und euren Kindern und allen, die in der Ferne sind, so viele der Herr, unser Gott, hinzurufen wird.“* Die „Verheißung“, auf die sich Petrus hier bezieht, ist die Gabe des Heiligen Geistes. Dieselbe Verheißung wurde sechshundert Jahre bevor Jesus Christus darüber sprach und bevor die ersten Jünger den Heiligen Geist an Pfingsten empfingen, prophezeit. Das lesen wir in Hesekiel 36,26: *„Und ich werde euch ein neues Herz geben und einen neuen Geist in euer Inneres geben; und ich werde das steinerne Herz aus eurem Fleisch wegnehmen und euch ein fleischernes Herz geben.“*

Denn euch gilt die

Verheißung

und euren Kindern
und allen, die in der Ferne sind,
so viele der Herr, unser Gott, hinzurufen wird.
Apg 2,39

Der Heilige Geist

Ja, 600 Jahre bevor Petrus und die anderen der ersten Jünger mit dem Heiligen Geist erfüllt wurden, wurde geweissagt, dass Gott unser Herz aus Stein herausnehmen und uns ein Herz aus Fleisch und einen neuen Geist geben würde. Das wurde nicht nur von Hesekiel prophezeit, sondern auch vom Propheten Joel. Was Joel prophezeite, spricht Petrus in Apostelgeschichte 2,16-17 aus: *„... sondern dies ist es, was durch den Propheten Joel gesagt ist: ‚Und es wird geschehen in den letzten Tagen, spricht Gott, dass ich von meinem Geist ausgießen werde auf alles Fleisch, und eure Söhne und eure Töchter werden weissagen, und eure jungen Männer werden Erscheinungen sehen, und eure Ältesten werden in Träumen Visionen haben.‘"*

Die Verheißung des Heiligen Geistes gilt auch dir und mir heute. Sie galt nicht nur denjenigen, die zur Zeit der Apostelgeschichte lebten. Petrus sagte: *„Denn die Verheißung gilt euch und euren Kindern ..."*

Ich habe den Heiligen Geist erlebt, von dem Jesus sprach und über den Hesekiel 600 Jahre vor Christus prophezeite. Ich habe den neuen Geist und das neue Herz erlebt, von dem Petrus und die Apostel am Pfingsttag gesprochen haben. Und du kannst das auch. Hast du es erlebt?

- *Es ist nicht automatisch.*
- *Es gibt ein sichtbares Zeichen.*

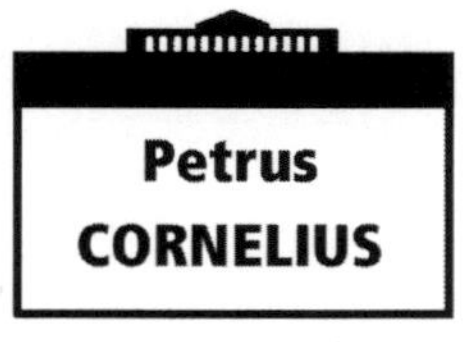

- *In Zungen reden*
- *Gott preisen*

- *Paulus legte seine Hände auf sie.*
- *Sie redeten in Zungen und prophezeiten.*

Ich möchte einen Blick darauf werfen, wie Menschen in der ganzen Apostelgeschichte den Heiligen Geist empfangen haben. In Apostelgeschichte 8 lesen wir zum Beispiel, dass Philippus, als er nach Samaria reiste, das Evangelium predigte, Kranke heilte, Dämonen austrieb und Menschen mit Wasser taufte. Ja, viele erstaunliche Dinge geschahen, als Philippus nach Samaria ging. Während er Samaria besuchte, stellte er fest, dass die Menschen dort, die Buße getan hatten und mit Wasser getauft worden waren, noch nicht den Heiligen Geist empfangen hatten. Als die Apostel davon hörten, reisten Petrus und Johannes nach Samaria, um für die Gläubigen zu beten, dass sie den Heiligen Geist empfingen. In Apostelgeschichte 8,15 heißt es: *„Als diese hinabgekommen waren, beteten sie für sie, damit sie den Heiligen Geist empfingen; denn er war noch auf keinen von ihnen gefallen, sondern sie waren allein getauft auf den Namen des Herrn Jesus."* In Apostelgeschichte 8 können wir viele verschiedene Dinge sehen. Erstens sehen wir, dass Menschen nicht automatisch den Heiligen Geist empfangen, wenn sie anfangen, an Jesus zu glauben. Und wir sehen, dass Menschen, selbst nachdem sie Buße getan haben und im Wasser getauft wurden, immer noch nicht den Heiligen Geist empfangen haben. Auch heute gibt es viele Gläubige auf der ganzen Welt, die an Gott glauben, Buße getan haben und sich im Wasser taufen ließen, aber den Heiligen Geist nicht empfangen haben. Deshalb brauchen wir jemanden, der, wie Philippus und die anderen Apostel, die Hände auflegt und für die betet, die den Heiligen Geist noch nicht empfangen haben.

Das zweite, was wir aus Apostelgeschichte 8 lernen, ist, dass es ein Zeichen gibt, wenn Menschen den Heiligen Geist empfangen, und die Apostel fragten sich, ob die Menschen in Samaria den Geist hatten, weil sie dieses Zeichen nicht hatten. Als die Apostel ihnen die Hände auflegten und für sie beteten, dass sie mit dem Heiligen Geist erfüllt würden, konnte jeder um sie herum den Moment erkennen, in dem sie den Geist empfingen. Aber woran konnten die Apostel sehen, dass sie den Heiligen Geist nicht hatten? Und woran konnten die anderen Menschen sehen, dass sie den Geist empfingen, als die Apostel für sie beteten? Nun, es ist schwierig, diese Fragen zu beantworten, wenn wir nur Apostelgeschichte 8 betrachten. Deshalb müssen wir uns andere Stellen in der Apostelgeschichte ansehen, um ein klares Bild davon zu bekommen, was dieses „Zeichen" ist.

In Apostelgeschichte 10 können wir sehen, was das Zeichen des Heiligen Geistes ist, wenn wir uns anschauen, was passierte, als Petrus ins Haus des Kornelius ging. Während Petrus zu Kornelius und seinem Haushalt sprach, empfingen sie plötzlich alle den Heiligen Geist. Aber woher wusste Petrus das? Nun, weil es in Apostelgeschichte 10,46 heißt: *„Denn sie hörten sie in Zungen reden und Gott preisen ..."* Das Reden in Zungen und das Loben Gottes waren also die Zeichen, die Petrus bezeugte und die ihm zeigten, dass sie gerade den Heiligen Geist empfangen hatten. Auch in Apostelgeschichte 19 empfingen Menschen den Heiligen Geist begleitet von Zeichen. Hier besuchte Paulus einige Gläubige in Ephesus. Er verkündigte ihnen das Evangelium und taufte sie mit Wasser und dem Heiligen Geist. Und in Apostelgeschichte 19,6 lesen wir: *„... und als Paulus ihnen die Hände aufgelegt hatte, kam der Heilige Geist auf sie, und sie redeten in Sprachen und weissagten."* Hier war das Zeichen des Empfangs des Heiligen Geistes das Reden in Zungen und das Prophezeien.

In Apostelgeschichte 8, 10 und 19 können wir sehen, dass, wenn Menschen in der frühen Gemeinde Buße taten, sich im Wasser taufen ließen und den Heiligen Geist empfingen, etwas geschah, um anderen zu zeigen, dass der Heilige Geist ihnen gegeben worden war. Die Zeichen dafür waren das Reden in Zungen und das Prophezeien, oder das Reden in Zungen und das Loben Gottes. Und so sollte es auch heute sein, denn diese Verheißung gilt auch für uns. In den letzten Jahren habe ich für Hunderte von Menschen gebetet, die den Heiligen Geist empfangen haben und angefangen haben, in Zungen zu reden. Es ist so erstaunlich, zu erleben, wie der Geist Jesu sie erfüllt und sie in neuen Zungen sprechen, genau wie wir es in der Bibel lesen. Die Verheißung des Heiligen Geistes ist nicht nur eine Verheißung für die Menschen, die vor zweitausend Jahren lebten, sondern sie ist auch heute noch eine Verheißung für uns. Ja, der Heilige Geist ist für dich und mich.

Wenn wir uns die Apostelgeschichte anschauen, sehen wir, dass Menschen den Heiligen Geist meist sofort nach der Wassertaufe empfingen. Andere Male, wie in Apostelgeschichte 10, lesen wir, dass Leute zuerst den Heiligen Geist empfingen und sich dann später mit Wasser taufen ließen. Und wieder andere Male lesen wir, dass Menschen Buße taten und im Wasser getauft wurden, aber den Heiligen Geist nicht empfingen, bis jemand für sie betete. Obwohl wir in der Apostelgeschichte sehen, dass die Reihenfolge leicht unterschiedlich sein kann, ist es wichtig zu wissen, dass du das erleben musst. Wie ich bereits gesagt habe, reicht es nicht aus, dass du darüber liest, davon hörst oder träumst. Nein, du musst es erleben. Der Heilige Geist ist für dich, und das Reden in Zungen ist ebenfalls für dich.

Ich möchte mir jetzt die Zeit nehmen, über das Zungenreden zu sprechen, weil es eine Menge Missverständnisse zu diesem Thema gibt. Viele Menschen verstehen nicht, dass es verschiedene Arten des Zungenredens gibt, und das möchte ich gerne ansprechen. In Zungen zu reden bedeutet, eine Sprache zu sprechen. Das Wort „Zungen“ bedeutet eigentlich „Sprache“. Und wenn ich zu Menschen spreche, spreche ich in Zungen, weil ich in einer Sprache zu ihnen spreche. Dies wird als „physische Sprache“ bezeichnet, und ist etwas, das wir alle haben. Von dem Moment meiner Geburt war ich von einer physischen

Sprache umgeben, und als ich aufwuchs, lernte ich auch, diese Sprache zu sprechen. Ich lernte Dänisch, und später lernte ich auch ein bisschen Deutsch und Englisch.

Es gibt auch eine geistliche Sprache, und ich glaube, dass diese für jeden ist, der durch den Geist geboren ist. Ich bezeichne diese Sprache als „persönliches Zungenreden“ oder eine „persönliche Gebetssprache“. Und darauf bezieht sich Paulus in 1. Korinther 14,2, wo es heißt: *„Denn wer in einer Sprache* (oder: Zunge) *redet, redet nicht zu Menschen, sondern zu Gott; denn niemand versteht es, im Geist aber redet er Geheimnisse.“* In 1. Korinther 14,4 spricht Paulus erneut über diese „persönliche Zunge“: *„Wer in einer Sprache* (oder: Zunge) *redet, erbaut sich selbst; wer aber weissagt, erbaut die Gemeinde ...“* In diesen beiden Versen spricht Paulus über eine „persönliche Zunge“, die man nicht benutzt, um mit den Menschen um sich herum zu reden, sondern die man benutzt, um Geheimnisse zu Gott zu sprechen. Obwohl niemand um einen herum versteht, was man sagt, erbaut man sich selbst, indem man in dieser Sprache redet. In 1. Korinther 14,14 sagt Paulus: *„Denn wenn ich in einer Sprache* (oder: Zunge) *bete, so betet mein Geist, aber mein Verstand ist fruchtlos.“* Und später sagt er in 1. Korinther 14,18 weiter: *„Ich danke Gott, ich rede mehr in Sprachen als ihr alle.“* Ich glaube, dass Paulus in diesen beiden Stellen über das „persönliche Zungenreden“ oder die „persönliche Gebetssprache“ spricht. Es ist die Sprache, die wir benutzen, um mit Gott Geheimnisse zu sprechen, um uns selbst zu erbauen, und in der, obwohl unser Verstand fruchtlos ist, unser Geist fruchtbar ist. Ich glaube, dass diese „persönliche Zunge“ für jeden ist, und ich habe gesehen, wie Tausende von Menschen auf der ganzen Welt diese Zunge empfangen haben.

Neben der physischen Sprache und der „persönlichen Zunge“ gibt es zwei andere Arten von Zungen. Eine dieser Zungen wird zur Auferbauung der Gemeinde verwendet, und die andere wird verwendet, um die Welt zu erreichen. Ich habe die Zunge, die zur Auferbauung der Gemeinde dient, viele Male erlebt. Einmal war ich bei einem Kickstart in Norwegen. Während des Treffens beteten die Leute, während meine Frau ein Lied sang. Plötzlich kam Gott mit seinem Heiligen Geist und ein Mann stand auf und sprach sehr laut in Zungen. Er begann sehr laut zu sprechen, und obwohl niemand mit seinen physischen Ohren verstehen konnte, was er sagte, konnten wir in unserem Geist spüren, dass es eine andere Art von Zunge war. Ja, wir wussten, dass es nicht die „persönliche Zunge“ war, sondern dass es eine Zunge war, die zur Erbauung der Gemeinde diente. Auf einmal stand eine Frau auf und übersetzte das, was er sagte, in eine physische Sprache, sodass die Leute verstehen konnten, was er sagte. Und während er mit der Zunge fortfuhr, fuhr sie mit der Interpretation fort. Diese Zunge erbaute jeden beim Kickstart; es war unglaublich. Ich habe das schon viele Male auf der ganzen Welt gesehen. Auch ich habe schon einmal eine Zungenauslegung erhalten. Ich konnte nicht mit meinen physischen Ohren hören, was die Zunge sagte, sondern die Worte kamen zu mir in meinem Geist, und ich legte die Zunge für die Gemeinde aus und jeder wurde erbaut. Dies ist die Zunge, auf die sich Paulus in 1. Korinther 14,27-28 bezieht: *„Wenn nun jemand in einer Sprache redet, [so sei es] zu zweien oder höchstens zu dritt und nacheinander, und einer lege aus. Wenn aber kein Ausleger da ist, so schweige er in der Gemeinde, rede aber für sich und für Gott.“* Hier lesen wir also von der Zunge, die den Leib Christi aufbauen oder stärken soll, und dass Gott sie benutzt, wenn wir als solcher zusammenkommen, um zu uns zu sprechen. Aber hier lesen wir auch, dass jemand die Auslegung haben sollte, damit die Gemeinde erbaut werden kann.

Die vierte Art der Zunge schließlich, die dazu bestimmt ist, die Welt zu erreichen, braucht keine Interpretation. Ja, Menschen können diese Zunge verstehen. Wir können diese Art von Zunge in Apostelgeschichte 2,6 sehen, wo es heißt: *„ Als aber dieses Geräusch entstand, kam die Menge zusammen und wurde bestürzt, weil jeder Einzelne sie in seiner eigenen Mundart reden hörte.“* Hier lesen wir, dass die Apostel in Zungen redeten und die Leute schockiert waren, sie in ihrer Sprache sprechen zu hören. Ja, Menschen mit anderen Sprachen verstanden, was die Apostel sagten. Und das können wir auch heute erleben.

Ich möchte dir nun ein Zeugnis erzählen. Vor ein paar Jahren war ich in Deutschland, und als ich spazieren ging, kam ein Mann auf mich zu und fing an, mit mir zu sprechen. An den satanischen Symbolen auf seinem Körper und einem „666"-Tattoo auf seinen Fingerknöcheln konnte ich sofort erkennen, dass er ein Satanist war. Als ich anfing, mit ihm zu sprechen, fühlte ich plötzlich etwas, was ich noch nie zuvor gefühlt hatte. Ich fühlte, dass ich in Zungen zu ihm sprechen sollte. Das war seltsam für mich, weil ich nie in Zungen zu Menschen spreche, weil ich weiß, dass es eine Sprache zwischen Gott und mir ist und dass andere Menschen mich nicht verstehen würden. Aber in diesem Moment hatte ich den Eindruck, dass es das war, was ich tun musste, Deshalb legte ich meine Hand auf ihn, schaute ihm in die Augen und begann, in Zungen zu sprechen. Ich konnte spüren, dass sich meine „persönliche Zunge" veränderte. Es klang anders als das, was ich normalerweise in Zungen spreche. Ich verstand immer noch nicht, was ich sagte, aber ich fuhr fort, in Zungen zu ihm zu beten.

Als ich aufhörte, machte er mit großen Augen einen Schritt zurück und sagte: „Woher weißt du das?" Verwirrt fragte ich ihn: „Woher wusste ich was?" Wieder sagte er: „Woher wusstest du es?" Aber ich wusste nicht, wovon er sprach. Dann fragte er: „Wie hast du unsere Sprache gelernt?" Dann begann er mir zu erzählen, dass er und sein Bruder als kleine Kinder eine Geheimsprache entwickelt hatten, die nur sie verstehen konnten, und dass ich, als ich in Zungen zu ihm sprach, in dieser Sprache über Gott sprach. Als ich weiterging, drehte ich mich zu ihm um und sah ihn mit erhobenen Armen dastehen und Gott anbeten. Wenn ich auf dieses Ereignis zurückblicke, kann ich sehen, dass in diesem Moment der Heilige Geist über mich kam und ich die Zunge empfing, von der wir in Apostelgeschichte 2 gelesen haben. Es war sehr machtvoll.

Ich glaube, dass die Art der Zunge, von der wir in Apostelgeschichte 2 lesen, in der Gemeinde verloren gegangen ist, und wir sehen nicht mehr viele Menschen, die diese Erfahrung machen. In der frühen Gemeinde wusste jeder, dass es verschiedene Arten von Zungen gab, und es war für sie natürlich, sie zu erleben. Sie verstanden, dass es eine physische Zunge, eine „persönliche Zunge", eine Zunge zur Erbauung der Gemeinde und eine Zunge, um die Welt zu erreichen, gab. Genau wie du in der physischen Welt eine physische Sprache erhältst, erhältst du, wenn du im Geist geboren bist, eine geistliche Sprache, und ich glaube wirklich, dass diese geistliche Sprache

(„persönliche Zunge“) für jeden ist, der wiedergeboren ist. Diese Zunge ist erstaunlich! Wir können sie benutzen, wann immer wir mit Gott kommunizieren wollen, und sie erbaut uns. Und wenn wir sie empfangen haben, ist es wichtig, dass wir sie auch benutzen. Die anderen beiden Arten von Zungen (die, die zur Erbauung der Gemeinde verwendet werden, und die, die verwendet werden, um die Welt zu erreichen) sind keine Zungen, die wir verwenden können, wann immer wir wollen. Ich kann nicht einfach entscheiden, zu Menschen in einer anderen Sprache zu sprechen. Nein, das ist etwas, das Gott durch uns tut, wenn er sich dazu entscheidet. Anders als die physische Zunge und die „persönliche Zunge“ können wir die anderen beiden Zungen also nicht nach Belieben verwenden. Wenn du erlebt hast, wie die Zunge benutzt wird, um die Gemeinde zu erbauen und wie die Zunge benutzt wird, um die Welt zu erreichen, dann verstehst du wahrscheinlich, wovon ich spreche. Aber wenn du noch nie gehört hast, was ich in dieser Lektion mitgeteilt habe: Es ist sehr einfach, obwohl es kompliziert klingen mag.

Ich möchte mich nun auf die „persönliche Zunge“ konzentrieren. Diese „persönliche Zunge“ oder „persönliche Gebetssprache“ ist für jeden, der den Heiligen Geist empfangen hat. Ich freue mich total, wenn ich erlebe, dass Menschen den Heiligen Geist empfangen und anfangen, in Zungen zu sprechen. Und wie ich bereits gesagt habe, habe ich das auf der ganzen Welt bei Tausenden von Menschen erlebt. Den Heiligen Geist zu empfangen und in dieser „persönlichen Zunge“ zu sprechen ist sehr einfach, besonders wenn man keinen religiösen Hintergrund hat. Ja, ich habe Tausende von Menschen ohne religiösen Hintergrund gesehen, die Buße taten, den Heiligen Geist empfingen und anfingen, in Zungen zu sprechen. Aber manchmal treffen wir Menschen, denen es schwerfällt, in Zungen zu sprechen, weil sie mit dem aufgewachsen sind, was sie in der Kirche gehört haben. Manche Menschen haben gehört, dass das Zungenreden nicht für jeden ist oder dass es dämonisch sei. Wenn Leute diese Dinge hören, entwickeln sie oft eine Angst vor dem Zungenreden.

Vor einigen Jahren war ich in Kapstadt in Südafrika. Dort traf ich einen Mann, der sich wirklich den Heiligen Geist wünschte, aber im Laufe seines Lebens viele falsche Lehren über das Zungenreden gehört hatte, einschließlich der, dass das Zungenreden nicht für jeden sei. Wir setzten uns zusammen und unterhielten uns, und ich begann, Dinge über den Heiligen Geist und das Zungenreden zu erklären. Während ich redete, stand er plötzlich auf und sagte: „Jetzt habe ich es kapiert! Ich verstehe es jetzt! Lege mir die Hände auf!“ Und in der Sekunde, in der ich ihm die Hände auflegte, um für ihn zu beten, dass er den Heiligen Geist empfängt, fing er an, laut in neuen Zungen zu reden. Was geschah, während ich mit ihm sprach? Er bekam eine Offenbarung. Ja, er verstand plötzlich, wie das Zungenreden funktioniert, und er erkannte, dass er eine falsche Theologie bezüglich des Heiligen Geistes und des Zungenredens geglaubt hatte. Als er diese falschen Lehren erkannte, empfing er den Heiligen Geist und redete sofort in Zungen.

Es ist wichtig zu verstehen, dass wir das Zungenreden im Glauben empfangen müssen. Ja, wir müssen Gottes Wort glauben und dann sein Versprechen für uns empfangen. Man kann den Heiligen Geist auf verschiedene Weise empfangen. Eine Möglichkeit ist, zu Gott zu beten und ihn um seinen Geist zu bitten. In Matthäus 7,7-8 spricht Jesus sogar darüber: *„Bittet, und es wird euch gegeben werden; sucht, und ihr werdet finden; klopft an, und es wird euch geöffnet werden! Denn jeder Bittende empfängt, und der Suchende findet, und dem Anklopfenden wird geöffnet werden.“* In diesem Vers bezieht sich Jesus darauf, wie man den Heiligen Geist empfangen kann. Und in Lukas

11,13 sagt Jesus: *„Wenn nun ihr, die ihr böse seid, euren Kindern gute Gaben zu geben wisst, wie viel mehr wird der Vater, der vom Himmel [gibt], [den] Heiligen Geist geben denen, die ihn bitten!"* Dieser Vers zeigt uns auch, wie sehr Gott uns seinen Geist geben möchte. Wir können also sehen, dass wir, wenn wir Gottes Geist wollen, bitten, suchen, anklopfen und beten müssen, und er wird uns den Heiligen Geist geben. Ein anderer Weg, den Heiligen Geist zu empfangen, ist, dass andere Menschen mit dem Geist dir die Hände auflegen und dafür beten, dass du ihn empfängst. Ein Beispiel dafür sehen wir in Apostelgeschichte 8, als die Apostel ihre Hände auf die Menschen legten und sie den Heiligen Geist empfingen. Und in Apostelgeschichte 19,6 sehen wir, wie Paulus kam und den Menschen die Hände auflegte und auch sie den Heiligen Geist empfingen.

Ich habe Menschen getroffen, die den Heiligen Geist haben, aber nicht in Zungen sprechen, weil sie es falsch verstanden haben. Sie denken oft, Gott werde ihren Mund öffnen und ihr Mund werde plötzlich von selbst zu sprechen beginnen. Nein, so funktioniert es nicht. Gott wird nicht von deinem Mund Besitz ergreifen und dich zum Reden bringen. Du musst deinen Mund selbst öffnen und anfangen zu sprechen.

Wenn ich in Zungen sprechen möchte, muss ich meinen Mund öffnen und sprechen, und dann wird es weiter aus mir herausfließen. Ich warte nicht darauf, dass Gott meinen Mund übernimmt und mich in Zungen reden lässt. Nein, ich fange von selbst an. Wenn wir Menschen mit Wasser taufen, legen wir ihnen die Hände auf und beten, dass der Heilige Geist über sie kommt. Und wenn der Heilige Geist über eine Person kommt, fängt sie manchmal sofort an, in Zungen zu reden. Zu anderen Zeiten sagen wir: „Öffne deinen Mund und sprich. Lass es einfach raus." Wenn sie das tut und die ersten Worte sagt, fließt es plötzlich wie lebendiges Wasser aus ihr heraus.

Es ist wichtig zu verstehen, dass jeder Mensch anders ist. Manche Menschen lassen sich taufen, und sofort nach der Taufe stehen sie aus dem Wasser auf und platzen in neuen Zungen heraus. Als ich vor vielen Jahren den Heiligen Geist empfing, spürte ich nicht viel. Aber als die Person, die für mich betete, damit ich den Heiligen Geist empfing, mir sagte, ich solle meinen Mund öffnen und sprechen, fing ich einfach an. Am Anfang sprach ich nur ein paar einfache Worte aus, und dann, plötzlich, floss es ganz natürlich aus mir heraus.

Woher wissen wir, dass wir in Zungen sprechen und nicht nur unsere eigenen Worte sagen? Johannes 7,37-38 kann uns helfen festzustellen, ob wir in Zungen sprechen: *„An dem letzten, dem großen Tag des Festes aber stand Jesus und rief und sprach: Wenn jemand dürstet, so komme er zu mir und trinke! Wer an mich glaubt, wie die Schrift gesagt hat, aus seinem Leibe werden Ströme lebendigen Wassers fließen."* Wenn Menschen den Heiligen Geist empfangen und anfangen, in Zungen zu reden, fließen Worte aus ihrem Herzen wie lebendiges Wasser, und wir können stundenlang in Zungen reden, weil wir uns nicht auf das konzentrieren müssen, was wir sagen, da es nicht der Verstand ist, der fruchtbar ist, sondern der Geist. Wenn wir in Zungen sprechen, sind wir mit Gott verbunden und unser Geist wird erbaut.

Abhängig von deinem Alter erinnerst du dich vielleicht an das alte Modem, das die Leute vor vielen Jahren benutzt haben, um sich mit dem Internet zu verbinden. Meine Familie und ich hatten ein Modem, das wir „Internet" nannten, und das Modem gab zahlreiche Pieptöne von sich, während es versuchte, eine Verbindung herzustellen. Und wenn das Modem endlich eine Verbindung zum Internet herstellte, konnten wir auf eine Menge Informationen auf unserem Computer zugreifen. Ähnlich wie das Modem, das sich mit dem Internet verbinden muss, um Informationen zu erhalten, verbinde ich mich mit Gott, wenn ich in Zungen spreche, und ich kann Gott zu mir sprechen hören. Deshalb möchte ich dich ermutigen und dir sagen: Wenn du in Zungen sprechen kannst, dann tu es. Wenn du es nicht hast, dann empfange es und fange an, es zu nutzen, um dich zu erbauen und dich mit Gott zu verbinden.

Was glauben wir also? Gehen wir zurück zum Anfang. Als Jesus hier auf der Erde war, lehrte er über den Heiligen Geist und sagte in Johannes 16,7, dass es besser sei, wenn er wegginge, damit er seinen Beistand, den Heiligen Geist, herabschicken könne. Er lehrte, der Heilige Geist werde uns helfen, trösten, überführen, die Wahrheit lehren und an jedes Wort, das Jesus gesagt hat, erinnern. Dann starb Jesus am Kreuz, wurde begraben und erstand wieder auf. Bevor er in den Himmel auffuhr, befahl er seinen Jüngern, in Jerusalem zu bleiben, bis der Heilige Geist auf die Erde herabgesandt würde (Apg 1,4). Dann fuhr Jesus in den Himmel auf, um zur Rechten Gottes zu sitzen und sandte am Pfingsttag seinen Heiligen Geist herab. In Apostelgeschichte 2 sehen wir, dass die Apostel mit dem Heiligen Geist erfüllt wurden und begannen, in Zungen zu reden. Dass Menschen den Heiligen Geist empfingen und in Zungen redeten, sehen wir in Apostelgeschichte 8, als Philippus den Eunuchen in Samaria trifft, in Apostelgeschichte 10, als Petrus zu Kornelius ging, und in Apostelgeschichte 19, als Paulus zu den Gläubigen in Ephesus reiste.

Wenn Menschen heute den Heiligen Geist empfangen, sollten sie ebenfalls in Zungen reden und prophezeien oder in Zungen reden und Gott loben, so wie es die Menschen in der Bibel taten. Der Heilige Geist ist für jeden da. Wenn du den Heiligen Geist nicht hast, bete und bitte Gott, dir seinen Geist zu geben, oder bitte Menschen, die den Heiligen Geist haben, für dich zu beten, damit du den Geist Gottes empfängst. Und wenn du den Heiligen Geist empfängst, musst du im Glauben in neuen Sprachen sprechen. Du musst die ersten paar Worte sagen, und dann wird der Rest aus dir herausfließen wie Ströme von lebendigem Wasser. Wenn du in der „persönlichen Zunge“ sprichst, baust du dich auf und verbindest dich mit Gott. Ich glaube, dass du, wenn du den Heiligen Geist hast, auch Zungen hast. Ich sage nicht, dass diejenigen, die nicht in Zungen sprechen, den Heiligen Geist nicht haben, denn es gibt Menschen, die den Heiligen Geist empfangen haben, aber einfach nicht wissen, wie man in Zungen spricht, möglicherweise aufgrund falscher Lehren in der Kirche. Wenn du also sicher bist, dass du den Heiligen Geist hast, dann hast du bereits Zungenreden in dir. Du musst nur deinen Mund öffnen und es herauslassen.

Fragen und Antworten zu Lektion 3

Muss ich in Zungen sprechen, um gerettet zu werden?

Nein, du musst nicht in Zungen sprechen, um gerettet zu werden, aber du brauchst den Heiligen Geist, um wiedergeboren zu werden. Wie wir in der Bibel gesehen haben, ist das Sprechen in Zungen ein Zeichen dafür, dass Menschen den Heiligen Geist empfangen haben. Im Laufe der Jahre haben wir Menschen getroffen, von denen wir wirklich glaubten, dass sie den Heiligen Geist empfangen hatten, die aber nicht in Zungen sprachen, weil sie falsche Lehren geglaubt hatten. Einige von ihnen hatten sogar, als sie aufwuchsen, gehört, das Sprechen in Zungen sei nicht von Gott. Ich glaube, dass, wenn jemand den Heiligen Geist empfängt, aber nicht in Zungen spricht, er trotzdem wiedergeboren ist.

Als ich am Abend des 5. April 1995 eine Kirche besuchte, wusste ich nichts über das Zungenreden. Außer in der dänischen lutherischen Kirche, war dieser Abend einer meiner ersten Besuche in einer Kirche. Der Pastor bat alle, die den Heiligen Geist noch nicht hatten, nach vorne zu kommen, damit er für sie beten konnte, Gottes Geist zu empfangen. Ich weiß noch, dass mein Herz anfing, schnell zu schlagen, und ich wusste einfach, dass ich für mich beten lassen musste. Ich ging nach vorne, und der Pastor legte mir die Hände auf und begann zu beten. Und als er das tat, geschah etwas Unglaubliches. Ich erlebte, wie etwas wie ein Licht in meinen Körper kam, und ich empfing den Heiligen Geist. Zu dieser Zeit wusste ich noch nichts über das Zungenreden. Obwohl ich also am Abend des 5. April 1995 den Heiligen Geist empfing, dauerte es noch ein paar Monate, bis ich anfing, in Zungen zu reden.

Ein paar Monate später kamen einige Leute zu mir und sagten: „Torben, wir werden für dich beten. Wenn du glaubst, dass du den Heiligen Geist hast, öffne einfach deinen Mund und rede in Zungen.“ Als diese Leute für mich beteten, öffnete ich meinen Mund im

Glauben und sprach in Zungen. Ich glaube, dass ich in diesem Moment, als ich zum ersten Mal in Zungen sprach, das herausließ, was ich bereits am Abend des 5. April 1995 empfangen hatte.

Das Sprechen in Zungen ist also ein Zeichen des Heiligen Geistes, aber manche Menschen haben den Heiligen Geist empfangen und haben dieses Zeichen nicht. Wir können nicht sicher sein, ob jemand den Heiligen Geist hat, ohne das Zeichen zu sehen. Es ist wichtig, wenn du für Menschen betest, dass sie den Heiligen Geist empfangen und in Zungen sprechen, dass du sie ermutigst, ihren Mund zu öffnen und im Glauben zu sprechen, weil wir sicher sein wollen, dass Menschen vollständig wiedergeboren sind und den Heiligen Geist empfangen haben.

Brauche ich den Heiligen Geist, um gerettet zu werden?

Ja, du brauchst den Heiligen Geist, um wiedergeboren und gerettet zu werden. Es ist wichtig zu verstehen, dass der Heilige Geist eine entscheidende Rolle dabei spielt, dass du zu Gott kommst und für ihn lebst. Er spielt eine aktive Rolle, wenn es darum geht, jemanden zur Umkehr zu führen, er wirkt durch die Wassertaufe, indem er Menschen freimacht und ihre Sünden wegwäscht, und er führt und hilft Menschen in ihrem Weg mit Gott.

Du brauchst den Heiligen Geist, um wiedergeboren und zu einer neuen Schöpfung gemacht zu werden. Leider gibt es viele Menschen, die zum Glauben kommen und Buße tun, aber dort stehen bleiben und denken, das sei genug. Viele Menschen denken: „Oh, Gott hat mich verändert und ich bin jetzt gerettet!“ Die Wahrheit ist aber: Wenn du nur zum Glauben kommst und Buße tust, bist du nicht vollständig wiedergeboren. Ich habe sechs Jahre gebraucht, um den Punkt zu erreichen, an dem ich Buße tat, mich im Wasser taufen ließ und den Heiligen Geist empfing. Ich brauchte sechs Jahre, bevor ich wiedergeboren wurde. Manchmal brauchen Menschen eine lange Zeit, um wiedergeboren zu werden, und für andere dauert es nur kurz. Um wiedergeboren zu werden, musst du Buße tun, dich im Wasser taufen lassen und den Heiligen Geist empfangen. Höre nicht auf, bevor du wiedergeboren bist. Du musst durch die Wassertaufe von deiner

Sünde befreit werden und du musst den Heiligen Geist empfangen, der dich führt und dir hilft, in Christus zu wachsen.

Ich glaube, dass der Heilige Geist jeden, der Jesus aufrichtig nachfolgen möchte, zur ganzen Wahrheit ziehen wird und dass jeder, der Jesus nachfolgen möchte, durch das Lesen des Wortes Gottes oder durch das Lesen dieses Buches auf diese Lehre stoßen wird, die ich in diesem Buch mitteile. Und ich glaube, dass jeder, der zu dieser Lehre geführt wird, durch die Erkenntnis, wiedergeboren werden zu müssen, verwandelt werden wird. Wenn du dieses Buch liest und noch nicht wiedergeboren bist, ermutige ich dich, weiterzubeten und Gott zu suchen, bis du alles erhalten hast, was Gott dir geben will.

Wie tauft man jemanden mit dem Heiligen Geist?

Wie ich in dieser Lektion gesagt habe, habe ich schon für Hunderte gebetet, die den Heiligen Geist empfangen haben. Am Anfang, als ich anfing, für Menschen zu beten, damit sie den Heiligen Geist empfingen, hat nur einer von 20 Menschen, für die ich gebetet habe, tatsächlich den Heiligen Geist empfangen und angefangen, in Zungen zu reden. Als ich mit Gott wuchs, erlebte ich, dass etwa fünf von zwanzig Menschen, für die ich betete, den Heiligen Geist empfingen und in Zungen redeten. Als ich dann weiter mit Menschen arbeitete, lernte ich mehr darüber, wie ich anderen helfen kann, ihre Missverständnisse und falschen Lehren bezüglich des Heiligen Geistes zu korrigieren, und dann empfingen etwa zehn von zwanzig Menschen, für die ich betete, den Heiligen Geist und redeten in Zungen. Als ich mehr darüber lernte, wie man das Evangelium weitergibt und wie man den Menschen hilft zu verstehen, was Buße sowie die Taufe in Wasser und mit dem Heiligen Geist ist, erlebte ich, dass etwa achtzehn von zwanzig Menschen, für die ich betete, den Heiligen Geist empfingen und in Zungen redeten. Und dann, als wir mehr Zeit hatten, mit den Menschen zu arbeiten und ihnen zu helfen, alle Missverständnisse auszuräumen, erlebte ich, dass hundert Prozent der Menschen, für die ich gebetet hatte, den Heiligen Geist empfingen und in Zungen redeten. Warum nahm es zu, als ich mit Gott wuchs? Nun, weil der Heilige Geist und das Zungenreden eine Verheißung Gottes sind, die für jeden gilt. Aber wir müssen verstehen, dass jeder anders ist, und wir alle haben eine einzigartige Geschichte. Manchmal können die Dinge, die wir gelernt haben, uns daran hindern, den Heiligen Geist zu empfangen und in Zungen zu sprechen.

Wenn Leute den Heiligen Geist empfangen und in Zungen sprechen möchten, es aber nicht zu können scheinen, dann sind es manchmal falsche Lehren, die sie daran hindern zu empfangen. Sie warten vielleicht darauf, dass die Emotionen kommen und sie überwältigen und dass ihr Mund plötzlich von selbst zu sprechen beginnt. Aber so funktioniert es nicht. Manchmal möchten Menschen den Heiligen Geist empfangen und in Zungen reden, aber sie tun es nicht, weil sie immer noch in Sünde leben und nicht wirklich Buße getan und sich Christus zugewandt haben. Deshalb können sie den Heiligen Geist nicht empfangen. Andere Menschen haben, wie ich bereits gesagt habe, den Heiligen Geist bereits empfangen, aber sie haben ihren Mund nicht geöffnet und angefangen, in Zungen zu reden, weil ihnen niemand davon erzählt hat und sie nicht sicher waren, wie es funktioniert. Jeder Mensch ist also anders.

Es ist oft einfacher für Menschen, den Heiligen Geist zu empfangen und in Zungen zu sprechen, wenn sie keinen kirchlichen Hintergrund haben. Warum? Es liegt meist daran, dass sie die Traditionen der Menschen und die falschen Lehren, die viele Menschen in der Kirche gehört haben, nicht angenommen haben. Wie ich bereits gesagt habe, gibt es falsche Lehren, die besagen, dass Zungenreden nichts für heute ist, und manche lehren sogar, es sei dämonisch.

Wenn du jemanden findest, der Buße getan hat und im Wasser getauft ist, lege ihm die Hände auf und bete für ihn, dass er den Heiligen Geist empfängt. Nimm dir die Zeit, für ihn zu beten und in Zungen zu sprechen, während du für ihn betest. Manchmal kannst du an seinem Gesichtsausdruck erkennen, dass der Heilige Geist ihn erfüllt, und manchmal wirst du sehen, dass sich sein Mund zu öffnen beginnt. Ermutige ihn einfach, die ersten Worte zu sprechen. Und wenn er einfach mit diesen ersten Worten beginnt, wird es ganz natürlich aus ihm herausfließen. Hab also keine Angst davor zu lernen, für Menschen zu beten, damit sie den Geist Gottes empfangen. Wir sind nicht nur dazu berufen, Menschen zu Christus zu führen und sie mit Wasser zu taufen, sondern wir sind auch dazu berufen, Menschen die Hände aufzulegen und sie mit dem Heiligen Geist zu taufen. Wie Jesus in Matthäus 10,8 (NKJV) sagte: *„Umsonst habt ihr empfangen, umsonst gebt!"* Deshalb ermutige ich dich, mutig zu sein. Bete für Menschen und erlebe, dass Gott durch dich wirkt. Denke daran, dass du ein Jünger/Lehrling bist, und indem du lernst, wird es immer einfacher werden.

Wer ist der Heilige Geist?

Der Heilige Geist tut viele erstaunliche Dinge in unserem Leben. Ich weiß, dass ich mich in dieser Lektion viel auf das Zungenreden konzentriert habe, aber er tut noch so viel mehr, als dir zu ermöglichen, in Zungen zu reden. Ich habe mich entschieden, mich in dieser Lektion auf das Zungenreden zu konzentrieren, weil es ein klares Zeichen dafür ist, dass jemand den Heiligen Geist empfangen hat, und es ist sehr wichtig für Menschen, ihn zu haben.

Ich möchte nun die Aufgaben des Heiligen Geistes erklären. Zunächst einmal ist es wichtig zu verstehen, dass der Heilige Geist der Geist Christi auf Erden ist. Nachdem Jesus in den Himmel ging und seinen Heiligen Geist herabsandte, werden wir zu seinem Leib, wenn wir den Heiligen Geist empfangen, sodass wir in ihm das Leben führen können, zu dem Christus uns berufen hat. Der Heilige Geist tut viele verschiedene Dinge. Erstens, sagt die Bibel, dass er unser Helfer oder Beistand ist und dass er uns an das erinnert, was Jesus gesagt hat. Das sehen wir in Johannes 14,26, wo es heißt: *„Der Beistand aber, der Heilige Geist, den der Vater senden wird in meinem Namen, der wird euch alles lehren und euch an alles erinnern, was ich euch gesagt habe."* Der Heilige Geist ist also unser Lehrer.

Eine weitere Aufgabe des Heiligen Geistes ist es, die Welt von Sünde, Gerechtigkeit und Gericht zu überführen. Das steht in Johannes 16,7-8: *„Doch ich sage euch die Wahrheit: Es ist euch nützlich, dass ich weggehe, denn wenn ich nicht weggehe, wird der Beistand nicht zu euch kommen; wenn ich aber hingehe, werde ich ihn zu euch senden. Und wenn er gekommen ist, wird er die Welt überführen von Sünde und von Gerechtigkeit und von Gericht ..."* Der Heilige Geist

ist derjenige, der die Sünde im Leben der Menschen aufdeckt und in ihrem Leben wirkt, um Gerechtigkeit zu erzeugen. Der Heilige Geist ist auch der Geist der Wahrheit. Wir können das in Johannes 16,13-15 sehen, wo es heißt:

> *Wenn aber jener, der Geist der Wahrheit, gekommen ist, wird er euch in die ganze Wahrheit leiten; denn er wird nicht aus sich selbst reden, sondern was er hören wird, wird er reden, und das Kommende wird er euch verkündigen. Er wird mich verherrlichen, denn von dem Meinen wird er nehmen und euch verkündigen. Alles, was der Vater hat, ist mein; darum sagte ich, dass er von dem Meinen nimmt und euch verkündigen wird.*

Er ist der Geist, der kam, um die Wahrheit zu sprechen. Und wir wissen, dass die Wahrheit sehr wichtig ist, wie es Johannes 8,32 ausdrückt: „... *und ihr werdet die Wahrheit erkennen, und die Wahrheit wird euch frei machen.*"

In Epheser 1,17-19 heißt es:

> *... dass der Gott unseres Herrn Jesus Christus, der Vater der Herrlichkeit, euch gebe [den] Geist der Weisheit und Offenbarung in der Erkenntnis seiner selbst. Er erleuchte die Augen eures Herzens, damit ihr wisst, was die Hoffnung seiner Berufung, was der Reichtum der Herrlichkeit seines Erbes in den Heiligen und was die überragende Größe seiner Kraft an uns, den Glaubenden, ist, nach der Wirksamkeit der Macht seiner Stärke.*

Aus diesen Versen können wir erkennen, dass der Heilige Geist auch der Geist der Weisheit und Offenbarung ist und dass er uns hilft, den Willen Gottes immer besser zu erkennen.

Paulus sagt in 1. Korinther 11,1: „*Seid meine Nachahmer, wie auch ich Christi [Nachahmer bin]!*" Es ist sehr interessant, dass Paulus dies sagte, weil er nicht mit Jesus zusammen war wie Johannes, Jakobus, Petrus und die anderen Jünger. Er hat Jesus nie mit eigenen Augen gesehen wie die ersten Jünger, aber er sagte trotzdem, dass die Menschen ihn nachahmen sollten, wie er Christus nachahmte. Es scheint fast so, als habe Paulus Jesus besser gekannt als die anderen Jünger, die tatsächlich mehr als drei Jahre lang mit Jesus auf der Erde unterwegs waren. Aber wie kann es sein, dass Paulus Jesus besser kennen konnte als Johannes, Jakobus, Petrus und die anderen? Das ist möglich durch den Geist, der uns an die Worte Jesu erinnert, an die Wahrheit, an die Offenbarung und an die Weisheit. Es ist uns möglich, Jesus so zu kennen, wie die ersten Jünger, weil wir durch den Geist Gottes freien Zugang zu einer Beziehung mit Jesus Christus haben. Zeit mit dem Heiligen Geist zu verbringen, war für Paulus sehr wichtig. Das können wir in 1. Korinther 14,18 sehen, wo es heißt: *„Ich danke Gott, ich rede mehr in Sprachen als ihr alle ...“* Ich glaube, es ist sehr wichtig, Zeit mit dem Heiligen Geist zu verbringen, in Zungen zu reden, sich vom Heiligen Geist lehren zu lassen, wenn du das Wort Gottes liest, und dem Heiligen Geist zu erlauben, dich zu führen und dir Weisheit und Verständnis zu geben.

Der Heilige Geist gibt auch Gaben an den Leib Christi. Das sehen wir in 1. Korinther 12,7-11:

> *Jedem aber wird die Offenbarung des Geistes zum Nutzen gegeben. Denn dem einen wird durch den Geist das Wort der Weisheit gegeben; einem anderen aber das Wort der Erkenntnis nach demselben Geist; einem anderen aber Glauben in demselben Geist; einem anderen aber Gnadengaben der Heilungen in dem einen Geist; einem anderen aber Wunderwirkungen; einem anderen aber Weissagung, einem anderen aber Unterscheidungen der Geister; einem anderen [verschiedene] Arten von Sprachen; einem anderen aber Auslegung der Sprachen.*

Deshalb bevollmächtigt er uns mit übernatürlichen Gaben. Der Heilige Geist ist auch der Same unserer Erlösung. Das können wir in Epheser 1,13-15 lesen, wo es heißt:

> *In ihm [seid] auch ihr, als ihr das Wort der Wahrheit, das Evangelium eures Heils, gehört habt und gläubig geworden seid, versiegelt worden mit dem Heiligen Geist der Verheißung. Der ist die Anzahlung auf unser Erbe, auf die Erlösung [seines] Eigentums hin zum Preis seiner Herrlichkeit.*

Es ist nicht gut für den Menschen, allein zu sein. Gott sagt in 1. Mose 2,18: *„Und der HERR, Gott, sprach: Es ist nicht gut, dass der*

Mensch allein ist; ich will ihm eine Hilfe machen, die ihm entspricht.“ Obwohl er sich darauf bezog, wie er eine Frau für Adam schaffen wollte, ist es klar, dass es nicht gut für uns ist, allein zu sein. Deshalb wurde der Heilige Geist herabgesandt, um uns zu helfen. Der Heilige Geist hilft uns auch, indem er für uns Fürsprache einlegt, wenn wir beten:

> *Ebenso aber nimmt auch der Geist sich unserer Schwachheit an; denn wir wissen nicht, was wir bitten sollen, wie es sich gebührt, aber der Geist selbst verwendet sich [für uns] in unaussprechlichen Seufzern. Der aber die Herzen erforscht, weiß, was der Sinn des Geistes ist, denn er verwendet sich für Heilige Gott gemäß* (Röm 8,26-27).

Wenn ich bete, weiß ich manchmal nicht, wie ich in meinen eigenen Worten beten soll. Dann bete ich einfach in Zungen und erlebe dann, dass der Heilige Geist kommt und mir hilft, in meiner eigenen Sprache zu beten. Er gibt mir die Worte und hilft mir zu beten.

Der Heilige Geist, der im Inneren wiedergeborener Gläubiger lebt, macht auch die Gläubigen neu und gibt ihnen ewiges Leben. Das wird in Römer 8,10-11 deutlich:

> *Ist aber Christus in euch, so ist der Leib zwar tot der Sünde wegen, der Geist aber Leben der Gerechtigkeit wegen. Wenn aber der Geist dessen, der Jesus aus den Toten auferweckt hat, in euch wohnt, so wird er, der Christus Jesus aus den Toten auferweckt hat, auch eure sterblichen Leiber lebendig machen wegen seines in euch wohnenden Geistes.*

So wie Jesus von den Toten auferweckt wurde, erweckt der Heilige Geist auch uns von den Toten, gibt unserem toten Körper ewiges Leben, verwandelt uns und hilft uns, heilig zu sein.

Der Heilige Geist bringt auch gute Frucht in uns hervor. In Galater 5,22-23 lesen wir über die Frucht des Heiligen Geistes: *„Die Frucht des Geistes aber ist: Liebe, Freude, Friede, Langmut, Freundlichkeit, Güte, Treue, Sanftmut, Enthaltsamkeit ...“* Die Frucht des Geistes ist der Langzeitbeweis, dass jemand den Heiligen Geist hat. Wenn sich diese Frucht im Leben einer Person nicht mit der Zeit entwickelt, dann ist es wahrscheinlich, dass der Geist Gottes nicht in ihr lebt. Der Heilige Geist lenkt den Fokus auch nicht auf sich selbst, weil er dazu da ist, den Fokus auf Jesus Christus und seine Worte zu lenken. Es dreht sich alles um Jesus, also sollten wir den Heiligen Geist nicht anbeten oder zu ihm beten. Vielmehr hilft der Geist uns, Christus anzubeten und uns auf ihn zu konzentrieren und zu unserem Vater im Himmel zu beten. Der Heilige Geist tut also viel mehr, als jemanden zu befähigen, in Zungen zu reden. Das Zungenreden ist ein wichtiger Teil des Erfülltseins mit dem Geist und des Gebets zu Gott.

Die Gute Nachricht

LEKTION 4

Willkommen zu **Lektion 4** dieses **Kickstart-Pakets**. Sechstausend-dreihundert Menschen sterben jede Stunde. Einhundertfünfzigtausend Menschen sterben jeden Tag. Das ergibt insgesamt 55,3 Millionen Menschen, die jedes Jahr sterben. Eines Tages wirst du an der Reihe sein zu sterben. Wir wissen nicht, wann oder wie wir sterben werden, aber wir wissen, dass der Tag kommen wird. Etwa 1,2 Millionen Menschen sterben jedes Jahr bei Autounfällen, und diese Menschen sind nicht morgens aufgewacht und haben erwartet, an diesem Tag zu sterben. Das Leben ist kurz, und ob man nun 20 Jahre oder 100 Jahre hier auf der Erde ist, irgendwann wird man sterben. Aber es gibt eine gute Nachricht. In Johannes 3,16 heißt es: *„Denn so hat Gott die Welt geliebt, dass er seinen einzigen Sohn gab, damit jeder, der an ihn glaubt, nicht verloren geht, sondern ewiges Leben hat."* Und in 1. Johannes 5,10-12 (LUT) steht:

> *Wer an den Sohn Gottes glaubt, der hat dieses Zeugnis in sich. Wer Gott nicht glaubt, der macht ihn zum Lügner; denn er glaubt nicht dem Zeugnis, das Gott gegeben hat von seinem Sohn. Und das ist das Zeugnis, dass uns Gott das ewige Leben gegeben hat, und dieses Leben ist in seinem Sohn. Wer den Sohn hat, der hat das Leben; wer den Sohn Gottes nicht hat, der hat das Leben nicht.*

Wie wir in diesen Versen sehen können, können wir durch Jesus Christus, den Sohn Gottes, ewiges Leben haben.

In dieser Lektion werde ich viele Bibelverse verwenden, um das Evangelium vom Anfang bis zum Ende zu erzählen. Wir werden im 1. Buch Mose, dem ersten Buch der Bibel, beginnen und darüber lesen, wie im Garten Eden alles perfekt war und wie dann alles schiefging. Wir werden in der Offenbarung, dem letzten Buch der Bibel, enden, wo alles wieder perfekt sein wird, wie Gott es von Anfang an geschaffen hat.

Der Anfang

Im 1. Buch Mose lesen wir, wie Gott ganz am Anfang in sechs Tagen Himmel und Erde schuf. Nach jedem Tag lesen wir etwas wie: *„Und Gott sah, dass es gut war. Und es wurde Abend, und es wurde Morgen: ein dritter Tag"* (1 Mose 1,12b-13) und *„Und Gott sah, dass es gut war. Und es wurde Abend, und es wurde Morgen: ein vierter Tag"* (1 Mose 1,18b-19). Am Ende von 1. Mose 1 lesen wir in 1. Mose 1,31: *„Und Gott sah alles, was er gemacht hatte, und siehe, es war sehr gut. Und es wurde Abend, und es wurde Morgen: der sechste Tag."* Aus diesen Versen können wir also erkennen, dass das, was Gott am Anfang schuf, eine perfekte, wunderbare und schöne Welt war.

In 1. Mose 2 lesen wir, wie Gott den Menschen schuf und ihn in den Garten mit dem Baum des Lebens und dem Baum der Erkenntnis von Gut und Böse setzte. Dies können wir in 1. Mose 2,15-17 sehen, wo es heißt:

> *Und der HERR, Gott, nahm den Menschen und setzte ihn in den Garten Eden, ihn zu bebauen und ihn zu bewahren. Und der HERR, Gott, gebot dem Menschen und sprach: Von jedem Baum des Gartens darfst du essen; aber vom Baum der Erkenntnis des Guten und Bösen, davon darfst du nicht essen; denn an dem Tag, da du davon isst, musst du sterben!"*

Adam und seine Frau Eva wandelten mit Gott, und wir lesen, dass sie beide nackt waren, sich aber nicht schämten. Sie schämten sich nicht für ihre Nacktheit, weil sie nie gesündigt hatten. Und wir sehen, wie sie mit Gott und in einer perfekten Welt lebten – einer Welt ohne Tod, Krankheit, Kriege, Morde, Vergewaltigungen, Erdbeben, Tsunamis, Angst, Depression, Selbstmord und so weiter. Ja, es war eine Welt, die so ganz anders war als unsere heutige. Wenn du denkst, dass unsere Welt nicht so schlecht ist, dann schau dir einfach die Nachrichten an. Wir hören fast jeden Tag von Dingen wie Kriegen, Krankheit, Tod und Mord.

Der Fall

Aber wie konnte die perfekte Welt, die Gott geschaffen hatte, so böse enden? Nun, die Antwort ist: durch die Sünde. In 1. Mose 3 lesen wir, dass Adam und Eva vom falschen Baum aßen, dem Baum der Erkenntnis von Gut und Böse. Ja, sie aßen von dem Baum, von dem Gott ihnen verboten hatte zu essen, und als sie von diesem Baum aßen, wurden ihre Augen geöffnet, die Sünde trat in sie ein, und sie erkannten plötzlich ihre Nacktheit. Und wir lesen, dass sie versuchten, ihre Blöße mit Feigenblättern zu bedecken, und dass sie sich vor Gott versteckten, als dieser in 1. Mose 3,9 nach ihnen suchte und rief: *„Wo bist du?“*

Gott möchte Gemeinschaft mit uns haben und dafür wurden wir geschaffen. Aber weil Adam und Eva vom Baum der Erkenntnis von Gut und Böse aßen, wurden sie sich der Sünde bewusst und alles änderte sich. In 1. Mose 3,22-23 steht:

> *Und der HERR, Gott, sprach: Siehe, der Mensch ist geworden wie einer von uns, zu erkennen Gutes und Böses. Und nun, dass er nicht etwa seine Hand ausstreckt und auch [noch] von dem Baum des Lebens nimmt und isst und ewig lebt! Und der HERR, Gott, schickte ihn aus dem Garten Eden hinaus, den Erdboden zu bebauen, von dem er genommen war.*

Dieser Vers kann ein wenig seltsam erscheinen, wenn man ihn zum ersten Mal liest. Aber Gott musste sie aus dem Garten verbannen, weil er nicht mehr wollte, dass der Mensch ewig lebt. Es war so wichtig, dass der Mensch aus dem Garten verbannt wurde, denn hätten sie vom Baum des Lebens gegessen, nachdem die Sünde in sie eingedrungen war, und hätten für immer gelebt, dann hätte der Mensch ein nicht enden wollendes Problem mit der Sünde gehabt, das in alle Ewigkeit immer schlimmer geworden wäre. Also wurde der Mensch aus dem Garten verbannt und von Gott getrennt. Und weil Adam und Eva vom Baum der Erkenntnis von Gut und Böse aßen, kam die Sünde in die Welt und der Tod in jeden Menschen, weil jeder Mensch gesündigt hat. Wir sehen das in Römer 5,12, wo es heißt: *„Darum, wie durch einen Menschen die Sünde in die Welt gekommen ist und durch die Sünde der Tod und so der Tod zu allen Menschen durchgedrungen ist, weil sie alle gesündigt haben ...“*

Nachdem Adam und Eva aus dem Garten Eden verbannt waren, lesen wir, dass sie Kinder bekamen und dass Kain, einer der Söhne, seinen Bruder Abel tötete. Das war der erste Mord. Die Welt veränderte sich und es war keine gute Welt mehr ohne Mord. Es war nicht mehr die perfekte Welt, die Gott am Anfang geschaffen hatte. Und die Menschen begannen, immer mehr in Sünde zu leben und sich weiter von Gott zu entfernen. Sie taten viele Dinge, die in den Augen Gottes böse waren. Und wir lesen, dass es nicht lange dauerte, bis Gott wegen ihrer bösen Taten es bereute, dass er die Menschen geschaffen hatte. Wir lesen das in 1. Mose 6,5-6, wo es heißt: *„Der Herr sah, wie groß die Bosheit des Menschengeschlechts auf der Erde geworden war, und dass jede Neigung der Gedanken des menschlichen Herzens immer nur böse war. Da bedauerte der Herr, dass er die Menschen auf der Erde gemacht hatte, und sein Herz war tief betrübt."*

Wir müssen verstehen, dass Gott nicht für all das Böse verantwortlich ist, das wir heute auf der Erde sehen. Wie du und ich mag er es auch nicht. Tatsächlich hasst er es sogar noch mehr, als wir es tun. Ich weiß, dass viele Menschen sagen: „Ach, ich kann wegen all dem Bösen auf der Erde nicht an einen guten Gott glauben." Aber darauf würde ich antworten, dass all die bösen Dinge, die wir auf der Erde sehen, eigentlich bestätigen, dass das, was wir in der Bibel lesen, richtig ist. Gott hasst unsere bösen Taten so sehr, dass er sogar die gesamte Menschheit vernichten wollte. Aber dann lesen wir in 1. Mose 6, dass Noah Gunst in den Augen des Herrn fand. Gott befahl Noah, eine Arche zu bauen, damit er die Welt und jeden darin zerstören und die menschliche Rasse mit Noah und seiner Familie neu beginnen konnte. Aber sobald Noah und seine Familie wieder aus der Arche herauskamen, wurde die Sünde wieder ein Problem. Ja, Noah wurde betrunken und die Menschen begingen Böses in den Augen des Herrn. Warum ist wieder alles schiefgelaufen? Wegen der Sünde. Sünde ist nicht nur in der Welt, sondern auch im Inneren des Menschen. Ab dem Moment, als Adam und Eva vom Baum der Erkenntnis von Gut und Böse aßen, kam die Sünde in den Menschen, und seitdem ist die Sünde Teil unserer DNA geworden. Und sie ist in jedem, der nicht wiedergeboren ist.

Die Sünde ist das Problem

Die Sünde ist das Problem. Der Mensch hat gesündigt, und wer gesündigt hat, muss sterben. Der Mensch ist also gefallen und wir können uns nicht selbst ändern. Wir brauchen einen Weg, um neu anzufangen und einen Weg, um unsere sündige Natur loszuwerden, die in unserer DNA eingebettet ist. Wir brauchen Hilfe, wir brauchen einen Erlöser bzw. Retter. Die gute Nachricht ist, dass wir einen Retter haben. Sein Name ist Jesus. Jesus war Immanuel, was „Gott mit uns" bedeutet. Er kam, um uns von unseren Sünden zu retten, und ich sehe ihn gerne als den Erstgeborenen des neuen Menschengeschlechts, das wiedergeboren sein und zu ihm gehören wird. Aber bevor wir über Jesus sprechen und darüber, was er für uns getan hat, damit wir wiedergeboren werden, eine neue Natur und ewiges Leben bekommen können, müssen wir uns die Sünde ansehen. Jesus sagt in Matthäus 5,21-22:

> *Ihr habt gehört, dass zu den Alten gesagt ist: Du sollst nicht töten; wer aber töten wird, der wird dem Gericht verfallen sein. Ich aber sage euch, dass jeder, der seinem Bruder zürnt, dem Gericht verfallen sein wird; wer aber zu seinem Bruder sagt: Raka!*[1]*, dem Hohen Rat verfallen sein wird; wer aber sagt: Du Narr!, der Hölle des Feuers verfallen sein wird.*

Das sind wirklich starke Worte. Und er spricht weiter über Lust und Ehebruch in Matthäus 5,26-30, wo es heißt:

> *Wahrlich, ich sage dir: ... Ihr habt gehört, dass gesagt ist: Du sollst nicht ehebrechen. Ich aber sage euch, dass jeder, der eine Frau ansieht, sie zu begehren, schon Ehebruch mit ihr begangen hat in seinem Herzen. Wenn aber dein rechtes Auge dir Anstoß [zur Sünde] gibt, so reiß es aus und wirf es von dir! Denn es ist dir besser, dass eins deiner Glieder umkommt und nicht dein ganzer Leib in die Hölle geworfen wird. Und wenn deine rechte Hand dir Anstoß [zur Sünde] gibt, so hau sie ab und wirf sie von dir! Denn es ist dir besser, dass eins deiner Glieder umkommt und nicht dein ganzer Leib in die Hölle geworfen wird.*

---

[1] Ein Ausdruck der Verachtung, etwa „Dummkopf" (ELB).

Wenn du also jemanden lüstern ansiehst, hast du in deinem Herzen bereits Ehebruch mit dieser Person begangen. Und wenn es das ist, was Jesus über Zorn und Lust sagt, was ist dann mit Lügen oder Stehlen? Hast du jemals etwas gestohlen? Hast du jemals gelogen? Die Frage ist nicht, ob du denkst, dass du ein guter Mensch bist, die Frage ist, ob du gut genug für den Himmel bist. Hast du das Gesetz Gottes perfekt gehalten? Bist du ohne Sünde? Jakobus 2,10 sagt: *„Denn wer das ganze Gesetz hält, aber in einem strauchelt, ist aller [Gebote] schuldig geworden."* Die Wahrheit ist, dass wir alle gesündigt haben. Wenn wir nur eines von Gottes Gesetzen gebrochen haben, sind wir schuldig, sie alle gebrochen zu haben. Wir sind alle gefallen und haben alle eine sündige Natur.

Stell dir vor, dass ich eine spezielle Kamera habe, die dein ganzes Leben filmen kann, und dass ich ein fünfminütiges Video von deinem Leben gemacht habe, das jeder auf der Welt sehen kann. Aber diese Kamera ist besonders und kann alles sehen, was du tust. Ja, sie kann sehen, was du im Dunkeln tust, wenn du denkst, dass dich niemand beobachtet, und sie kann in dein Herz und deinen Kopf sehen. Sie kann sehen, wenn du jemanden mit Begierde ansiehst, sie kennt jeden schlechten Gedanken, den du jemals hattest, und sie sieht alles Falsche, das du jemals getan hast. Aber diese spezielle Kamera filmt nicht alles, denn sie filmt nicht all die guten Dinge, die du getan hast. Sie filmt nicht all die Male, wenn du Obdachlosen etwas gegeben hast, oder all die Male, wenn du für wohltätige Zwecke gespendet hast. Nein, davon wird nichts gefilmt. Du musst verstehen, dass die guten Dinge, die du getan hast, keine Pluspunkte auf deinem Konto sind, und dass die schlechten Dinge, die du getan hast, keine Minuspunkte auf deinem Konto sind. Du wirst nicht sterben und vor Gott stehen und hoffen, dass du mehr Pluspunkte als Minuspunkte auf deinem Konto hast. Die guten Dinge, die du getan hast, belaufen sich auf Null, denn diese entsprechen dem, was man von Anfang an von dir erwartet hat. Deshalb können die guten Dinge niemals die falschen Dinge rechtfertigen, die du getan hast.

Stell dir also vor, ich würde ein fünfminütiges Video von deinem Leben zusammenstellen, in dem du alle verkehrten Dinge tust, einschließlich aller sexuellen Gedanken, die du jemals hattest, all die

Male, wenn du Gottes Gesetz gebrochen hast, alle bösen Taten, die du jemals begangen hast, und so weiter. Und nun stell dir vor, ich würde dieses Video allen zeigen. Wie würdest du dich fühlen, wenn deine Familie, deine Freunde und die ganze Welt alle schlechten Dinge sehen würden, die du jemals getan und gedacht hast? Denkst du, sie würden dich immer noch für einen guten Menschen halten? Die Wahrheit ist: Würde man dieses Video deines Lebens der ganzen Welt zeigen, dann würdest du dich sehr darüber schämen, dass die Leute das Böse in dir sehen können. Mir würde es nicht anders gehen. Ich würde mich so sehr schämen, dass ich weglaufen und mich vor allen verstecken würde. Aber wenn du dich schämen würdest, wenn die Menschen diese schlimmen Dinge sehen, die du getan hast, und obwohl du weißt, dass sie genauso schuldig sind wie du, dann stell dir vor, wie beschämt du dich fühlen würdest, wenn du vor einem heiligen und gerechten Gott stehen würdest.

Menschen vergleichen sich oft mit anderen um sie herum. Zum Beispiel schaust du dir vielleicht deinen Nachbarn an und sagst: „Ich bin besser als er. Ich war nie im Gefängnis und ich habe nie Drogen genommen wie er." Aber eine sehr gefährliche Sünde ist die Selbstgerechtigkeit – zu denken, man sei gut genug. Die Wahrheit ist, dass wir nicht gut genug sind. Wir haben alle das Gesetz Gottes gebrochen. Und das sehen wir in Prediger 7,20, wo es heißt: *„Denn kein Mensch auf Erden ist [so] gerecht, dass er [nur] Gutes tut und niemals sündigt"* und in Römer 3,23, wo es heißt: *„... denn alle haben gesündigt und erlangen nicht die Herrlichkeit Gottes ..."* Gott könnte jeden einzelnen von uns in die Hölle schicken und er wäre immer noch gut, liebevoll und gerecht, weil nicht er das Problem ist, sondern wir. Aber stattdessen tat Gott etwas absolut Unglaubliches. Er gab uns eine Chance, Vergebung und ein neues Leben durch seinen Sohn Jesus zu erfahren. Niemand kann durch seine eigenen Taten gerecht werden, indem er das Gesetz hält. Das sehen wir in Römer 3,20, wo es heißt: *„Aus Gesetzeswerken wird kein Fleisch vor ihm gerechtfertigt werden; denn durchs Gesetz [kommt] Erkenntnis der Sünde."* und Römer 3,22-23, wo es heißt: *„Ich rede aber von der Gerechtigkeit vor Gott, die da kommt durch den Glauben an Jesus Christus zu allen, die glauben. Denn es ist hier kein Unterschied: Sie sind allesamt*

Sünder und ermangeln des Ruhmes, den sie vor Gott haben sollen ...“ Da Gott also den gefallenen Zustand des Menschen sah und wusste, dass wir niemals durch das Gesetz gerecht werden können, sandte er seinen Sohn Jesus, um für uns zu sterben.

Jesus ist die Antwort

Jesus ist die Antwort auf unser Problem. Er ist das Lamm Gottes, das kam, um die Sünden der Welt wegzunehmen. In Matthäus 1,21 heißt es: *„Und sie wird einen Sohn gebären, und du sollst seinen Namen Jesus nennen, denn er wird sein Volk retten von seinen Sünden.“* Gott hat die Welt also so sehr geliebt, dass er seinen einzigen Sohn, Jesus, sandte, um uns von unseren Sünden zu retten. Jesus wurde von einer Jungfrau geboren und ist, wie in Johannes 1,9 gesagt wird, das wahre Licht, das jeden Menschen erleuchtet. Jesus lebte hier auf der Erde und hat nie gesündigt. Er war der einzige Mensch ohne Sünde. Als er etwa 30 Jahre alt war, wurde er im Wasser getauft und der Heilige Geist kam über ihn, wovon wir in Matthäus 3,16-17 lesen, wo es heißt: *„Und als Jesus getauft war, stieg er sogleich aus dem Wasser herauf; und siehe, die Himmel wurden ihm geöffnet, und er sah den Geist Gottes wie eine Taube herabfahren und auf sich kommen. Und siehe, eine Stimme [kommt] aus den Himmeln, welche spricht: Dieser ist mein geliebter Sohn, an dem ich Wohlgefallen gefunden habe.“* Nachdem Jesus getauft worden war, ging er vierzig Tage und vierzig Nächte lang in die Wüste, wo er am Ende vom Satan in Versuchung geführt wurde. Als er schließlich die Wüste wieder verließ, begann er, Kranke zu heilen und das Evangelium vom Reich Gottes zu verkünden. Und von da an predigte Jesus, wie es in Matthäus 4,17 heißt: *„Tut Buße, denn das Reich der Himmel ist nahegekommen!“* Was Jesus tat, können wir in Matthäus 4,23 sehen, wo es heißt: *„Und er zog in ganz Galiläa umher, lehrte in ihren Synagogen und predigte das Evangelium des Reiches und heilte jede Krankheit und jedes Gebrechen unter dem Volk.“* Er sagte auch, dass wir von Neuem geboren werden müssen. Das finden wir in Johannes 3,5-7: *„Jesus antwortete: Wahrlich, wahrlich, ich sage dir: Wenn jemand nicht aus Wasser und Geist geboren wird, kann er nicht in das Reich Gottes hineingehen.*

Was aus dem Fleisch geboren ist, ist Fleisch, und was aus dem Geist geboren ist, ist Geist. Wundere dich nicht, dass ich dir sagte: Ihr müsst von Neuem geboren werden."

Jesus lebte also auf der Erde, predigte das Evangelium, heilte die Kranken, rief Menschen auf, ihm als seine Jünger zu folgen, und sagte, wir müssten wiedergeboren werden. Bei Matthäus finden wir einige der Dinge, die er zu Menschen sagte, die ihm nachfolgen wollten. In Matthäus 16,24-25 steht: *„Dann sprach Jesus zu seinen Jüngern: Wenn jemand mir nachkommen will, verleugne er sich selbst und nehme sein Kreuz auf und folge mir nach! Denn wer sein Leben retten will, wird es verlieren; wer aber sein Leben verliert um meinetwillen, wird es finden."* Und in Matthäus 10,34-39 heißt es:

> *Meint nicht, dass ich gekommen sei, Frieden auf die Erde zu bringen; ich bin nicht gekommen, Frieden zu bringen, sondern das Schwert. Denn ich bin gekommen, den Menschen zu entzweien mit seinem Vater und die Tochter mit ihrer Mutter und die Schwiegertochter mit ihrer Schwiegermutter; und des Menschen Feinde [werden] seine eigenen Hausgenossen [sein]. Wer Vater oder Mutter mehr liebt als mich, ist meiner nicht würdig; und wer Sohn oder Tochter mehr liebt als mich, ist meiner nicht würdig; und wer nicht sein Kreuz aufnimmt und mir nachfolgt, ist meiner nicht würdig. Wer sein Leben findet, wird es verlieren, und wer sein Leben verliert um meinetwillen, wird es finden.*

Ja, Jesus war sehr radikal. Es kostet alles, ihm zu folgen.

Nachdem Jesus hier auf der Erde gewandelt ist, das Reich Gottes gepredigt und viele Zeichen und Wunder vollbracht hat, ist er für dich und mich am Kreuz gestorben, damit wir leben können. Und weil Jesus am Kreuz gestorben ist, hat sich alles verändert. Jesus hat den Preis für unsere Sünden bezahlt, damit wir frei werden können. In Matthäus 27,28-31 sehen wir etwas von dem, was Jesus ertrug, bevor er gekreuzigt wurde:

> *... und sie zogen ihn aus und legten ihm einen scharlachroten Mantel um. Und sie flochten eine Krone aus Dornen und setzten sie auf sein Haupt und [gaben ihm] ein Rohr in seine Rechte; und sie fielen vor ihm auf die Knie und verspotteten ihn und sagten: Sei*

gegrüßt, König der Juden! Und sie spien ihn an, nahmen das Rohr und schlugen ihn auf das Haupt. Und als sie ihn verspottet hatten, zogen sie ihm den Mantel aus und zogen ihm seine [eigenen] Kleider an; und sie führten ihn ab, um ihn zu kreuzigen.

Als sie ihn kreuzigten, hängten sie ihn an ein Kreuz, und während er dort hing, kurz bevor er starb, lesen wir in Matthäus 27,46: „*... um die neunte Stunde aber schrie Jesus mit lauter Stimme auf und sagte: Elí, Elí, lemá sabachtháni? Das heißt: Mein Gott, mein Gott, warum hast du mich verlassen?*" Dann lesen wir in Matthäus 27,50: „*Jesus aber schrie wieder mit lauter Stimme und gab den Geist auf.*" Und, wie in Johannes 19,30 berichtet, rief Jesus, bevor seinen letzten Atemzug tat: „*Es ist vollbracht!*" Nachdem Jesus seinen Geist aufgegeben hatte, lesen wir, dass der Vorhang im Tempel, der die Menschen von Gott trennte, in zwei Teile zerrissen wurde. Wow, was für ein erstaunlicher Moment! Wenn wir weiterlesen, sehen wir, wie Jesus begraben wurde, aber weil er ohne Sünde war, konnte der Tod ihn nicht halten, sodass er auferstand und den Tod besiegte. Ja, er bezahlte den Preis für unsere Sünden, starb am Kreuz und besiegte den Tod.

In 1. Korinther 15,1-4 steht:

Ich tue euch aber, Brüder, das Evangelium kund, das ich euch verkündigt habe, das ihr auch angenommen habt, in dem ihr auch steht, durch das ihr auch gerettet werdet, wenn ihr festhaltet, mit welcher Rede ich es euch verkündigt habe, es sei denn, dass ihr vergeblich zum Glauben gekommen seid. Denn ich habe euch vor allem überliefert, was ich auch empfangen habe: dass Christus für unsere Sünden gestorben ist nach den Schriften; und dass er begraben wurde und dass er auferweckt worden ist am dritten Tag nach den Schriften ...

Halleluja! Das ist wirklich erstaunlich. Und nachdem Jesus aus dem Grab auferstanden war, lesen wir, wie er zu seinen Jüngern ging. Bevor er am Kreuz starb und auferstand, hatte Jesus seinen Jüngern gesagt, sie sollten in Jerusalem bleiben, bis die Verheißung des Heiligen Geistes erfüllt sei. Über diese Verheißung heißt es in Apostelgeschichte 1,4: „*Und als er mit ihnen versammelt war, befahl er ihnen, sich nicht von Jerusalem zu entfernen, sondern auf die Verheißung des Vaters zu warten – die ihr[, sagte er,] von mir gehört habt.*" Nachdem Jesus aus dem Grab auferstanden und seinen Jüngern erschienen war, ging er in den Himmel und sandte seinen Heiligen Geist auf die Erde.

Die gute Nachricht

Aufgrund dessen, was Jesus für uns getan hat, können wir heute ein neues Leben erfahren – ein ewiges Leben. Ja, aufgrund dessen, was er getan hat, können wir Vergebung für unsere Sünden erfahren. Jesus sagt in Johannes 14,6: *„Ich bin der Weg und die Wahrheit und das Leben. Niemand kommt zum Vater als nur durch mich.*" Er hat also einen Weg geschaffen, damit uns vergeben werden kann und wir mit Gott versöhnt werden können. Jesus hat das Gesetz Gottes erfüllt und den Zorn Gottes auf sich genommen, indem er am Kreuz gestorben ist. Aber es reicht nicht, dass Jesus am Kreuz für dich gestorben ist, wenn du es nicht annimmst. Du musst die Botschaft des Evangeliums annehmen und danach handeln. Ja, du musst Jesus annehmen, Buße tun, dich im Wasser taufen lassen und seinen Heiligen Geist empfangen.

Jesus ist also die Antwort auf das Problem der Sünde, und was er am Kreuz für uns getan hat, ist die gute Nachricht des Evangeliums für uns und alle zukünftigen Generationen. In Römer 1,16 heißt es: *„Denn ich schäme mich des Evangeliums nicht, ist es doch Gottes Kraft zum Heil jedem Glaubenden, sowohl dem Juden zuerst als auch dem Griechen.*" Nachdem der Heilige Geist über die ersten Jünger gekommen war, standen Petrus und die anderen Jünger auf und sagten:

> *Das ganze Haus Israel soll nun zuverlässig erkennen, dass Gott ihn sowohl zum Herrn als auch zum Christus gemacht hat, diesen Jesus, den ihr gekreuzigt habt. Als sie aber [das] hörten, drang es ihnen durchs Herz, und sie sprachen zu Petrus und den anderen Aposteln: Was sollen wir tun, ihr Brüder? Petrus aber sprach zu ihnen: Tut Buße, und jeder von euch lasse sich taufen auf den Namen Jesu Christi zur Vergebung eurer Sünden! Und ihr werdet die Gabe des Heiligen Geistes empfangen* (Apg 2,36-38).

Amen! Laut diesem Vers müssen wir heute Buße tun, im Wasser getauft werden und den Heiligen Geist empfangen. Wir müssen erkennen, dass wir gegen einen heiligen und gerechten Gott gesündigt haben. Aber wenn wir nicht erkennen, dass wir gegen Gott gesündigt haben, werden wir uns nicht ändern und Buße tun, und wir werden keine Vergebung erfahren. Wir müssen Buße tun. In Markus 1,15 heißt es: *„Die Zeit ist erfüllt, und das Reich Gottes ist nahe gekommen. Tut Buße und glaubt an das Evangelium!"* Wenn wir uns von unseren Sünden abwenden und unseren Glauben auf Jesus setzen, wird Gott kommen und uns ein neues Herz geben. Wir sehen das in Hesekiel 36,26, wo es heißt: *„Und ich werde euch ein neues Herz geben und einen neuen Geist in euer Inneres geben; und ich werde das steinerne Herz aus eurem Fleisch wegnehmen und euch ein fleischernes Herz geben."*

Glaube also an Jesus und kehre von deinen Sünden um, und Gott wird dir vergeben und dich von aller Ungerechtigkeit reinigen. Und wie Jesus in Markus 16,16 sagt, müssen wir uns auch im Wasser taufen lassen, denn dort heißt es: *„Wer gläubig geworden und getauft worden ist, wird gerettet werden; wer aber ungläubig ist, wird verdammt werden."* In Apostelgeschichte 2,41 wird weiter über die Taufe gesprochen, indem es heißt: *„Die nun sein Wort aufnahmen, ließen sich taufen; und es wurden an jenem Tag etwa dreitausend Seelen hinzugetan."* In der Wassertaufe sterben wir mit Christus, begraben unsere Sünden, und auferstehen mit Christus wieder, befreit von der Sklaverei der Sünde. Die Taufe ist absolut notwendig, um Jesus nachzufolgen. Aber du musst auch den Heiligen Geist empfangen. Jesus sprach in Johannes14,26 darüber, dass er seinen Heiligen Geist auf die Erde senden werde: *„Der Beistand aber, der Heilige Geist, den der Vater senden wird in meinem Namen, der wird euch alles lehren und euch an alles erinnern, was ich euch gesagt habe."* Menschen empfangen den Heiligen Geist oft, indem sie andere Menschen, die den Geist haben, für sich beten lassen. Und in Apostelgeschichte 8 sehen wir, dass Petrus und Johannes den Gläubigen in Samaria die Hände auflegten und dass diese den Heiligen Geist empfingen. Wir können auch nachlesen, dass Paulus in Apostelgeschichte 19 den Menschen in Ephesus die Hände auflegte und dass sie den Heiligen

Geist empfingen, in Zungen redeten und prophezeiten. Und so sollte es auch heute noch sein.

Ich habe für Hunderte Menschen gebetet, die den Heiligen Geist empfangen haben. Wenn du den Heiligen Geist nicht sofort nach der Taufe empfängst, dann gib nicht auf. Bete weiter, dass Gott dir seinen Geist gibt. Wenn wir den Heiligen Geist empfangen, werden wir Teil des Leibes Christi, in dem Jesus das Haupt ist. Und wenn wir Teil des Leibes Christi werden, ist es unsere Mission auf der Erde, das weiterzuführen, was Jesus begonnen hat. Als Jesus seine Jünger aussandte, sagte er in Matthäus 10,7-8: *„Wenn ihr aber hingeht, predigt und sprecht: Das Reich der Himmel ist nahegekommen. Heilt Kranke, weckt Tote auf, reinigt Aussätzige, treibt Dämonen aus! Umsonst habt ihr empfangen, umsonst gebt!“* Diese Worte, die Jesus zu seinen Jüngern sprach, sind sehr wichtig für uns, denn das ist es, wozu wir auch heute noch aufgerufen sind.

Ein Neuanfang

Eines Tages wird Jesus wiederkommen, um die Welt zu richten und alles wieder gut und vollkommen zu machen. Und wir, die wir wiedergeboren sind, werden in der Lage sein, vom Baum des Lebens zu essen und für immer zu leben. Aber um an dem Baum des Lebens teilzuhaben, müssen wir an Jesus glauben, Buße tun, im Wasser getauft werden und den Heiligen Geist empfangen. Und danach müssen wir für den Rest unseres Lebens mit ihm weitergehen. Dass wir Jesus immer weiter folgen müssen, sehen wir in Matthäus 24,13-14 (NGÜ), wo es heißt: *„Wer aber bis ans Ende standhaft bleibt, wird gerettet. Die Botschaft vom Reich [Gottes] wird in der ganzen Welt verkündet werden, damit alle Völker sie hören. Dann erst kommt das Ende.“* Ja, wenn wir bis zum Ende standhaft bleiben, werden wir gerettet werden. Wenn Jesus wiederkommt, wird er die Welt richten und seine Schafe von den Böcken scheiden. In Hebräer 9,27-28 lesen wir dazu: *„Und wie es den Menschen bestimmt ist, einmal zu sterben, danach aber das Gericht, so wird auch der Christus, nachdem er einmal geopfert worden ist, um vieler Sünden zu tragen, zum zweiten Male ohne [Beziehung zur] Sünde denen zum Heil erscheinen, die* *ihn erwarten."* Ja, wir werden alle sterben und dem Gericht gegenüberstehen, und Jesus wird alle Nationen versammeln, um sein Volk von den Menschen der Welt zu trennen, wie ein Hirte die Schafe von den Böcken trennt. Und im letzten Buch der Bibel, der Offenbarung, lesen wir, dass Gott mit dem Neuen Jerusalem auf die Erde kommen wird:

> *Und keinerlei Fluch wird mehr sein; und der Thron Gottes und des Lammes wird in ihr sein; und seine Knechte werden ihm dienen, und sie werden sein Angesicht sehen; und sein Name wird an ihren Stirnen sein. Und Nacht wird nicht mehr sein, und sie bedürfen nicht des Lichtes einer Lampe und des Lichtes der Sonne; denn der Herr, Gott, wird über ihnen leuchten, und sie werden herrschen von Ewigkeit zu Ewigkeit* (Offb 22,3-5).

Und in Offenbarung 22,14 heißt es weiter: *„Glückselig, die ihre Kleider waschen, damit sie ein Anrecht am Baum des Lebens haben und durch die Tore in die Stadt hineingehen!"* Amen!

Um es zusammenzufassen: Gott schuf eine perfekte Welt, aber die Sünde kam durch einen Menschen, Adam, hinein. Und wegen der Sünde wurde der Mensch aus dem Garten Eden verbannt, weg von dem Baum des Lebens. Das war sehr wichtig, damit der Mensch nicht von diesem Baum essen und ewig leben konnte. Der Tod kam zu allen Menschen, weil alle gesündigt haben. Und Jesus kam als der neue Adam, um uns von unseren Sünden zu erretten. Er bezahlte den Preis, indem er am Kreuz starb, und weil er ohne Sünde war, ist er auferstanden, hat seinen Heiligen Geist auf die Erde herabgesandt und sitzt jetzt zur rechten Hand Gottes. Eines Tages wird er wiederkommen und sowohl die Toten als auch die Lebenden richten. Diejenigen, die ihre Gewänder durch das Blut Jesu gewaschen haben (diejenigen, die Buße getan haben, im Wasser getauft wurden, den Heiligen Geist empfangen haben und wiedergeboren wurden), werden in der Lage sein, das Neue Jerusalem zu betreten und vom Baum des Lebens zu essen und für immer zu leben.

Ich möchte abschließend sagen, dass es nicht reicht, wenn du davon hörst, liest oder träumst. Nein, du musst es erleben. Wenn du nicht wiedergeboren bist, tue Buße und bitte Menschen um dich herum, dir bei der Wassertaufe zu helfen und für dich zu beten, damit du den Heiligen Geist empfängst. Es ist dein Leben und deine Entscheidung, aber wir sind hier, um dir zu helfen.

Fragen und Antworten zu Lektion 4

Anderen helfen, die Entscheidung zu treffen

In dieser Lektion haben wir uns die Zeit genommen, das ganze Evangelium mit dir zu teilen. Das ist die Verantwortung, die wir als Gläubige haben. Ja, wir haben die Verantwortung, die Wahrheit zu teilen – die ganze Wahrheit. Paulus sagt in Apostelgeschichte 20,26-27: *„Deshalb bezeuge ich euch am heutigen Tag, dass ich rein bin vom Blut aller; denn ich habe nicht zurückgehalten, euch den ganzen Ratschluss Gottes zu verkündigen."* Warum hat Paulus das gesagt? Weil er die von Gott gegebene Verantwortung erkannte, die ganze Wahrheit mitzuteilen, und das tat er.

Stell dir vor, du siehst ein brennendes Haus und einen Mann, der darin gefangen ist. Du wärst dafür verantwortlich zu versuchen, dem Mann zu helfen herauszukommen. Ja, wenn du jemanden siehst, der sich in einer lebensbedrohlichen Situation befindet, bist du dafür verantwortlich, ihm zu helfen, und wenn du nicht versuchst, etwas zu tun, um ihm zu helfen, würdest du zur Rechenschaft gezogen und vor Gericht für schuldig befunden werden, ein Verbrechen begangen zu haben. Genauso sagt die Bibel, dass wir die Verantwortung haben, die ganze Wahrheit zu sagen, und wenn wir das nicht tun, werden wir vor Gott zur Rechenschaft gezogen. Paulus kannte also die Heilige Schrift und wusste, was Hesekiel 3 sagte:

> *Wenn ich zu dem Gottlosen spreche: „Du musst sterben!" und du hast ihn nicht gewarnt und hast nicht geredet, um den Gottlosen vor seinem gottlosen Weg zu warnen, um ihn am Leben zu erhalten, dann wird er, der Gottlose, um seiner Schuld willen sterben, aber sein Blut werde ich von deiner Hand fordern. Du aber, wenn du den Gottlosen gewarnt hast und er ist von seiner Gottlosigkeit und von seinem gottlosen Weg nicht umgekehrt, dann wird er um seiner Schuld willen sterben, du aber hast deine Seele gerettet. Und wenn ein Gerechter von seiner Gerechtigkeit umkehrt und*

Unrecht tut und ich einen Anstoß vor ihn lege, dann wird er sterben. Wenn du ihn nicht gewarnt hast, wird er um seiner Sünde willen sterben, und an seine gerechten Taten, die er getan hat, wird man nicht [mehr] denken; aber sein Blut werde ich von deiner Hand fordern (Hes 3,18-20).

Das ist starker Tobak! Und weil Paulus das wusste, wusste er, dass er verpflichtet war, den Menschen die Wahrheit zu sagen. Er verstand, dass das Blut der Menschen an seinen Händen kleben würde, wenn er ihnen nicht die ganze Wahrheit predigen würde. Und deshalb lesen wir in Apostelgeschichte 20,26-27: *„Deshalb bezeuge ich euch am heutigen Tag, dass ich rein bin vom Blut aller; denn ich habe nicht zurückgehalten, euch den ganzen Ratschluss Gottes zu verkündigen."* Er konnte also sagen, dass er unschuldig war, weil er den ganzen Willen Gottes verkündete. Hätte Paulus gezögert und das Evangelium nicht gepredigt, könnte er nicht sagen, dass er unschuldig am Blut dieser Menschen ist.

Unsere Verantwortung ist es, die ganze Wahrheit zu predigen. Das ist unsere Aufgabe. Die Aufgabe der Menschen, die die Wahrheit hören, ist es, die Wahrheit zu empfangen und Buße zu tun. Und wenn du das Evangelium mit jemandem teilst, musst du ihm helfen, sich zu entscheiden. Du musst ihm klar machen, dass er nun die Wahrheit gehört hat und sich entscheiden muss, was er als Reaktion darauf tun will. Hilf ihm zu verstehen, dass heute der Tag der Erlösung ist und dass er vor die Wahl zwischen Leben und Tod gestellt wurde und dass er frei ist, sich zu entscheiden. Wir, als Gläubige, müssen besser darin werden, die Menschen zu fragen: „Was willst du mit dem tun, was du gehört hast? Willst du Buße tun und Christus nachfolgen? Ja oder nein?" Ja, stelle ihnen diese Frage, und wenn sie „Nein" sagen, ist das in Ordnung. Sie haben ihre Wahl getroffen. Aber erstaunlicherweise habe ich oft erlebt, dass, wenn Menschen „Nein" sagen, der Heilige Geist oft anfängt, in ihnen zu arbeiten. Ja, sie mögen von dir weggehen und denken: „Moment, ich habe gerade nein gesagt. Bin ich mir sicher? Was ist, wenn ich dabei bin, einen Fehler zumachen?" Und sie kommen möglicherweise tatsächlich zu dir zurück und sagen: „Ja, ich möchte Jesus nachfolgen."

Es ist also wichtig, sie zu fragen, was sie tun wollen. Wenn sie „Ja“ sagen, dann kannst du ihnen sagen: „Das ist gut. Beginne damit, mit Gott zu sprechen. Es ist Gott, gegen den du gesündigt hast, und es ist Gott, zu dem du umkehren musst. Bitte Gott, dir deine Sünden zu zeigen.“ Wir beten oft mit Menschen zusammen, wenn sie sich entscheiden, Buße zu tun und Jesus nachzufolgen. Und wir führen sie oft durch ein Gebet, in dem sie sagen: „Gott, bitte zeige mir meine Sünden. Hilf mir zu sehen, was ich gegen dich falsch gemacht habe. Hilf mir, meine Sünden zu sehen, damit ich sie bereuen kann.“ Und dann kannst du den Heiligen Geist wirken lassen, damit er ihnen ihre Sünden offenbart, sodass sie Buße tun können. Ich sage den Leuten auch oft: „Ok, jetzt, wo du das Evangelium gehört hast und dich entschieden hast, Jesus nachzufolgen, gehe zehn Minuten spazieren und sage Gott, dass du deine Sünden bereust. Bitte Gott, dir deine Sünden zu vergeben und sage ihm, dass du ihm nachfolgen willst.“ Dann lass sie einige Zeit allein, um über ihre Sünden zu trauern, darüber nachzudenken, was sie gegen Gott getan haben, und um Buße zu tun. Und wenn sie zurückkommen, taufe sie mit Wasser auf Jesus Christus und bete für sie, dass sie den Heiligen Geist empfangen.

Sei mutig. Nachdem die Leute diese Lektion im **Kickstart-Paket** gesehen haben, frage jeden von ihnen: „Was willst du mit dem tun, was du gehört hast? Willst du Buße tun, dich von deinen Sünden abwenden, dich auf Christus taufen lassen und ihm nachfolgen? Ja oder nein?“ Und dann lass die Leute dir eine Antwort geben. Das ist ganz wichtig. Wenn die Leute sagen, dass sie sich nicht sofort entscheiden können, ist das in Ordnung. Sag ihnen, dass sie dir auch noch am nächsten Tag eine Ja- oder Nein-Antwort geben können. Wenn wir das zu tun, werden sehr viel mehr Menschen zu Christus finden. Warum? Nun, weil viele Menschen das Evangelium hören und denken: „Ja, ich denke, ich möchte Jesus nachfolgen, aber ich werde Gott kommen lassen und mich retten. Ich werde auf ihn warten.“ Aber wenn du sie fragst, was sie mit dem, was sie gehört haben, tun werden, wird es ihnen helfen zu verstehen, dass es jetzt, wo sie die Wahrheit gehört haben, nicht Gottes Verantwortung ist, etwas zu tun, sondern ihre eigene. Es ist nicht Gott, der am Zug ist, sondern sie müssen Buße tun, sich auf Jesus taufen lassen und seinen Heiligen Geist empfangen.

Warum hat Gott den Baum der Erkenntnis von Gut und Böse in den Garten Eden gestellt?

Dies ist eine interessante Frage. Um sie zu beantworten, ist es wichtig, den Garten Eden (am Anfang der Bibel) mit dem Garten zu vergleichen, der in der Offenbarung (am Ende der Bibel) erwähnt wird. Am Anfang von 1. Mose 1 sehen wir, dass es den Baum des Lebens und den Baum der Erkenntnis von Gut und Böse gab. Offenbarung 22 spricht von einem neuen Garten, in dem es keinen Baum der Erkenntnis von Gut und Böse gibt, sondern nur den Baum des Lebens. Warum gab es den Baum der Erkenntnis von Gut und Böse am Anfang, aber nicht am Ende? Nun, das liegt daran, dass Gott möchte, dass wir einen freien Willen haben – er möchte, dass wir frei wählen können. Er will echte Liebe, echte Hingabe und eine echte Beziehung zu uns, aber er hat uns die Wahl gelassen, ob wir ihn annehmen oder verleugnen wollen. In der Bibel sehen wir wiederholt, dass es immer eine Wahl zwischen dem Leben (dem schmalen Weg) und dem Tod (dem breiten Weg) gibt. Gott hat uns diese Wahlmöglichkeiten gegeben, damit wir uns entscheiden können. Wie wirst du dich entscheiden? Wirst du das Leben oder den Tod wählen? Wirst du Sünde oder Rechtschaffenheit wählen? Wirst du dich dafür entscheiden, nach dem Fleisch oder nach dem Geist zu leben? In Galater 5,16 heißt es: *„Ich sage aber: Wandelt im Geist, und ihr werdet die Begierde des Fleisches nicht erfüllen."*

Im Garten Eden gab es also den Baum der Erkenntnis von Gut und Böse und den Baum des Lebens, weil Gott wollte, dass sie die Wahl haben, von welchem Baum sie essen wollten. Aber im neuen Himmel und auf der neuen Erde wird Gott alle seine Menschen versammeln, die sich bereits in diesem Leben für ihn entschieden haben. Ja, er wird alle Menschen sammeln, die bereits das Leben, die Gerechtigkeit und ihn gewählt haben, und er wird uns in den neuen Garten setzen. Und der Baum der Erkenntnis von Gut und Böse wird nicht dort sein, weil die Menschen dort bereits in diesem Leben die Entscheidung getroffen haben, ihn zu wählen.

Der Baum des Lebens ist ein Symbol für Christus, und der Baum der Erkenntnis von Gut und Böse ist ein Symbol für diese Welt und was sie uns zu bieten hat. Wenn du in diesem Leben Christus wählst, dann wirst du den neuen Himmel und die neue Erde betreten.

Wenn ich über meine Frau spreche, weiß ich, dass sie mich liebt. Und warum? Nun, weil sie sich entschieden hat, mit mir zusammen zu sein. Und ich liebe meine Frau und sie weiß das, weil ich mich entschieden habe, mit ihr zusammen zu sein. Wenn sie keine Wahl gehabt hätte und gezwungen worden wäre, mich zu heiraten, wie könnte ich dann sicher sein, dass sie mich liebt? Wie könnte ich sicher sein, wenn sie keinen freien Willen hatte und gezwungen wurde, mit mir zusammen zu sein? Und so ist es auch mit Gott. Er möchte uns einen freien Willen geben und dass wir uns entscheiden, ihn zu lieben und bei ihm zu sein.

Kann man seine Errettung verlieren? Was ist mit einmal gerettet, immer gerettet?

Es gibt eine verbreitete Lehre, die in vielen kirchlichen Kreisen und Konfessionen kursiert. Sie lautet: „Einmal gerettet, immer gerettet." Ein großes Problem bei dieser Ansicht ist die Art und Weise, wie die Menschen die Errettung betrachten. Wir sind nicht schon gerettet, da wir noch nicht im neuen Himmel und auf der neuen Erde stehen und Zugang zum Baum des Lebens haben. Wir sind immer noch hier auf der Erde. Wenn wir in der Bibel über die Errettung lesen, wird sie immer in der Vergangenheit, Gegenwart und Zukunft erwähnt. Ja, wir wurden gerettet aufgrund dessen, was Jesus getan hat, und wir sind noch im Prozess der Rettung, weil Gott in uns wirkt Die Bibel sagt in Matthäus 24,13: *„... wer aber ausharrt bis ans Ende, der wird gerettet werden."* Und Paulus sagt in 1. Korinther 9,24: *„Wisst ihr nicht, dass die, welche in der Rennbahn laufen, zwar alle laufen, aber einer den Preis empfängt? Lauft so, dass ihr ihn erlangt!"* Wir lesen hier also, dass wir das Rennen laufen müssen, um das ewige Leben zu erlangen. Paulus sagt in 1. Korinther 9,27 auch: *„... sondern ich zerschlage meinen Leib und knechte ihn, damit ich nicht, nachdem ich anderen gepredigt habe, selbst verwerflich werde."* Wir müssen also laufen und aufpassen, dass wir nicht disqualifiziert werden, denn wenn jemand disqualifiziert wird, ist er aus dem Rennen. Es ist klar, dass es in diesen Versen um die Errettung geht.

In 1. Korinther 10 lesen wir, dass die Israeliten durch das Blut aus Ägypten gerettet wurden, und dann, dass sie durch die Taufe auf Mose von ihrer Sünde gerettet wurden, und dann, wie sie unter der Wolke leben sollten. Aber viele von ihnen haben das verheißene Land nicht betreten und wurden in der Wüste getötet, wie wir in 1. Korinther 10,1-5 lesen:

> *Denn ich will nicht, dass ihr in Unkenntnis darüber seid, Brüder, dass unsere Väter alle unter der Wolke waren und alle durch das Meer hindurchgegangen sind und alle in der Wolke und im Meer auf Mose getauft wurden und alle dieselbe geistliche Speise aßen und alle denselben geistlichen Trank tranken, denn sie tranken aus einem geistlichen Felsen, der [sie] begleitete. Der Fels aber war der Christus. An den meisten von ihnen aber hatte Gott kein Wohlgefallen, denn sie sind in der Wüste hingestreckt worden.*

Und dann lesen wir in 1. Korinther 10,11, dass alles, was ihnen widerfahren ist, als Mahnung für uns aufgeschrieben wurde, damit wir nicht so handeln sollen.

Wenn wir also die Errettung betrachten, gilt nicht „Einmal gerettet, immer gerettet". Aber wenn wir in Christus bleiben und nicht einer Rebe gleichen, die keine Frucht trägt und von Gott abgeschnitten und weggeworfen wird, sondern wenn wir uns weiterhin von Gott verändern lassen und weiterhin in Christus bleiben, werden wir eines Tages gerettet sein – einmal gerettet, immer gerettet. Aber bis zu diesem Zeitpunkt sind wir es nicht. Manche würden dann Römer 8,35-39 zitieren, wo es heißt:

> *Wer wird uns scheiden von der Liebe Christi? Bedrängnis oder Angst oder Verfolgung oder Hungersnot oder Blöße oder Gefahr oder Schwert? Wie geschrieben steht: „Deinetwegen werden wir getötet den ganzen Tag; wie Schlachtschafe sind wir gerechnet worden." Aber in diesem allen sind wir mehr als Überwinder durch den, der uns geliebt hat. Denn ich bin überzeugt, dass weder Tod noch Leben, weder Engel noch Gewalten, weder Gegenwärtiges noch Zukünftiges, noch Mächte, weder Höhe noch Tiefe, noch*

irgendein anderes Geschöpf uns wird scheiden können von der Liebe Gottes, die in Christus Jesus ist, unserem Herrn.

Wenn du dir diese Liste ansiehst, gibt es eine Sache, die nicht in dieser Liste steht und das bist du selbst. Ja, nichts von außen kann deine Errettung stehlen. Also nein, die Bibel gibt uns nicht ein „einmal gerettet immer gerettet“ auf dieser Seite der Ewigkeit, sondern wenn wir auf der anderen Seite im Neuen Jerusalem sind und vom Baum des Lebens essen, wo es keine Tränen mehr geben wird (vgl. Offb 21,2-4), dann gilt dort: „Einmal gerettet, immer gerettet.“

Die Bibel macht deutlich, dass wir unsere Errettung verlieren können. Aber ich glaube nicht, dass wir sie einfach an einem Tag verlieren können. Jedoch können wir sie verlieren, wenn wir fortwährend in Sünde und Ungehorsam leben.

Und wir können gegen den Heiligen Geist sündigen, wie die Bibel sagt. Was wir in der Bibel sehen, ist, dass alle Sünden, die gegen Jesus begangen werden, Vergebung erfahren, aber in Matthäus 12,30-32 sagte Jesus, dass demjenigen, der gegen den Heiligen Geist sündigt, nicht vergeben wird:

Wer nicht mit mir ist, ist gegen mich, und wer nicht mit mir sammelt, zerstreut. Deshalb sage ich euch: Jede Sünde und Lästerung wird den Menschen vergeben werden; aber die Lästerung des Geistes wird nicht vergeben werden. Und wenn jemand ein Wort reden wird gegen den Sohn des Menschen, dem wird vergeben werden; wenn aber jemand gegen den Heiligen Geist reden wird, dem wird nicht vergeben werden, weder in diesem Zeitalter noch in dem zukünftigen.

Was bedeutet es, gegen den Heiligen Geist zu sündigen? Hebräer 10,26-28 ist sehr beängstigend, aber es ist die Realität. Die Bibel sagt: *„Denn wenn wir mutwillig sündigen, nachdem wir die Erkenntnis der Wahrheit empfangen haben, bleibt kein Schlachtopfer für Sünden mehr übrig, sondern ein furchtbares Erwarten des Gerichts und der Eifer eines Feuers, das die Widersacher verzehren wird. Hat jemand das Gesetz Moses verworfen, stirbt er ohne Barmherzigkeit auf zwei oder drei Zeugen hin.“*

Das ist beängstigend, aber wir müssen verstehen, dass Gott auch im Neuen Testament ein verzehrendes Feuer ist. Diejenigen, die unter Mose gesündigt haben, haben eine Strafe bekommen, aber wir lesen auch, wie viel härter die Strafe sein wird, wenn wir sündigen und den Sohn Gottes mit Füßen treten, wenn wir also mutwillig sündigen, nachdem wir die Erkenntnis der Wahrheit empfangen und die Kraft desjenigen, der kommen wird, erfahren haben, wie die Bibel am Anfang sagt. In Christus gibt es Freiheit. In Christus gibt es Freiheit von Sünde, wenn du vollständig wiedergeboren bist. Wenn du dann, nachdem du freigesetzt wurdest und die Kraft der kommenden Welt erfahren hast, wieder vorsätzlich sündigst oder in Sünde lebst, kannst du nicht nur deine Errettung verlieren, sondern auch an einen Punkt kommen, an dem du keine Errettung mehr finden kannst. Der Gedanke daran ist erschreckend, aber das ist es, was wir predigen müssen, denn das sagt die Bibel. Hebräer 6 sagt das Gleiche über jemanden, der abfällt – es gibt keinen Weg zurück. Die Bibel sagt auch in 2. Petrus 2,21-22, dass derjenige, der davon gekostet hat und abfällt, wie der Hund ist, der zum Erbrochenen zurückkehrt.

Was wir brauchen, ist die Furcht Gottes. Wir müssen die Realität der Welt, in der wir leben, verstehen. Wir in der Gemeinde haben viele Menschen gesehen, die zu Christus kommen, abfallen, zu Christus zurückkommen, in Sünde zurückgehen und wieder zu Christus zurückkehren. Und dann sagen die Leute: Aber wie können wir das erklären, wenn die Bibel hier mit sehr klaren Versen kommt, dass, wenn man weitergeht, es einen Ort geben könnte, wo es keinen Weg zurück gibt. Die Antwort ist, dass viele dieser Menschen, die in der Gemeinde waren und abgefallen sind, nie wirklich die Erkenntnis der Wahrheit, die Kraft der kommenden Welt und die Freiheit von der Sünde erlebt haben. Sie wurden dann von der Sünde überwältigt und verfielen wieder in das alte Leben, weil sie nie die Freiheit erfahren hatten. Können sie zu Christus zurückkommen? Ja, natürlich. Denn sie sind ja noch gar nicht vollständig in ihm gewesen. Aber für diejenigen, die vollständig in ihm sind und die zukünftige Welt und das zukünftige Leben erfahren haben, also für uns, gilt, dass wir nicht einfach in unseren Sünden weitermachen können. Wir dürfen nicht willentlich weiter sündigen. Wir sollen nicht darin leben, weil wir dann nicht nur unsere Errettung verlieren, sondern auch einen Ort erleben, an dem es nicht mehr möglich ist, zu Gott zurückzukommen. Ich habe ein ganzes Buch darüber geschrieben mit dem Titel „The Sound Doctrine“ („Die gesunde Lehre“), in dem ich über die Furcht Gottes spreche und darüber, dass wir die Ernsthaftigkeit der Sünde verstehen müssen und was Jesus getan hat – dass er gekommen ist, um uns zu befreien –, und ich empfehle dieses Buch jedem, der tiefer in dieses Thema einsteigen möchte.

Kann man also seine Errettung verlieren? Nicht in dem Sinne, dass man eines Tages aufwacht und verloren ist, nicht in dem Sinne, dass man eines Tages in Sünde fällt und etwas falsch macht, denn in 1. Johannes 1,9 heißt es: *„Wenn wir unsere Sünden bekennen, ist er treu und gerecht, dass er uns die Sünden vergibt und uns reinigt von jeder Ungerechtigkeit.“* Aber wenn du in deinen Sünden fortfährst, wenn du nicht auf den Geist hörst, der dich lehrt und will, dass du dich von dem Bösen abwendest und nicht zur Sünde zurückkehrst, wenn du also nicht hörst auf den Heiligen Geist und das, was er dich lehrt, dann sündigst du gegen den Geist Christi; und ja, dann kannst du nicht nur deine Errettung verlieren, sondern tatsächlich einen Punkt erreichen, an dem der Geist dir nicht mehr nachgeht und du nicht mehr in der Lage sein wirst, zu Gott zurückzukehren.

Warum wird Jesus als der neue Adam bezeichnet?

Am Anfang schuf Gott den Menschen. Warum? Weil er Gemeinschaft mit ihm haben wollte. Er wollte, dass der Mensch diese Erde in Besitz nimmt, und er wollte unter den Menschen leben. Aber, wie wir gesehen haben, kam die Sünde herein und zerstörte alles. Also schuf Gott bereits im Garten Eden einen Plan, um uns zu retten. Gott sagt in 1. Mose 3,15: *„Und ich werde Feindschaft setzen zwischen dir und der Frau, zwischen deinem Nachwuchs und ihrem Nachwuchs; er wird dir den Kopf zermalmen, und du, du wirst ihm die Ferse zermalmen.“* Dieser „Same“, auf den Gott sich bezieht, ist Jesus. Ja, Gott spricht über den Samen, der von einer Jungfrau geboren und später kommen wird, um sein Volk von seinen Sünden zu retten, und das ist Jesus Christus.

In Römer 5,12 heißt es: *„Darum, wie durch einen Menschen die Sünde in die Welt gekommen ist und durch die Sünde der Tod und so der Tod zu allen Menschen durchgedrungen ist, weil sie alle gesündigt haben ...“* In Johannes 10,10 heißt es: *„Ich bin gekommen, damit sie Leben haben und [es in] Überfluss haben.“* Christus wird also als der zweite Adam bezeichnet, da er kam, um den von Adam und Eva verursachten Sündenfall rückgängig zu machen. In 1. Korinther 15,22 heißt es: *„Denn wie in Adam alle sterben, so werden auch in Christus alle lebendig gemacht werden.“* Alle wurden also durch Adam verdammt, weil wir alle, wie Adam, gesündigt haben. In Johannes 3,17 heißt es: *„ Denn Gott hat seinen Sohn nicht in die Welt gesandt, dass er die Welt richtet, sondern dass die Welt durch ihn gerettet wird.“* Jesus kam also, um wiederherzustellen, was im Garten Eden zerbrochen war. In 1. Korinther 15,45 heißt es: *„So steht auch geschrieben: ‚Der erste Mensch, Adam, wurde zu einer lebendigen Seele‘, der letzte Adam zu einem lebendig machenden Geist.“* Aus diesen Versen können wir also erkennen, dass Jesus als der neue Adam bezeichnet wird.

Gott kennen

LEKTION 5

Willkommen zu **Lektion fünf** dieses **Kickstart-Pakets**. In dieser Lektion geht es darum, was es heißt, Gott zu kennen. Bis jetzt habe ich über Jüngerschaft, das Evangelium und die Wiedergeburt gesprochen. Ich hoffe, dass du, der du dieses Buch liest, zum Glauben an Jesus gekommen bist, Buße getan hast, im Wasser getauft wurdest und den Heiligen Geist empfangen hast. Wenn du das getan hast, herzlichen Glückwunsch! Du bist jetzt wiedergeboren! Du bist eine neue Schöpfung. Dein altes Ich ist verschwunden und etwas Neues hat begonnen. Willkommen zu einem neuen und erstaunlichen Leben mit Gott.

In 2. Korinther 5,17 heißt es: *„Daher, wenn jemand in Christus ist, so ist er eine neue Schöpfung; das Alte ist vergangen, siehe, Neues ist geworden."* Wie wir aus diesem Vers ersehen können, ist bei der Wiedergeburt das Alte vergangen und etwas Neues hat begonnen. Wenn wir hier weiterlesen, können wir sehen, wie Gott uns durch Jesus Christus versöhnt und uns durch ihn den Dienst der Versöhnung gegeben hat. Wir sind nun also dazu berufen, Menschen wieder mit Gott zu versöhnen. Das sehen wir in 2. Korinther 5,20, wo davon die Rede ist, dass wir Botschafter Christi sind: *„So sind wir nun Gesandte an Christi statt, indem Gott gleichsam durch uns ermahnt; wir bitten für Christus: Lasst euch versöhnen mit Gott!"*

Nun, da du ein neues Leben mit Jesus empfangen hast, hast du eine neue Aufgabe. Du bist jetzt hier auf der Erde als Botschafter Christi, um ihn zu repräsentieren und Menschen wieder mit Gott zu versöhnen. Du wirst Zeit brauchen, um zu lernen und als Jünger bzw. Lehrling von Jesus zu wachsen. Ja, wir alle brauchen Zeit, um zu lernen, wie wir Jesus hier auf der Erde repräsentieren können. Wir alle müssen lernen, wie wir so leben, reden, uns vom Heiligen Geist leiten lassen, das Evangelium weitergeben, Kranke heilen und Dämonen austreiben, wie Jesus es getan hat. Wir haben wirklich so viel von ihm zu lernen.

Jüngerschaft ist sehr wichtig, und es ist hilfreich, mit anderen Jüngern Jesu unterwegs zu sein, weil wir voneinander lernen können. Unsere wichtigste Beziehung ist jedoch die zu Gott. Alles, was wir tun, sollte ein Ergebnis unserer Beziehung zu ihm sein. Es ist wichtig, dass wir ihn kennen und lieben und ihm deshalb gehorchen. Ich erinnere mich noch an das erste Mal, als ich Gott erlebte. Alles war so neu für mich. Zu der Zeit wusste ich, dass Gott existiert, aber ich wusste nicht, wer er war. Ich erinnere mich, dass ich in den Himmel schaute und sagte, dass Gott (oder wer auch immer da war) kommen und mich holen solle, in der Erwartung, dass ein UFO kommen und mich hochbeamen würde. Ich kannte Gott wirklich nicht so, wie es heute der Fall ist.

In den letzten 23 Jahren bin ich in meiner Beziehung zu Gott sehr gewachsen, und er lehrt mich immer noch weiter. Ich habe erlebt, wie Gott erstaunliche Dinge durch mich getan hat. Ihm zu dienen, ist faszinierend, und es ist keine Arbeit. Es ist Leben. Es gibt nichts Besseres, als mit Gott zu leben und von ihm gebraucht zu werden. In Epheser 2,8-9 heißt es: *„Denn aus Gnade seid ihr gerettet durch Glauben, und das nicht aus euch, Gottes Gabe ist es; nicht aus Werken, damit niemand sich rühmt.“* Wir sind gerettet durch den Glauben an Jesus

Christus, und das ist ein Geschenk Gottes. Im nächsten Vers heißt es dann: *„Denn wir sind sein Gebilde, in Christus Jesus geschaffen zu guten Werken, die Gott vorher bereitet hat, damit wir in ihnen wandeln sollen."* Wir werden also nicht durch Werke gerettet, sondern wir werden gerettet und bekommen ein großartiges Leben, das mit den guten Werken gefüllt ist, die Gott für uns vorbereitet hat, damit wir sie ausleben. Wie uns 2. Korinther 5,20 sagt, sind wir hier als Botschafter Christi, um die wunderbaren Dinge zu tun und zu erleben, die er für uns geschaffen hat.

Vor vielen Jahren war ich auf der Suche nach Gott und fastete, als ich Gott zu mir sprechen hörte. Ich hörte Gott sagen: „Gehe nach Nakskov!" Nakskov ist eine Stadt in Dänemark, die etwa viereinhalb Stunden von dem Ort entfernt ist, an dem meine Familie und ich damals lebten. Als ich das hörte, fragte ich mich, warum Gott wollte, dass ich dorthin gehe. Ich wusste jedoch, dass er mir gesagt hatte, ich solle dorthin gehen. Deshalb sagte ich zu meiner Frau Lene: „Wir müssen nach Nakskov gehen. Gott hat mir gerade gesagt, dass wir dorthin müssen." Wir fuhren also in diese Stadt, und als wir ankamen, betete ich und sagte zu Gott: „Ok, Gott, ich bin jetzt hier. Ich weiß, dass du willst, dass ich hier bin. Ich habe dich deutlich sagen hören, dass dies der Ort ist, an den ich gehen soll. Aber jetzt, wo ich angekommen bin, was soll ich tun?" Nachdem ich ein paar Tage in der Stadt verbracht hatte, traf ich einen Mann, der ein Problem mit seinem Knie hatte, und er fragte mich, ob ich für ihn beten könnte. Er sagte mir auch, dass er am nächsten Tag an seinem Knie operiert werden müsse. Also betete ich für ihn, und Gott heilte sein Knie vollständig. Er ging die Treppe hoch und runter, um sein Knie zu testen, und er hatte keine Probleme mehr damit. Er war so dankbar und sagte mir, dass er seine Operation, die für den nächsten Tag geplant war, absagen würde. Dann sah er mich an und sagte etwas, das mein Leben veränderte. Er fragte mich: „Torben, wann hat Gott zu dir gesprochen, dass du nach Nakskov kommen sollst?" Ich schaute ihn verwirrt an und fragte: „Was?" Er fragte mich noch einmal, und ich antwortete: „Ähm, am Donnerstag um drei Uhr, während ich betete. Warum fragst du?" Dann erzählte er, er habe am Montag von mir gehört und habe von Montag bis Mittwoch gebetet, dass Gott mich in seine Stadt schicken würde, damit ich für seine Heilung beten könnte. Als ich das hörte, war ich schockiert.

Es war ein unglaublicher Gedanke, dass ich einen Mann auf der anderen Seite von Dänemark traf, der drei Tage lang dafür gebetet hatte, dass ich in seine Stadt komme, damit ich für seine Heilung beten könne. Es war ebenso unglaublich, dass Gott mir am Donnerstag sagte, ich solle nach Nakskov fahren, und dass ich dann diesen Mann am Sonntag traf, am Tag vor seiner Operation. Als ich das erlebte, wurde ich so aufgeregt, weil ich wusste, dass ich in etwas hineinging, das Gott für mich vorbereitet hatte. Ich erkannte, dass Gott dieses Treffen organisiert hatte, bevor ich überhaupt erschaffen wurde, und dass er geplant hatte, mich zu benutzen, um diesen Mann zu heilen. Ich erkannte, dass ich hier auf der Erde war, um ihn als den Leib Christi zu repräsentieren und von seinem Heiligen Geist geleitet zu werden. Als ich das erlebte, wusste ich, dass ich mehr wollte. Von da an wuchs ich weiter mit Gott, hörte auf seine Stimme und erlebte mehr und mehr erstaunliche Dinge. Dieses Leben ist auch für dich. Bist du bereit, Jesus als sein Jünger zu folgen? Bist du bereit, ihn auf der Erde zu repräsentieren, seiner Stimme zu folgen und das auszuleben, was er für dich vorbereitet hat?

Um zu verstehen, wie wir Gott erkennen und auf seine Stimme hören können, müssen wir uns die Bibel ansehen. Oftmals spricht Gott zu uns durch sein Wort (die Bibel). Die Bibel ist nicht wie jedes andere Buch. Sie ist ein lebensveränderndes Buch, voller Wahrheit. Wenn wir wiedergeboren werden und den Heiligen Geist empfangen, hilft uns der Heilige Geist, die Bibel zu verstehen. Der Heilige Geist ist unser Helfer, und er lehrt uns die Wahrheit, die uns frei macht. In Johannes 14,26 sagt Jesus: *„Der Beistand aber, der Heilige Geist, den der Vater senden wird in meinem Namen, der wird euch alles lehren und euch an alles erinnern, was ich euch gesagt habe."*

Gott spricht oft durch sein Wort zu uns. In Lukas 24 lesen wir, wie Jesus, nachdem er auferstanden war, zwei seiner Jünger auf dem Weg zu einem kleinen Dorf namens Emmaus traf. Er näherte sich den Jüngern und begann, mit ihnen zu gehen und zu reden, aber er hielt seine Identität vor ihnen geheim. Wir lesen, wie sie, während sie auf dem Weg nach Emmaus waren und sich unterhielten, über das sprachen, was in Jerusalem geschehen war, über Jesus und wie er gestorben war, und über das leere Grab. Jesus, der seine Identität immer noch verbarg, folgte ihnen in ihr Haus und brach das Brot mit diesen Jüngern. Plötzlich erkannten sie, dass es Jesus war. Daraufhin verschwand er. In Lukas 24,32 fragten sich die Jünger: *„Brannte nicht unser Herz in uns, wie er auf dem Weg zu uns redete und wie er uns die Schriften öffnete?“* Dieses „Brennen“, von dem die Jünger hier sprachen, ist etwas, das du heute in deinem Herzen erleben kannst, wenn du mit Jesus lebst. Du kannst erleben, wie der Heilige Geist dir die Schrift offenbart und das Wort Gottes für dich so real wird, dass du spürst, wie es in deinem Herzen brennt, genau wie es bei den Jüngern der Fall war.

Ich habe schon viele Male ein Brennen in mir erlebt, während ich die Bibel las. Das Wort Gottes wird in mir lebendig, und ich kann es in meinem Herzen spüren. Wenn du den Heiligen Geist nicht hast, wirst du das nicht erleben. Ohne den Geist Gottes wird die Bibel wie jedes andere Buch sein – kraftlos. Mit dem Heiligen Geist wird Gott durch sein Wort zu dir sprechen, und es wird kraftvoll sein. Gott kann auch durch Visionen, Träume und eine leise Stimme in uns direkt zu uns sprechen.

Wir sind berufen, mit Gott zu gehen. Um zu gehen, brauchen wir unsere beiden Beine. Geistlich gesprochen ist das erste Bein das Wort Gottes (die Bibel), und das zweite Bein ist der Heilige Geist. In Römer 12,1-2 heißt es:

> *Ich ermahne euch nun, Brüder, durch die Erbarmungen Gottes, eure Leiber darzustellen als ein lebendiges, heiliges, Gott wohlgefälliges Opfer, was euer vernünftiger Gottesdienst ist. Und seid nicht gleichförmig dieser Welt, sondern werdet verwandelt durch die Erneuerung des Sinnes, dass ihr prüft, was der Wille Gottes ist: das Gute und Wohlgefällige und Vollkommene.*

Anhand dieses Verses sehen wir, dass wir unseren Verstand durch das Wort Gottes erneuern und es benutzen können, um Gottes Willen für unser Leben zu erkennen. Es ist wichtig, das Wort Gottes zu benutzen, um Dinge zu prüfen, um zu sehen, ob das, was wir gehört haben, von Gott ist oder nicht.

Nachdem Jesus getauft worden war, ging er vierzig Tage und vierzig Nächte lang in die Wüste und wurde am Ende vom Satan in Versuchung geführt. Dort in der Wüste benutzte Satan aus dem Zusammenhang gerissene Bibelverse, um zu versuchen, Jesus zur Sünde zu verleiten. Doch Jesus kannte das Wort besser als Satan und antwortete ihm mit dem Wort Gottes. Schließlich verließ ihn Satan. Auch heute noch versucht Satan, Jünger Jesu auszutricksen, indem er aus dem Zusammenhang gerissene Bibelverse verwendet. Als Jünger werden auch wir Angriffe erleben wie Jesus in der Wüste. Satan wird versuchen, uns zu täuschen. Er kann uns angreifen, indem er direkt zu uns spricht und das Wort Gottes aus dem Zusammenhang reißt, oder indem er die Worte anderer Menschen benutzt.

Ich möchte gerne ein Zeugnis darüber geben, wie stark und real Angriffe von Satan sein können. Zuerst möchte ich von einem der ersten Male erzählen, als ich wirklich erlebte, von Gott zu hören. Das war, als ich meine Frau zum ersten Mal traf. Zu dieser Zeit war ich erst seit ein paar Monaten Christ. Ich besuchte ein großes christliches Konzert, als ich plötzlich Gott sagen hörte: „Torben, das Mädchen, das hinter dir steht, wird deine Frau werden.“ Sofort wusste ich, dass es Gott war, der gerade zu mir gesprochen hatte. Ich war so aufgeregt und dachte: *Wow, meine Frau steht hinter mir!* Ich drehte mich um und sah sie schnell an und dachte: *Wow, das ist meine Frau!* Obwohl etwa 500 Menschen in dem Konzert waren, wusste ich, als ich mich umdrehte und die junge Frau etwas weiter hinten im Gang stehen sah, dass Gott von ihr gesprochen hatte. Ich lächelte sie an, aber ich musste nach dem Konzert schnell nach Hause und hatte keine Gelegenheit, mit ihr zu sprechen. Auf meinem Heimweg sagte ich zu meinem Freund Michael: „Ich habe gerade meine Frau gesehen! Ich weiß nicht, wie sie heißt, wie alt sie ist oder woher sie kommt, aber Gott hat mir gesagt, dass sie meine Frau sein wird." Ich dankte Gott für die junge Frau, die meine Frau werden sollte, und ich dankte ihm, weil ich wusste, dass er uns zusammenbringen würde. Drei Monate später brachte Gott uns zusammen. Heute, zum Zeitpunkt, an dem ich diese Zeilen schreibe, sind wir seit 24 Jahren verheiratet und haben drei Kinder und zwei Enkelkinder. Es ist wirklich eine ganz erstaunliche Geschichte.

Einige Jahre später erlebte ich etwas, das für Menschen, die die geistliche Welt nicht kennen, seltsam klingen mag. Ich erlebte plötzlich einen geistlichen Angriff. Ich hörte eine Stimme, die sagte: „Verlass deine Frau, verlass deine Kinder und geh hinaus in die Welt." Ich war schockiert, als ich das hörte. Und wieder hörte ich: „Verlasse deine Frau, verlasse deine Kinder und geh hinaus in die Welt." Die Stimme war sehr real, aber weil ich die Heilige Schrift kannte und das Wort Gottes in mir hatte, wusste ich, dass diese Stimme nicht von Gott war. Also ging ich spazieren und betete: „Geh weg, im Namen von Jesus! Satan, ich befehle dir, mich in Ruhe zu lassen, im Namen Jesu! Ich werde meine Frau nicht verlassen, ich werde meine Kinder nicht verlassen, und ich werde nicht in die Welt hinausgehen! Ich liebe dich, Jesus, ich liebe meine Frau, und ich liebe meine Kinder." Während ich betete, kämpfte ich und stand fest auf dem Wort Gottes. Aber diese Stimme blieb drei Tage lang in meinem Kopf. Nach drei Tagen war sie plötzlich weg. Ich war verwirrt und dachte: „Was ist gerade passiert?" Später zeigte mir Gott, dass ich unter einem starken geistlichen Angriff des Feindes gestanden hatte. Nach diesem Angriff erlebte ich einen noch größeren Durchbruch in meinem Leben.

Gott kann zu uns sprechen, und unser Feind kann es auch. Deshalb ist es so wichtig, alles, was wir hören, anhand des Wortes Gottes zu prüfen. Wir müssen das Wort Gottes in uns haben, damit wir unterscheiden können, ob es unsere eigenen Gedanken sind, eine Lüge von Satan oder die Wahrheit von Gott. Wir müssen das Wort Gottes vom Anfang bis zum Ende lesen, Kapitel für Kapitel. Wir müssen über die Verse meditieren und darüber nachdenken. Wenn das Wort Gottes in uns ist, wird es viel leichter sein, Gottes Willen zu kennen, seine Stimme zu erkennen, Sünde zu überwinden und vieles mehr. Wir müssen Zeit mit Gott verbringen. Es braucht Zeit, um Gottes Stimme wirklich kennenzulernen.

Seit ich seit vielen Jahren mit Gott unterwegs bin, ist es für mich viel leichter geworden, seine Stimme zu erkennen. Als ich jedoch jung im Glauben war, war es sehr schwer für mich, von Gott zu hören. Ich erinnere mich, dass ich sehr frustriert war, weil ich dachte, dass Gott zu jedem Christen außer mir spricht. Einmal ging ich im Wald spazieren und begann zu beten. Ich war ganz frustriert und sagte: „Gott, warum sprichst du nicht zu mir? Ich habe in deinem Wort gelesen, dass deine Schafe deine Stimme hören und dass du zu denen sprichst, die zu dir gehören. Warum sprichst du also nicht zu mir? Was ist los mit mir? Warum kann ich deine Stimme nicht hören?“ Als ich weiterlief und betete, sah ich einige Leute, die im Wald arbeiteten. Ich ignorierte sie und fuhr fort zu beten. Plötzlich hatte ich den Gedanken: „Geh und sprich mit ihnen über Gott.“ Ich nahm an, dass es nur meine eigenen Gedanken waren, also ignorierte ich sie und ging weiter und sagte: „Gott, warum sprichst du nicht zu mir?“ Und wieder hörte ich: „Geh und sprich mit ihnen über Gott.“ Aber wieder glaubte ich, dass ich meine eigene Stimme hörte, also ignorierte ich sie weiter. Als ich dann wieder anfing zu beten und Gott noch einmal fragte, warum er nicht zu mir sprach, kam mir erneut der Gedanke, zu den Menschen zu gehen und mit ihnen über Gott zu sprechen. Warum dachte ich weiterhin, es seien nur meine Gedanken und nicht Gott, der zu mir sprach? Nun, weil ich keine laute Stimme hörte. Ich empfing nur einen kleinen Gedanken. Deshalb betete ich weiter, aber der Gedanke blieb in meinem Kopf. Ich hörte dann auf zu beten und fragte: „Gott, bist du das? Oder sind es nur meine eigenen Gedanken?“

Ich beschloss, dass der einzige Weg, um zu wissen, ob es Gott war oder nicht, darin bestand, es auszuprobieren. Ich machte kehrt und ging zurück zu den Waldarbeitern. Ich weiß noch, dass ich sehr nervös war. Ich ging auf sie zu und fragte zaghaft: „Entschuldigen Sie, haben Sie fünf Minuten Zeit?“ Dann fing ich schnell an, ihnen zu erzählen, wie ich Gott begegnet bin, und bedankte mich anschließend bei ihnen, verabschiedete mich und ging.

Als ich wegging, dachte ich, dass ich wohl nicht richtig von Gott gehört hatte, weil nichts Besonderes geschah, als ich ihnen von ihm erzählte. Doch eine Woche später kam eine Frau auf mich zu und sagte: „Hallo Torben.“ Dann nahm sie meine Hand und bedankte sich überschwänglich bei mir. Ich war verwirrt und fragte sie, warum sie sich bei mir bedankte. Sie begann mir zu erzählen, sie sei sehr dankbar, weil ihr Bruder von Christus abgefallen sei und sie und ihre Familie für ihn gebetet hätten. Sie erzählte mir, dass er letzte Woche bei der Arbeit im Wald war und ich ihn angesprochen und direkt in sein Leben gesprochen hatte, und dass er nun zu Gott zurückgekehrt sei. Als ich das hörte, änderte sich alles. Als sie dastand, mir dankte und mir diese Geschichte erzählte, verstand ich, dass es Gott war, der zu mir gesprochen hatte, dass also der Gedanke, den ich beim Beten im Wald empfangen hatte, nicht mein eigener Gedanke war. Es war Gott gewesen, der zu mir gesprochen und mich durch seinen Heiligen Geist geleitet hatte. Ich erkannte dann, dass ich dort in diesem Wald gewesen war, um ihn auf der Erde zu repräsentieren, und dass ich das getan hatte, was Gott für mich vorbereitet hatte. Ich war so erstaunt, dass die Stimme Gottes nur ein kleiner Gedanke in meinem Kopf war und nicht eine laute Stimme, die sagte: „Hier spricht Gott!“

Ich begann zu erkennen, dass, wenn Gott durch kleine Gedanken zu mir spricht, er vielleicht schon viele Male zu mir gesprochen hatte, aber ich hatte nicht zugehört, weil ich eine laute Stimme erwartet hatte. Von diesem Moment an versuchte ich, mehr darauf zu achten, und wann immer ich einen Gedanken in meinem Kopf hatte wie: *Geh und sag etwas zu dieser Person, geh und bete für das Knie dieser Person, schicke dieser Person Blumen oder rufe diese Person an und sage ihr, was ich dir gesagt habe,* tat ich es. Und wenn ich Leute ansprach und sagte: „Entschuldigen Sie, haben Sie Schmerzen in der Schulter?“

und es war so, waren sie schockiert. Ich konnte ihnen sagen, dass Gott es mir gesagt hatte, und dann habe ich für sie gebetet. Wenn ich fragte, ob jemand Schmerzen in einem bestimmten Körperteil hatte und mich irrte, erkannte ich, dass es nur mein eigener Gedanke war. Dadurch, dass ich dies immer wieder tat, wurde es für mich immer einfacher zu erkennen, wann ich meinen eigenen Gedanken hörte und wann ich von Gott hörte.

Stell dir vor, dein Telefon klingelt und du erkennst die Nummer nicht. Du nimmst ab und sagst: „Hallo?“ Wenn jemand, den du sehr gut kennst, dich anruft, kann er einfach sagen: „Hey, ich bin's“, und du erkennst sofort, wer anruft. Wenn mich jemand gut kennt, brauche ich nicht zu sagen: „Hallo, hier ist Torben Søndergaard von The Last Reformation.“ Warum? Nun, weil du jemandes Stimme sofort erkennen wirst, wenn du viel Zeit mit ihm verbracht hast. So muss es auch mit Gott sein. Wir müssen Zeit mit ihm verbringen und auf ihn hören. Mit der Zeit fällt es uns leichter zu erkennen, wann Gott zu uns spricht, wann Satan zu uns spricht, oder wann es unsere eigenen Gedanken sind. Ich möchte dich wirklich ermutigen, Zeit mit Gott zu verbringen und zu versuchen, ihm zuzuhören.

Das Gebet ist nicht das, was viele Menschen darüber denken. Viele denken, sie müssten jeden Tag zu einer bestimmten Zeit beten, oder wenn sie sich abends zum Einschlafen hinlegen. Das Gebet ist jedoch das Leben. Im Gebet teilen wir alles mit Gott. Das kann geschehen, wenn wir unterwegs sind, wenn wir spazieren gehen oder wenn wir allein sind und an unserem Bett niederknien. Gott möchte eine Beziehung zu uns haben, und das Gebet ist nicht an Ort und Zeit gebunden. Wenn du betest, sage Gott alles und verbringe dann einige Zeit damit, einfach auf seine Stimme zu hören. Gott möchte Teil deines täglichen Lebens sein, und wenn du wiedergeboren bist, gehörst du zu ihm. Geh nicht einfach los und suche dir einen neuen Job, kaufe ein Haus oder heirate jemanden, ohne Gott zu suchen und zu fragen, was sein Wille ist. Gott kann dich führen, wenn du ihn suchst. Er kann dir sagen, für welchen Job du dich bewerben sollst, welches Haus du kaufen und wen du heiraten sollst. Er möchte dich führen.

Ich möchte dir eine Geschichte darüber erzählen, wie Gott zu uns sprechen und uns führen kann. Vor ungefähr drei Jahren musste ich mir ein neues Auto kaufen. Ich hatte nicht viel Zeit, um nach einem Auto zu suchen, musste aber an diesem Tag eines kaufen. Ich begann im Internet zu suchen, fühlte mich aber schnell überfordert. Ich wusste nicht einmal, wo ich anfangen sollte. Während ich suchte, war ich verwirrt und unsicher, welches Auto ich kaufen sollte. Ich ging in ein Autohaus und sah einen wunderschönen, weißen Peugeot. Als ich davorstand, dachte ich mir: Wow, das ist ein wirklich schönes Auto! Mir gefällt dieses Auto. Aber gleichzeitig war ich mir nicht sicher, ob es das Auto war, das Gott wollte, dass ich es kaufe. Ich wollte wirklich das Auto kaufen, das Gott mir schenken wollte. Überwältigt ging ich nach Hause und begann zu beten. Ich sagte zu Gott: „Ich muss heute ein Auto kaufen. Welches Auto soll ich kaufen?" Plötzlich kam mir ein Gedanke. Er war sehr klar, aber gleichzeitig auch sehr verwirrend. Ich hörte: „Geh zur Hochzeit!" Ich war überrascht und sagte: „Was?" Ich hörte wieder: „Geh zur Hochzeit!"

In meiner Stadt heiratete an diesem Tag ein Paar, aber ich beschloss, den Gedanken zu ignorieren und nicht hinzugehen, weil ich sie nicht gut kannte und ich an diesem Tag ein Auto kaufen musste. Also betete ich weiter und fragte: „Gott, welches Auto soll ich kaufen?" Wieder hörte ich: „Geh zu der Hochzeit!" Ich ignorierte den Gedanken und sagte: „Gott, ich muss heute wirklich ein Auto finden. Ich habe keine Zeit, zu einer Hochzeit zu fahren." Aber der Gedanke blieb in meinem Kopf, und obwohl ich dachte, es sei eine schlechte Idee, wusste ich, wenn es Gott war, der zu mir sprach, dann musste ich es tun. Also sagte ich zu meiner Frau Lene: „Ich weiß, dass heute Nachmittag Gäste kommen, und ich muss heute ein Auto finden, und ich weiß, es scheint eine schlechte Idee zu sein, aber ich muss zu der Hochzeit gehen. Ich glaube wirklich, dass Gott mir sagt, dass ich zu der Hochzeit gehen soll." Also zog ich mich schön an und fuhr zur Hochzeit. Auf der Fahrt dorthin fragte ich Gott: „Bist du das wirklich? Ich habe heute keine Zeit, zu einer Hochzeit zu gehen."

Als ich bei der Hochzeit ankam, fühlte ich mich fehl am Platz und verlegen, weil ich das Hochzeitspaar kaum kannte. Als ich hineinging, begrüßte mich ein Mann und sagte: „Ah, Torben! Herzlich willkommen. Ich bin überrascht, dass du hier bist." *Ja, ich bin auch überrascht, hier zu sein*, dachte ich bei mir. Ich befürchtete, dass mich alle ansehen und denken würden, *was macht Torben bloß hier*? Die Zeremonie begann, und alle standen und beteten Gott an. Als ich dort stand, betete ich: „Gott, was mache ich hier? Ich brauche heute ein Auto. Welches Auto soll ich nehmen?“ Das Paar heiratete, und es war eine wunderschöne Hochzeit. Nach der Zeremonie setzte ich mich an einen Tisch und aß etwas Kuchen und trank Kaffee, als plötzlich ein älterer Mann sich neben mich setzte. Wir fingen an, über Gott und den Heiligen Geist zu sprechen, und während wir uns unterhielten, kam jemand und sagte zu ihm: „Bist du bereit, in fünf Minuten zu gehen?“ Er antwortete: „Ich bin bereit zu gehen, wann immer ihr wollt, dass ich gehe.“ Er erzählte, er sei der Chauffeur des Hochzeitspaares und werde das Paar hinausfahren, um einige Hochzeitsfotos zu machen. Da ich weiß, dass es in Dänemark Tradition ist, dass das Hochzeitspaar jemanden, der ein schönes Auto hat, bittet, ihr Chauffeur zu sein, sagte ich: „Sie müssen ein schönes Auto haben, weil das Paar Sie gebeten hat.“ Er sah mich an und sagte: „Ja, junger Mann.“ Dann zeigte er mit dem Finger auf mich und sagte: „Wenn Sie jemals ein neues Auto brauchen, müssen Sie einen Toyota Avensis kaufen.“ Überrascht erwiderte ich: „Eigentlich muss ich heute ein neues Auto kaufen. Können wir rausgehen und uns Ihr Auto ansehen?“ Er stimmte freudig zu, und gemeinsam gingen wir hinaus, um sein Auto anzuschauen. Es war ein sehr schönes Auto, frisch gewaschen und mit Blumen für die Hochzeit geschmückt. Als ich dastand und das Auto betrachtete, dachte ich: „Hmm … ein Toyota Avensis. Das ist ein schönes Auto.“ Aber dann erinnerte ich mich an den schönen weißen Peugeot und dachte mir: „Aber ich mag den Peugeot mehr.“ Dann legte der Mann seine Hand auf meine Schulter und sagte: „Junger Mann, das ist das beste Auto, das ich je hatte. Es war nicht wie der Peugeot, den ich vorher hatte. Der ist immer kaputt gegangen. Kaufen Sie niemals einen Peugeot. Sie müssen einen Toyota Avensis kaufen.“ Geschockt von seiner Aussage dachte ich: *Gott, sprichst du wirklich zu mir?* Noch einmal legte der Mann seine Hand auf meine Schulter und sagte: „Also, junger Mann, hören Sie einfach auf den Heiligen Geist, Sie müssen einen Toyota Avensis kaufen.“

An diesem Tag kauften wir einen Toyota Avensis, und ich wusste, es war Gottes Wille. Es war so gewaltig zu wissen, dass Gott mich zu dieser Hochzeit führte, wo ich den Mann traf, durch den er dreimal zu mir sprach. Und selbst wenn irgendwelche Probleme mit dem Toyota Avensis auftauchten, wusste ich, dass Gott die Sache im Griff hatte. Und warum? Weil es seine Idee war. Er hat das Auto für mich ausgesucht. Falls du einen Peugeot hast, ist das natürlich auch ein gutes Auto. Aber Gott sprach sehr deutlich, und ich wollte gehorchen. Gott möchte uns führen, er möchte zu dir sprechen, und er möchte Teil deines Lebens sein.

Der letzte Punkt, über den ich in dieser Lektion sprechen möchte, ist Gemeinschaft. Gemeinschaft mit anderen zu haben, ist wichtig. Wir lernen, mit Gott zu leben, indem wir Zeit mit anderen verbringen, die auf ihrem Weg mit Gott weiter sind als wir. Es ist wichtig, andere Menschen um sich zu haben, die dir helfen, im Glauben zu wachsen und zu lernen, das Leben zu führen, das Gott für dich hat. Die Bibel sagt, dass wir alle in einen Leib getauft sind. Das sehen wir in 1. Korinther 12,13, wo es heißt: *„Denn in einem Geist sind wir alle zu einem Leib getauft worden, es seien Juden oder Griechen, es seien Sklaven oder Freie, und sind alle mit einem Geist getränkt worden.“* Wir bilden also alle einen Leib und sind alle eine Familie. Wenn du dich taufen lässt, dann nicht in eine kirchliche Organisation oder in eine Bewegung hinein. Es ist in eine Familie von Brüdern und Schwestern in Christus. Die physische Familie umfasst Eltern, Kinder und Babys, und so ist es auch im Reich Gottes. In einer Gemeinschaft von Gläubigen gibt es Babys, die Menschen repräsentieren, die ganz neu in ihrem Glauben sind. Es gibt Kinder, die Menschen repräsentieren, die in ihrem Glauben schon etwas stärker sind und gelernt haben, mit Jesus zu gehen. Und schließlich gibt es die Eltern, die Menschen repräsentieren, die reif sind und die Jüngeren geistlich unterstützen können. Davon ist in 1. Johannes 2,12-13 die Rede: *„Ich schreibe euch, Kinder, weil euch die Sünden vergeben sind um seines Namens willen. Ich schreibe euch, Väter, weil ihr den erkannt habt, [der] von*

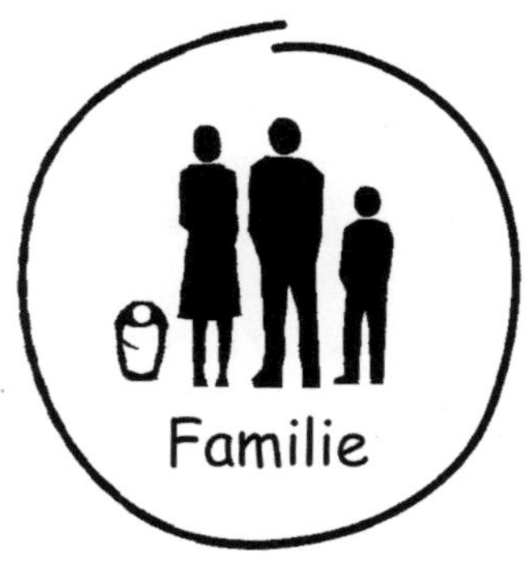

Anfang an [ist]. Ich schreibe euch, ihr jungen Männer, weil ihr den Bösen überwunden habt." Hier können wir sehen, dass Johannes an kleine Kinder, junge Männer und Väter schreibt (auch als Babys, Kinder und Eltern bezeichnet).

Wenn du wiedergeboren wirst, bist du wie ein Baby in deinem Glauben, und Babys brauchen Milch, um zu wachsen. Wenn du aber jungen Männern Milch gibst, werden sie nicht wachsen, weil sie feste Nahrung brauchen. So ist es auch in der Kirche. Wir alle fangen als Babys an und sind auf andere Menschen um uns herum angewiesen, die uns helfen und uns die Wahrheit lehren. Dann werden wir erwachsen und lernen, uns selbst zu ernähren. An diesem Punkt brauchen wir nicht mehr viel Lehre von anderen Menschen, da wir die Bibel lesen und sie selbst verstehen können. Während wir immer stärker werden, werden wir zu geistlichen Eltern, die der nächsten Generation von Jüngern helfen zu wachsen und zu reifen. Wir brauchen uns gegenseitig, um zu wachsen, und das braucht Zeit.

Als wiedergeborene Gläubige haben wir einen Dienst, um Menschen mit Gott zu versöhnen. Wir sind hier auf der Erde an Christi Stelle als Botschafter eingesetzt, um ihn und sein Reich zu repräsentieren. Um das zu tun, müssen wir lernen, mit Gott zu leben. Wir müssen die Bibel lesen und über das Wort nachsinnen, damit wir wissen, was das Wort sagt. Wir müssen lernen, auf Gottes Wort zu hören, und wir brauchen auch Menschen um uns herum, die uns helfen können, besonders am Anfang. Ich hoffe, diese Lektion hat in dir eine Sehnsucht geweckt, dieses erstaunliche Leben mit Gott zu erleben.

Fragen und Antworten zu Lektion 5

Wie man die Bibel liest

Es ist sehr wichtig, dass wir verstehen, wie man die Bibel richtig liest. Der ursprüngliche Text in der Bibel war ohne Kapitel und Verse. Die Bücher und Briefe wurden als Ganzes geschrieben und waren nicht dafür gedacht, aufgeteilt zu werden. Es ist wichtig, dass wir, wenn wir ein Thema in der Bibel studieren wollen, die ganze Bibel lesen und nicht nur bestimmte Verse. Warum? Weil wir heute ein Buch kaufen können, das zum Beispiel über die Liebe Gottes geschrieben ist. In solchen Büchern werden wir Bibelverse finden, die über die Liebe Gottes sprechen, und daran ist nichts falsch. Wir können auch ein Buch über die Gottesfurcht kaufen und in diesem Buch Bibelverse finden, die beschreiben, wie wir Gott fürchten und respektieren sollen. Auch daran ist nichts Falsches. Wenn du jedoch die ganze Bibel liest, weißt du, dass du die ganze Wahrheit erhalten hast und nicht nur Halbwahrheiten, was manchmal passieren kann, wenn wir Bücher über die Bibel lesen.

Leider lesen heute viele Menschen lieber Bücher über die Bibel als die Bibel selbst. Aus diesem Grund denken Menschen, die Bücher über Gottes Liebe lesen, nur, dass Gott ein liebender Gott ist, während Menschen, die Bücher über Gottes Zorn lesen, nur denken, Gott sei ein Gott des Zorns. Das kann auch passieren, wenn wir Lehren nur über bestimmte Themen hören. Deshalb ermutige ich dich, die Bibel Buch für Buch und Buchstabe für Buchstabe zu lesen, damit du die ganze Schrift im Zusammenhang verstehen kannst.

Es ist auch gut, über verschiedene Verse der Bibel nachzusinnen, von denen du glaubst, dass Gott sie benutzen möchte, um zu dir zu sprechen. Wir müssen verstehen, dass der Glaube durch das Hören des Wortes Gottes kommt. Das sehen wir in Römer 10,17, wo es heißt: *„So kommt also der Glaube durch das Hören, und das Hören durch das Wort Gottes."* Auf der anderen Seite kommen Angst und

Zweifel durch das Hören von Dingen wie den Nachrichten. Womit du dich füllst, wird bestimmen, ob du ein Mensch bist, der im Glauben oder in Angst und Zweifel wandelt.

Wenn du, zum Beispiel, einen Angriff in deinem Leben erlebst und fühlst, dass Angst und Zweifel in deine Gedanken eindringen, nimm das Wort Gottes und kämpfe. Wenn du Angst spürst, zitiere das Wort Gottes und sage zum Beispiel, wie es in Matthäus 6,26 steht: *„Seht hin auf die Vögel des Himmels, dass sie weder säen noch ernten noch in Scheunen sammeln, und euer himmlischer Vater ernährt sie [doch].“* Oder wie es in Matthäus 6,30 heißt: *„Wenn aber Gott das Gras des Feldes, das heute steht und morgen in den Ofen geworfen wird, so kleidet, [wird er das] nicht viel mehr euch [tun], ihr Kleingläubigen?“* Gott kümmert sich um die Vögel und Blumen, damit wir wissen, dass er sich auch um uns kümmern wird. Du kannst auch 1. Johannes 4,18 aussprechen: *„Furcht ist nicht in der Liebe, sondern die vollkommene Liebe treibt die Furcht aus, denn die Furcht hat [es mit] Strafe [zu tun]. Wer sich aber fürchtet, ist nicht vollendet in der Liebe.“* Nimm das Wort Gottes, sinne darüber nach, sprich es aus und glaube es. Dann wirst du erleben, wie sich der Glaube in dir aufbaut, und plötzlich werden die Angst und der Zweifel verschwinden.

Es gab viele Zeiten in meinem Leben, in denen Angst und Zweifel in meinen Verstand kamen und mir das Wort Gottes half. Zum Beispiel ging ich einmal in die Stadt, um nach Menschen zu suchen, für die ich beten sollte. Während ich dort war, betete ich für einen jungen Mann mit Krücken, und er wurde völlig geheilt. Als er wegging, beobachtete ich ihn, wie er seine Krücken über der Schulter trug. Als ich mich umdrehte, um selbst weiterzugehen, spürte ich plötzlich, dass mich Angst und Zweifel überwältigten, und hörte: „Gott heilt heute nicht.“ Als ich das hörte, war ich schockiert und drehte mich wieder um, um den jungen Mann zu sehen, der seine Krücken über der Schulter trug. Und dann hörte ich wieder: „Gott heilt heute nicht.“ Ich hörte diesen Gedanken immer wieder, aber ich verstand nicht, warum, denn ich wusste, dass dieser Mann geheilt war. Trotzdem hielten sich Angst und Zweifel weiterhin in meinem Kopf. Also nahm ich das Wort Gottes und sagte: „Nein! Jesus hat gesagt, wir sollen hinausgehen und den Kranken die Hände auflegen, und sie werden gesund. Durch seine Wunden sind wir geheilt. Jesus hat uns in Lukas 10,9 befohlen, hinauszugehen und das Evangelium zu verkünden und die Kranken zu heilen." Als ich anfing, Bibelverse zu zitieren, verließen mich plötzlich alle Ängste und Zweifel, und Frieden und Glaube kamen über mich.

Es ist gut zu verstehen, dass der Glaube durch das Hören des Wortes Gottes kommt. Er kommt nicht durch das, was wir sehen oder erleben. Was wir sehen und erleben, kann helfen, Mut in uns zu schaffen, aber es schafft keinen Glauben. Wenn ich das Wort Gottes nicht in mir gehabt hätte und mir nicht die Zeit genommen hätte, über die Verse zu meditieren und sie auszusprechen, hätte ich keine Waffe gehabt, die ich hätte benutzen können, um standhaft zu bleiben, als die Angst und der Zweifel kamen.

Ich möchte dir noch sagen, dass ich kein guter Leser bin und auch nie war, aber zum Glück leben wir in einer Zeit, in der es so viele Möglichkeiten gibt, das Wort Gottes zu empfangen. Wenn du also nicht gerne liest, kannst du dir auch die Audiobibel auf dein Handy laden und sie dir anhören. Ich ermutige dich, einen Weg zu finden, das Wort Gottes täglich zu hören oder zu lesen. Das Wort Gottes ist unser tägliches Brot, und das ist es, was unser Geist zum Überleben braucht.

Also, lies das Wort laut, meditiere über die Verse, sprich sie aus, schreibe sie auf ein Blatt Papier und höre sie während deines Tages. Es gibt so viele Möglichkeiten, das Wort Gottes in uns hineinzubekommen. Es ist wichtig für deine Errettung und dafür, dass du deinen Lauf beendest. Es ist auch wichtig für dich, stark im Wort Gottes zu sein, damit du anderen Gläubigen um dich herum helfen kannst.

Kann jeder von Gott hören?

Wenn du wiedergeboren bist, kannst du von Gott hören. Jesus sagt in Johannes 10,3: *„Diesem öffnet der Türhüter, und die Schafe hören seine Stimme, und er ruft die eigenen Schafe mit Namen und führt sie heraus."* Jesus benutzt dieses Bild, um uns zu zeigen, dass, wenn wir wiedergeboren sind, er unser Hirte ist und wir seine Schafe sind.

Schafe kennen die Stimme ihres Hirten, genau wie wir die Stimme unseres Hirten, Jesus, kennen sollen.

Ja, jeder, der wiedergeboren ist, kann von Gott hören, aber wir müssen lernen, zuzuhören. Ich ermutige dich, dir die Zeit zu nehmen, zuzuhören und still zu sein. Lass nicht den ganzen Tag den Fernseher oder das Radio laufen. Warum eigentlich? Wenn du ein Lied hörst und dann das Radio ausschaltest, kann dieses Lied noch eine ganze Zeit lang immer wieder in deinem Kopf ablaufen. Und wenn du zu viele Geräusche in deinem Kopf hast und dir nie die Zeit nimmst, still zu sein und Gott zu suchen, wie kannst du ihn dann hören? In Römer 12,1 heißt es: *„Ich ermahne euch nun, Brüder, durch die Erbarmungen Gottes, eure Leiber darzustellen als ein lebendiges, heiliges, Gott wohlgefälliges Opfer, was euer vernünftiger Gottesdienst ist.“* Und in Vers 2 heißt es: *„Und seid nicht gleichförmig dieser Welt, sondern werdet verwandelt durch die Erneuerung des Sinnes, dass ihr prüft, was der Wille Gottes ist: das Gute und Wohlgefällige und Vollkommene.“* Die Bibel sagt, dass wir – du und ich – unseren Körper als Opfer darbringen und in unserem Sinn verwandelt werden müssen, damit wir den vollkommenen Willen Gottes erkennen können.

Wenn du wiedergeboren bist, spricht Gott zu dir, aber er spricht oft nicht so schnell zu dir, wie du es gerne hättest. Es ist nicht so, dass du in dein Schlafzimmer gehst, die Tür schließt und dann sofort von Gott hörst. Wir müssen unseren Körper als Opfer für ihn darbringen, verwandelt werden und ihn suchen. Die Bibel sagt in Matthäus 7,7-8: *„Bittet, und es wird euch gegeben werden; sucht, und ihr werdet finden; klopft an, und es wird euch geöffnet werden! Denn jeder Bittende empfängt, und der Suchende findet, und dem Anklopfenden wird geöffnet werden.“* Dieser Vers ist sehr interessant. Er sagt nicht, dass man nur einmal anklopfen soll und die Tür dann geöffnet wird, und er sagt auch nicht, dass man einmal bitten soll und eine Antwort erhalten wird. Er sagt auch nicht, dass man einmal suchen soll, und dann wird man finden. Es steht klar geschrieben, dass wir immer wieder bitten, suchen und anklopfen sollen. Ich folge Gott seit über 20 Jahren, und es ist sehr selten, dass ich in mein Schlafzimmer gehe, um zu beten, und sofort eine Antwort von Gott erhalte. Meistens muss ich Gott lange suchen, und dann erhalte ich eine Antwort. Ich weiß, dass

Gott mir zuhört, wenn ich bete, und ich suche ihn auch dann, wenn ich das Gefühl habe, dass er nicht zuhört. Ich weiß noch, dass ich früher jeden Morgen früh aufgestanden bin, um einen Gebetsspaziergang zu machen. Ich habe jeden Morgen dasselbe gebetet. Ich sagte: „Gott, benutze mich. Bitte benutze mich. Gott, sende mich. Ich werde dorthin gehen, wo du mich haben willst. Ich werde sagen, was du willst, dass ich es sage. Bitte benutze mich!“ Ich betete dies viele Monate lang jeden Morgen. Damals erlebte ich nicht, dass Gott zu mir sprach, und ich hatte nicht das Gefühl, dass er mich hörte. Aber dann, ein halbes Jahr später, geschah etwas Erstaunliches, als ich ein Treffen in einer Kirche besuchte. Dort kam ein Prophet auf mich zu und begann, über mich zu prophezeien. Er sagte: „Meinst du es ernst, wenn du zu Gott sagst: ‚Benutze mich‘? Meinst du es ernst, wenn du ihm sagst: ‚Gott, sende mich'? Meinst du es ernst, wenn du sagst: ‚Gott, ich werde sagen, was du von mir hören willst‘? Meinst du es ernst, wenn du zu Gott sagst: ‚Ich werde dorthin gehen, wo du mich haben willst?‘“ Ja, er sagte genau die Dinge, die ich viele Monate lang jeden Morgen zu Gott sagte. Und ich weiß noch, dass ich dastand und weinte, als er über mich prophezeite, und ich sagte: „Ja, Gott, ich meine es ernst.“ Es war eine ganz starke Erfahrung, die mir zeigte, dass Gott uns immer hört, auch wenn wir nicht das Gefühl haben, dass er uns zuhört. Es hat mir auch gezeigt, dass, wenn wir ihn weiterhin suchen, er zu uns sprechen wird, auch wenn es lange dauert, ihn zu hören. Ich ermutige dich also, zu bitten, zu suchen und anzuklopfen. Tu es weiterhin, denn wenn du das tust, wirst du Momente in deinem Leben erleben, in denen du denkst: „Wow, Gott spricht zu mir! Wow, der Heilige Geist ist am Werk! Wow, Gott erhört mein Gebet!“ Nimm dir die Zeit, still zu sein und ihn zu suchen.

Wenn du fastest …

Fasten ist ein sehr wichtiger Teil, um Gott kennenzulernen. Fasten bedeutet, für kurze oder lange Zeit nichts zu essen (und manchmal auch keine Flüssigkeiten zu trinken). In der Bibel sehen wir, dass Jesus seinen Dienst hier auf der Erde begann, nachdem er 40 Tage und 40 Nächte in der Wüste gefastet hatte. Und im Alten Testament fastete

Mose zweimal 40 Tage lang. Es gibt auch viele Stellen im Neuen Testament, wo die Apostel fasteten. Fasten war also in der Bibel üblich. Das Fasten kann manchmal, wie im Buch Esther, drei Tage ohne die Aufnahme von Nahrung oder Flüssigkeit sein. Du kannst einen Tag pro Woche fasten, oder, wie Jesus es tat, eine längere Zeit fasten.

In Matthäus 6,1-18 lehrt Jesus die Menschen, wie man gibt und betet, und danach, wie man fastet:

> *Habt acht auf eure Gerechtigkeit, dass ihr [sie] nicht vor den Menschen übt, um von ihnen gesehen zu werden! Sonst habt ihr keinen Lohn bei eurem Vater, der in den Himmeln ist. Wenn du nun Almosen gibst, sollst du nicht vor dir her posaunen lassen, wie die Heuchler tun in den Synagogen und auf den Gassen, damit sie von den Menschen geehrt werden. Wahrlich, ich sage euch, sie haben ihren Lohn weg. Wenn du aber Almosen gibst, so soll deine Linke nicht wissen, was deine Rechte tut; damit dein Almosen im Verborgenen ist, und dein Vater, der im Verborgenen sieht, wird dir vergelten.*
>
> *Und wenn ihr betet, sollt ihr nicht sein wie die Heuchler, denn sie lieben es, in den Synagogen und an den Ecken der Straßen stehend zu beten, damit sie von den Menschen gesehen werden. Wahrlich, ich sage euch, sie haben ihren Lohn weg. Wenn du aber betest, so geh in deine Kammer, und wenn du deine Tür geschlossen hast, bete zu deinem Vater, der im Verborgenen ist! Und dein Vater, der im Verborgenen sieht, wird dir vergelten. Wenn ihr aber betet, sollt ihr nicht plappern wie die von den Nationen; denn sie meinen, dass sie um ihres vielen Redens willen erhört werden. Seid ihnen nun nicht gleich! Denn euer Vater weiß, was ihr benötigt, ehe ihr ihn bittet. Betet ihr nun so: Unser Vater, der [du bist] in den Himmeln, geheiligt werde dein Name; dein Reich komme; dein Wille geschehe, wie im Himmel, so auch auf Erden! Unser tägliches Brot gib uns heute; und vergib uns unsere Schulden, wie auch wir unseren Schuldnern vergeben haben; und führe uns nicht in Versuchung, sondern rette uns von dem Bösen! – Denn wenn ihr den Menschen ihre Vergehungen vergebt, so wird euer himmlischer Vater auch euch vergeben; wenn ihr aber den Menschen nicht vergebt, so wird euer Vater eure Vergehungen auch nicht vergeben.*

Wenn ihr aber fastet, so seht nicht düster aus wie die Heuchler! Denn sie verstellen ihre Gesichter, damit sie den Menschen als Fastende erscheinen. Wahrlich, ich sage euch, sie haben ihren Lohn weg. Wenn du aber fastest, so salbe dein Haupt und wasche dein Gesicht, damit du nicht den Menschen als ein Fastender erscheinst, sondern deinem Vater, der im Verborgenen ist! Und dein Vater, der im Verborgenen sieht, wird dir vergelten.

Es ist wichtig, hier zu beachten, dass Jesus in Matthäus 6,2 sagt: *„... wenn ihr gebt ...“*, und in Matthäus 6,6: *„... wenn ihr betet ...“*, und in Matthäus 6,16: *„Wenn ihr fastet ...“* Er hat nicht gesagt: „Falls ihr fastet …“, sondern: „Wenn ihr fastet …“. Leider sprechen aber viele Gemeinden heute über das Geben und Beten, aber nicht viele über das Fasten. Fasten ist sehr wichtig.

Als Gott zu mir sagte, ich solle nach Nakskov gehen, war das am neununddreißigsten Tag eines vierzigtägigen Fastens, bei dem ich Flüssigkeiten trank, aber nichts aß. Als Gott an diesem neununddreißigsten Tag zu mir sprach, veränderte das mein Leben. Ich habe erkannt, dass ich die größten persönlichen Durchbrüche in meinem Leben erlebe, wenn ich faste.

Warum ist Fasten so wichtig? Nun, stell dir vor, du hast einen weißen und einen schwarzen Hund, die gleich stark sind. Stell dir vor, du siehst, wie sie anfangen zu kämpfen, und du willst, dass der weiße Hund gewinnt. Also beschließt du, den schwarzen Hund nicht mehr zu füttern, sondern gibst dem weißen Hund mehr Futter. Mit der Zeit wird der schwarze Hund schwächer und der weiße Hund wird stärker. Und am Ende, weil der weiße Hund stärker ist, gewinnt er. Das ist es, was mit unserer Seele und unserem Geist passiert. Wenn wir unserer Seele (unserem Fleisch) geben, was sie will, wird sie stark sein. Wenn wir jedoch dem Fleisch verweigern, was es will, und stattdessen unseren Geist füttern, wird unser Fleisch schwächer und unser Geist stärker werden. Das ist genau das, was passiert, wenn wir über einen längeren Zeitraum nichts essen. Unser Fleisch wird schwach, wenn man ihm verweigert, was es will, aber wenn wir beten, Gott suchen und sein Wort lesen, wird unser Geist stärker. Es ist leichter, während eines Fastens Träume und Visionen von Gott zu empfangen, ihn zu hören, wie er zu dir spricht, und Durchbrüche in deinem persönlichen Leben zu erhalten. Fasten ist etwas ganz Besonderes, und ich empfehle dir, dir mehr Zeit zu nehmen, um darüber zu lernen. Du kannst auf die Lehren über das Fasten in unserer „Pioneer School" auf dem Internet zugreifen. Dort findest du praktische Ratschläge und biblische Lehren über das Fasten.

Wie man im Glauben wächst

Ich habe in dieser Lektion kurz die verschiedenen geistlichen Ebenen (Babys, Kinder und Eltern) erwähnt. In 1. Johannes 2,12 (LUT) sehen wir, wie Johannes die geistlichen Babys bzw. Kinder anspricht: *„Liebe Kinder, ich schreibe euch, dass euch die Sünden vergeben sind um seines Namens willen."* Neue Gläubige/Babys im Glauben brauchen eine Menge Ermutigung. Sie müssen immer wieder ermutigt werden. Es ist wichtig für sie zu hören: „Deine Sünden sind dir vergeben", weil sie noch jung im Glauben sind und es für sie leichter ist, Angst und Zweifel zu erleben. Neue Gläubige müssen lernen, wie sie in diesem neuen Leben wandeln können. Sie müssen verstehen, dass sie fallen und Fehler machen werden. Wenn sie einen Kampf erleben, brauchen sie reifere Gläubige um sich herum, die ihnen helfen und sagen können: „Komm schon, steh wieder auf. Lass dich nicht von Satan zu Fall bringen. Gott hat dein Leben verändert und tut es auch weiterhin. Du bist gefallen und hast einen Fehler gemacht, und es war falsch, aber steh wieder auf. Mach weiter!" Auch wenn sie dir sagen, dass sie nicht fühlen, dass ihnen vergeben ist, ermutige sie. „Deine Sünden sind vergeben. Es geht nicht darum, wie du dich fühlst." Neue Gläubige brauchen auch jemanden, der sie geistlich unterstützen kann und ihnen hilft, das Wort Gottes zu verstehen. Es ist wichtig für sie, die Bibel zu lesen, aber wenn sie ganz neu im Glauben sind, gib ihnen nicht einfach die Bibel und sage: „Geh und lies sie selbst." Du musst dir die Zeit nehmen, ihnen die Bibel zu erklären. Zeige ihnen, was das Wort über Gerechtigkeit, Glauben, Umkehr und andere grundlegende Dinge sagt. Es ist wichtig, die Babys im Glauben zu erkennen, denn genau wie ein Baby in der physischen Welt Eltern braucht, um zu überleben, brauchen neugeborene Gläubige Hilfe von reiferen Gläubigen, um zu überleben. Sie brauchen mehr als nur einmal in der Woche Hilfe. Sie brauchen eine Familie, die ihnen zur Seite steht.

Direkt nachdem ich zum Glauben gekommen war, wollte ich mehr von diesem Leben, und ich konnte nicht genug davon bekommen. Ich brauchte mehr, als nur einmal pro Woche in die Kirche zu gehen. Ich weiß noch, wie ich Angstanfälle erlebte und wie ich in die Sünde zurückfiel. Ich fühlte mich so verdammt. Wenn ich die Bibel las, verstand ich nicht, was sie sagte. Ich preise Gott, dass er jemanden in mein Leben brachte, der mir hier half, nämlich meinen Schwiegervater. Er war für mich da und half mir zu wachsen. Wenn wir uns trafen, um über die Bibel zu reden, setzten wir uns oft in seinem Wohnzimmer auf die Couch, mit unseren Bibeln in den Händen, und redeten. Ich weiß noch, dass ich ihm sehr viele Fragen über die Bibel stellte, und es war so ein Segen, dass er da war, um meine Fragen zu beantworten. Er erzählte mir vom Leben mit Jesus und ermutigte mich, wenn ich mich niedergeschlagen fühlte. Das ist es, was neue Gläubige brauchen: eine Familie. Eine wöchentliche Predigt ist nicht genug. Sie brauchen eine Familie, die sie geistlich unterstützen und ihnen helfen kann zu wachsen.

Wenn du, der du dieses Buch liest, neu im Glauben bist, möchte ich dir sagen, dass, wenn du kämpfst und manchmal Angst und Zweifel erlebst oder wieder in Sünde gefallen bist, wir das alle schon erlebt haben. Es ist wichtig für dich, dass du dich erhebst und stark bist. Versuche, Menschen um dich herum zu finden, die dich ermutigen können, weiterzumachen, denn es wird mit der Zeit immer einfacher werden, dieses Leben zu führen. Es gibt Hoffnung. Heute kämpfe ich nicht mehr mit der gleichen Angst, dem gleichen Zweifel oder der gleichen Sünde wie am Anfang. Ich bin gewachsen und bin jetzt woanders in meinem Leben, und du wirst auch wachsen.

Wir sehen, wie Johannes junge Männer im Glauben in 1. Johannes 2,14 (LUT) anspricht: *„Ich habe euch Kindern geschrieben; denn ihr habt den Vater erkannt. Ich habe euch Vätern geschrieben; denn ihr habt den erkannt, der von Anfang an ist. Ich habe euch jungen Männern geschrieben; denn ihr seid stark, und das Wort Gottes bleibt in euch, und ihr habt den Bösen überwunden."* Diese „jungen Männer", auf die sich Johannes bezieht, sind Menschen, die das Wort selbst gelesen haben und in der Erkenntnis gewachsen sind. Wenn du, der du im Glauben reif bist, junge Männer und Frauen hast, die dir Fragen über die Bibel stellen, ist es wichtig, dass du ihnen nicht immer die Antworten gibst. Frage sie stattdessen, was die Bibel zu ihren Fragen sagt. Sage ihnen, dass sie nach Hause gehen und selbst in der Bibel lesen sollen, um zu versuchen, die Antwort zu finden. Führe sie mehr und mehr in die Bibel ein, damit sie sie selbst lesen können. Diejenigen, die jung im Glauben sind, wie die jungen Männer, auf die sich Johannes bezieht, müssen ermutigt werden. Sie brauchen manchmal Menschen, die sagen: „Komm mit mir mit. Lass uns gemeinsam auf die Straße gehen und das Evangelium weitergeben. Lass uns hinausgehen und die Kranken heilen und Dämonen austreiben. Lass mich dir dabei helfen.“ Wenn du ein junger Mann oder eine junge Frau im Glauben bist, ermutige ich dich, selbst die Verantwortung zu übernehmen, das Wort Gottes zu lesen. Du bist stark und jetzt in der Lage, das Wort Gottes zu verstehen. Du musst im Glauben wachsen, damit du anfangen kannst, andere Menschen zu Christus zu führen. Eines Tages wirst du feststellen, dass du nicht mehr jung im Glauben bist, sondern ein geistlicher Vater oder eine geistliche Mutter mit deiner eigenen geistlichen Familie.

In 1. Johannes 2,14 spricht Johannes Eltern im Glauben an: *„... Ich habe euch, Väter, geschrieben, weil ihr den erkannt habt, [der] von Anfang an [ist] ...“* Hier bezieht sich Johannes auf Menschen, die schon seit vielen Jahren mit Gott unterwegs sind. Es sind Menschen, die durch Schlachten und Wüstenzeiten gegangen sind und Angriffe des Feindes ertragen haben, aber immer noch standhaft sind. Sie haben auch Menschen zu Christus geführt, ihnen geholfen zu reifen, und jungen Gläubigen ein Beispiel dafür gegeben, was es bedeutet, ein reifer Nachfolger Christi zu sein. Geistliche Eltern sind sehr wichtig. Wir brauchen Menschen, die schon seit vielen Jahren mit Gott leben, um sich um die jungen Gläubigen zu kümmern. Wenn du also ein geistliches Elternteil bist, fange an, neue Gläubige zu dir einzuladen. Neue Gläubige brauchen dich. Sie brauchen eine geistliche Familie, um zu wachsen. Sie brauchen auch mehr, als nur einmal in der Woche in die Kirche oder einen Hauskreis zu gehen. Sie brauchen Menschen, die sie leiten und ihnen geben, was sie benötigen, damit sie wachsen können. Wenn du daran interessiert bist, mehr darüber zu lernen, kannst du dir die Lehren über diese geistlichen Stufen in unserer „Pioneer School“ im Internet anschauen.

Was ist, wenn ich keine Gemeinschaft habe?

Gemeinschaft ist wichtig. In Apostelgeschichte 2,42 heißt es: *„Sie verharrten aber in der Lehre der Apostel und in der Gemeinschaft, im Brechen des Brotes und in den Gebeten.“* In der Apostelgeschichte finden wir viele Verse wie diesen, die zeigen, dass sich die Jünger in Häusern trafen, um Gemeinschaft zu haben. Wie die Apostel müssen auch wir am Wort Gottes festhalten und mit anderen Gläubigen das Brot brechen und beten. Du allein machst nicht den Leib Christi aus. Zusammen mit vielen anderen Gläubigen bilden wir den Leib Christi, und wir brauchen uns gegenseitig. Denn wenn ein Schaf sich von seiner Herde entfernt, ist es für die Wölfe ein Leichtes, zu kommen und es zu töten. Wir befinden uns in einem geistlichen Krieg, und es ist so wichtig für dich, andere Gläubige um dich zu haben, damit du, wenn Satan kommt und dich mit Dingen wie Angst, Zweifel und Sünde angreift, nicht allein bist, sondern Hilfe hast.

Wir alle brauchen Gemeinschaft, aber welche Art von Gemeinschaft? Vor vielen Jahren, als ich noch jung im Glauben war, besuchten meine Frau und ich die Kirche. Aber jedes Mal, wenn ich dorthin ging, war es, als könnte ich spüren, dass mein Glaube aus mir herausgesaugt wurde. Jedes Mal wurde es für mich schwieriger und schwieriger, das Leben zu führen, zu dem Christus uns berufen hat. Also beschlossen wir, es sei das Beste für uns, die Kirche zu verlassen. Wir wussten, dass wir andere Menschen brauchten, mit denen wir Gemeinschaft haben konnten, doch konnten wir niemanden in der Nähe finden. Schließlich fanden wir ein Ehepaar, das zwei Stunden von uns entfernt wohnte, und wir beschlossen, uns mit ihnen zu treffen. Deshalb fuhren wir einmal im Monat zwei Stunden, um den Tag mit ihnen zu verbringen. Ehrlich gesagt hatte ich so viel mehr davon, den Tag mit den richtigen Leuten zu verbringen, als mich einmal in der Woche mit den falschen Leuten in der Kirche zu treffen.

Es ist wichtig zu verstehen, dass Freunde wie Fahrstühle sind. Sie können dich entweder nach oben oder nach unten bringen, aber sie lassen dich nie an demselben Ort zurück, an dem du warst, bevor du dich mit ihnen getroffen hast. Du wirst wie die Menschen, mit denen du dich umgibst. Deshalb ist es wichtig, die richtigen Menschen zu finden. Oftmals müssen wir weit fahren, um Gemeinschaft zu haben. Gemeinschaft kann in einem Kirchengebäude, einem Haus oder sogar im Freien sein. Es ist nicht wichtig, wo sie stattfindet. Wichtig ist, dass du das Leben und das Wachstum mit Menschen teilst, die im Glauben älter und jünger sind als du. Auf diese Weise kannst du sowohl lernen als auch anderen etwas geben. Das ist sehr wichtig für unser geistliches Wachstum mit Gott.

Wenn du allein bist und nicht weißt, wie du Gemeinschaft finden kannst, kannst du TLRmap.com nutzen. Das ist eine weltweite Karte, auf der man sich eintragen kann, um sich mit anderen Gläubigen zu verbinden. Ich habe erlebt, dass viele neue Gemeinschaften durch diese Karte entstanden sind.

Allerdings ist es ein offenes Netzwerk, sodass jeder sich in die Karte eintragen kann. Deshalb musst du vorsichtig sein. Ich empfehle dir, dass du dich mit Leuten aus der Karte triffst und sie bewertest. Prüfe, ob das, was sie sagen und tun, biblisch ist.

Es ist wichtig für dich, Menschen zu finden, mit denen du das Brot brechen, beten, das Wort lesen und wachsen kannst. Wie die physische Familie, ist es Gottes Plan für uns, geistlich zu wachsen, einen Vater, eine Mutter und Geschwister im Glauben zu haben. Und genauso, wie ein Junge oder ein Mädchen, das keine Familie hat und auf der Straße lebt, mit vielen Kämpfen aufwächst, können auch wir viele Kämpfe erleben, wenn wir keine geistliche Familie haben, die uns in unserem Weg mit Gott hilft.

Wenn du also dort, wo du bist, keine Gemeinschaft hast, dann fahre zu ihr. Wenn du nicht dorthin fahren kannst, dann ziehe dorthin. Wir haben keine Entschuldigung dafür, keine Gemeinschaft zu haben. Ich ermutige dich, Menschen zu finden, die Jesus lieben und die aufrichtig in ihrem Glauben sind. Verbringe Zeit mit ihnen, lerne von ihnen und reife in deinem geistlichen Weg mit ihnen.

Der Ruf Jesu

LEKTION 6

Willkommen zur sechsten Lektion des Kickstart-Pakets. Wir haben uns nun angesehen, was ein Jünger und was das Evangelium ist, wie du wiedergeboren werden kannst, wie du Gott kennenlernst und wie man durch den Heiligen Geist lebt. In dieser Lektion werden wir uns ansehen, wozu uns Jesus berufen hat und wie wir ihm dienen können

Wenn wir Buße tun, uns auf Jesus taufen lassen, den Heiligen Geist empfangen und wiedergeboren werden, verleugnen wir uns selbst und sagen „Ja" zu Jesus. Wir nennen ihn „Herr", da wir ihm dienen und seinen Geboten gehorchen wollen. Was ich an dem Ruf, den Jesus gegeben hat, liebe, ist dass er für jeden gilt. Sein Ruf ist nicht nur für die Menschen, die in einer Kirche ordiniert sind. Er ist nicht nur für Pastoren und Leiter. Er ist für dich und mich und jeden, der wiedergeboren ist. Der Ruf Jesu ist nicht nur etwas, das innerhalb eines Kirchengebäudes geschieht, oder etwas, das nur auf einer Bühne in Afrika geschieht, wo Menschen kommen, um eine Predigt zu hören. Der Ruf, den Jesus uns gegeben hat, ist für genau jetzt, wo auch immer wir sind. Sein Ruf gilt für dich, ob jung oder alt, Mann oder Frau, Junge oder Mädchen. Er ist für jeden, und in dem Moment, in dem du Jesus angenommen hast und wiedergeboren wurdest, hast du „Ja" zu seinem Ruf gesagt.

Schauen wir uns einige der Dinge an, zu denen Jesus uns aufgerufen hat. Ich möchte mich auf das konzentrieren, was Jesus in Lukas 10 sagt. Wenn wir diese Bibelstelle lesen, dann denke daran, dass Jesus derselbe ist, gestern, heute und in Ewigkeit. Das bedeutet, dass das, was Jesus in Lukas 10 sagt, nicht nur für die Jünger gilt, die zu dieser Zeit lebten, sondern auch für die Jünger, die heute leben – du und ich. In Lukas 10,2-11 heißt es:

Er sprach aber zu ihnen: Die Ernte zwar ist groß, die Arbeiter aber sind wenige. Bittet nun den Herrn der Ernte, dass er Arbeiter aussende in seine Ernte! Geht hin! Siehe, ich sende euch wie Lämmer mitten unter Wölfe. Tragt weder Börse noch Tasche noch Sandalen, und grüßt niemand auf dem Weg! In welches Haus ihr aber eintretet, sprecht zuerst: Friede diesem Haus! Und wenn dort ein Sohn des Friedens ist, so wird euer Friede auf ihm ruhen; wenn aber nicht, so wird er zu euch zurückkehren. In diesem Haus aber bleibt, und esst und trinkt, was sie haben! Denn der Arbeiter ist seines Lohnes wert. Geht nicht aus einem Haus in ein anderes! Und in welche Stadt ihr kommt, und sie nehmen euch auf, [da] esst, was euch vorgesetzt wird, und heilt die Kranken darin und sprecht zu ihnen: Das Reich Gottes ist nahe zu euch gekommen. In welche Stadt ihr aber gekommen seid, und sie nehmen euch nicht auf, [da] geht hinaus auf ihre Straßen und sprecht: Auch den Staub, der uns aus eurer Stadt an den Füßen hängt, schütteln wir gegen euch ab; doch dies wisst, dass das Reich Gottes nahe gekommen ist.“

Was Jesus in diesen Versen sagte, ist auch heute noch wichtig für uns. Wenn du anfängst, diesen Worten zu gehorchen, wird es nicht nur dein Leben komplett verändern, sondern auch das Leben der Menschen um dich herum.

Wie wir bereits gelesen haben, heißt es in Lukas 10,2: „*Die Ernte zwar ist groß, die Arbeiter aber sind wenige. Bittet nun den Herrn der Ernte, dass er Arbeiter aussende in seine Ernte!*“ Das bedeutet, dass es viele Menschen auf der Welt gibt, die bereit und offen sind, Jesus aufzunehmen, aber es gibt nur sehr wenige Arbeiter, die hinausgehen und diese Menschen finden. Wir lesen auch, dass wir beten und Gott bitten sollen, Arbeiter in die Ernte auszusenden. Aber es reicht nicht aus, nur darum zu beten, dass Gott Arbeiter in die Ernte sendet. Wir müssen auch hinausgehen. Die Ernte ist nicht das Problem. Die Arbeiter, du und ich, sind das Problem. Aber ich habe gute Nachrichten für dich. Du kannst etwas dagegen tun. Du kannst in die Ernte hinausgehen.

In Lukas 10,3 lesen wir: *„Geht hin! Siehe, ich sende euch wie Lämmer mitten unter Wölfe."* Vielleicht hast du ein Bild von Jesus gesehen, auf dem er ein kleines, unschuldiges Lamm hält. In Johannes 10,14-15 sagt Jesus: *„Ich bin der gute Hirte; und ich kenne die Meinen, und die Meinen kennen mich, wie der Vater mich kennt und ich den Vater kenne; und ich lasse mein Leben für die Schafe."* Hier wissen wir, dass Jesus ein guter Hirte ist, und er kümmert sich um seine Schafe. Warum also sagte Jesus in Lukas 10,3, er sende seine Lämmer unter die Wölfe aus?

Stell dir vor, Jesus hält ein unschuldiges Lämmchen (das dich und mich repräsentiert) in den Armen. Plötzlich sieht er einen Wolf. Er bemerkt, dass der Wolf das Lamm fressen will, also zeigt er dem kleinen Lamm, dass der Wolf hungrig ist und es verschlingen will. Dann stell dir vor, wie Jesus das Lamm auf den Boden setzt und sagt: „Ich sende dich aus." Was für ein Hirte würde so etwas tun? Welcher gute Hirte würde sein süßes kleines Lamm nehmen und es unter die hungrigen Wölfe schicken? Ich werde dir sagen, welche Art von Hirte dies tut. Es ist der Hirte, der mit seinem Lämmchen mitgeht. Das ist genau das, was Jesus uns versprochen hat. Er hat versprochen, mit uns zu gehen. Wenn du zum ersten Mal für Kranke betest, das Evangelium predigst, Dämonen austreibst und Menschen mit Wasser und dem Heiligen Geist taufst, wirst du dich wahrscheinlich wie ein ängstliches kleines Lamm fühlen und denken: „Was ist, wenn Gott nicht dabei ist? Was, wenn Menschen nicht geheilt werden? Was, wenn ich es falsch mache?" Aber auch wenn du dich wie ein verängstigtes Lämmchen fühlst, sei mutig und tu es trotzdem. Wenn du gehorsam bist, wirst du sehen, wie treu Jesus ist und wie er mit dir sein wird, genau wie er es versprochen hat.

Jesus sagt in Lukas 10,4: *„Tragt weder Börse noch Tasche noch Sandalen, und grüßt niemand auf dem Weg."* Jesus sagte dies, weil er uns zeigen will, dass er für unsere Bedürfnisse sorgen wird. Er will uns zeigen, dass er für uns sorgen wird, wenn wir in die Ernte hinausgehen, und dass wir uns keine Sorgen machen sollen. In den nächsten Versen sagt Jesus etwas sehr Interessantes. In Lukas 10,5-6 heißt es: *„In welches Haus ihr aber eintretet, sprecht zuerst: Friede diesem Haus! Und wenn dort ein Sohn des Friedens ist, so wird euer Friede* *auf ihm ruhen; wenn aber nicht, so wird er zu euch zurückkehren.*" Was ist ein „Sohn des Friedens", oder, wie es in anderen Übersetzungen heißt, „eine Person des Friedens"? Was sollen wir tun, wenn wir diese Person finden? Es ist wichtig, das zu verstehen, denn wenn Jesus uns als Lämmer unter die Wölfe schickt, dann schickt er uns aus, um etwas Bestimmtes zu suchen – eine Person des Friedens. Als Jesus seine Jünger in Matthäus 4,19 aufrief, ihm nachzufolgen, sagte er: „*Kommt, mir nach! Und ich werde euch zu Menschenfischern machen.*" Jesus will immer noch, dass wir Menschen fischen. Er möchte, dass wir Menschen für das Evangelium erreichen. Jesus ist für alle Menschen gestorben, und sein Wunsch ist es, so viele Menschen wie möglich mit der Guten Nachricht des Evangeliums zu erreichen. Deshalb müssen wir nach Menschen fischen und eine Person des Friedens finden.

Eine Person des Friedens ist jemand, den Gott ruft und zu sich zieht. In Johannes 6,44 heißt es: „*Niemand kann zu mir kommen, wenn nicht der Vater, der mich gesandt hat, ihn zieht; und ich werde ihn auferwecken am letzten Tag.*" Es kann also niemand zu Gott kommen, es sei denn, der Vater zieht diese Person, und wenn er das tut, wird sie „eine Person des Friedens" genannt. Viele der Menschen, die wir in unserem täglichen Leben treffen, wenn wir auf der Straße unterwegs sind, sind keine Personen des Friedens. Sie sind eher wie die Menschen, von denen wir in Lukas 10,10-11 lesen, wo es heißt: „*In welche Stadt ihr aber gekommen seid, und sie nehmen euch nicht auf, [da] geht hinaus auf ihre Straßen und sprecht: Auch den Staub, der uns aus eurer Stadt an den Füßen hängt, schütteln wir gegen euch ab; doch dies wisst, dass das Reich Gottes nahegekommen ist.*"

Wir werden also zwei verschiedene Arten von Menschen in unserem Leben treffen: solche, die Personen des Friedens sind, und solche, die nicht offen für das Evangelium sind. Wenn wir Personen des Friedens treffen, treffen wir Menschen, die Gott zieht, die bereit sind, Christus zu folgen, und die unsere Botschaft annehmen wollen. Wir werden aber auch Menschen treffen, die unsere Botschaft nicht annehmen wollen. Wenn wir diesen Menschen begegnen, sollten wir den Staub von unseren Händen und Füßen schütteln und weitergehen.

Wenn du anfängst, den Menschen um dich herum von Jesus zu erzählen, wirst du schnell sehen, dass das, was Jesus in Lukas 10 sagte, richtig ist. Du wirst erleben, dass manche Menschen, die du triffst, offen sind, und dass andere nicht interessiert sind und dich vielleicht sogar für verrückt halten, weil du an Jesus glaubst. Sie sagen vielleicht: „Gott ist nicht real. Religion ist schlecht. Evolution ist die Wahrheit", oder: „Was, du glaubst an Gott? Okay, das ist gut für dich." Und wenn du Menschen triffst, die diese Dinge sagen, sind sie nicht interessiert, und nichts, was du sagen kannst, wird ihre Herzen berühren. Wenn das passiert, ziehe weiter. Schüttle den Staub von deinen Händen und Füßen und ziehe weiter. Verbringe nicht deine ganze Zeit mit den Menschen, die deine Botschaft nicht empfangen wollen. Wenn du deine ganze Zeit mit Menschen verbringst, die deine Botschaft nicht empfangen wollen und nur mit dir debattieren wollen, wirst du keine Zeit haben, um die Menschen zu finden, die Gott gerade zu sich zieht. Konzentriere dich stattdessen darauf, die Person des Friedens zu finden, denn Gott möchte, dass wir die Menschen finden, die er zu sich zieht, die Menschen, die er vorbereitet hat, um deine Botschaft zu hören.

In Apostelgeschichte 16 traf Paulus zwei verschiedene Personen des Friedens. Die erste war eine Frau namens Lydia. Als Paulus und Silas nach Philippi gingen, heißt es:

> *Und am Tag des Sabbats gingen wir hinaus vor das Tor an einen Fluss, wo wir eine Gebetsstätte vermuteten; und wir setzten uns nieder und redeten zu den Frauen, die zusammengekommen waren. Und eine Frau mit Namen Lydia, eine Purpurkrämerin aus der Stadt Thyatira, die Gott anbetete, hörte zu; deren Herz öffnete der Herr, dass sie achtgab auf das, was von Paulus geredet wurde. Als sie aber getauft worden war und ihr Haus, bat sie und sagte: Wenn ihr urteilt, dass ich an den Herrn gläubig sei, so kehrt in mein Haus ein und bleibt! Und sie nötigte uns* (Apg 16,13-15).

Hier waren Paulus und Silas zu Fuß unterwegs, als sie eine Gruppe von Menschen trafen, die an Gott glaubten, aber noch nicht wiedergeboren waren. Als sie sie trafen, erzählten sie ihnen die Botschaft des Evangeliums. Eine Person war besonders offen für ihre Botschaft;

ihr Name war Lydia. Wir lesen, dass der Herr ihr Herz öffnete, als sie ihre Botschaft hörte. Lydia ist ein großartiges Beispiel für eine Person des Friedens. Gott öffnete ihr Herz und zog sie zu sich, sodass sie die Botschaft des Evangeliums empfangen konnte. Sie nahm sie nicht nur an, sondern sie lud auch Paulus und Silas zu sich nach Hause ein, und jeder in ihrem Haushalt wurde getauft.

Ein weiteres Beispiel für eine Person des Friedens in Apostelgeschichte 16 ist der Kerkermeister. Paulus und Silas waren im Gefängnis, und während sie dort waren, beteten sie Gott an. Plötzlich gab es ein großes Erdbeben. Ihre Ketten fielen ab, und ihre Zellentür wurde geöffnet. Sie sprachen mit dem Kerkermeister, und in Apostelgeschichte 16,30 fragte sie der Kerkermeister: *„Ihr Herren, was muss ich tun, dass ich gerettet werde?"* Das ist eine wirklich gute Frage. Wenn Menschen solche Fragen stellen, zeigt das, dass Gott sie ruft. Wir lesen ihre Antwort in Apostelgeschichte 16,31: *„Glaube an den Herrn Jesus, und du wirst gerettet werden, du und dein Haus."* Paulus und Silas erklärten ihm also, dass er an den Herrn Jesus glauben müsse, um gerettet zu werden. Dann gingen sie zu seinem Haus, und in Apostelgeschichte 16,32-33 lesen wir: *„Und sie redeten das Wort des Herrn zu ihm samt allen, die in seinem Haus waren. Und er nahm sie in jener Stunde der Nacht zu sich und wusch ihnen die Striemen ab; und er ließ sich taufen und alle die Seinen sogleich."* Das ist ein weiteres großartiges Beispiel für eine Person des Friedens.

Heute können wir die gleichen Dinge erleben wie Paulus und Silas. Wir sind aufgerufen, Jesus zu gehorchen. Er sagte, dass wir, wenn wir eine Person des Friedens finden, so handeln sollen, wie es in Lukas 10,7 heißt: *„In diesem Haus aber bleibt, und esst und trinkt, was sie haben! Denn der Arbeiter ist seines Lohnes wert. Geht nicht aus einem Haus in ein anderes!"* In Lukas 10,9 steht, was wir danach tun sollen: *„... heilt die Kranken darin und sprecht zu ihnen: Das Reich Gottes ist nahe zu euch gekommen."* Wir müssen auch Dämonen austreiben, wie es in Lukas 10,17 heißt: *„Die Siebzig aber kehrten mit Freuden zurück und sprachen: Herr, auch die Dämonen sind uns untertan in deinem Namen"* Als Jünger Jesu müssen wir das alles tun.

Ich möchte gerne eine Geschichte über einen berühmten Sänger namens Lou Bega erzählen. Er ist ein großartiges Beispiel für eine

Person des Friedens. Lou war jemand, den Gott rief und zu sich zog, und Gott öffnete wirklich sein Herz, um die Botschaft des Evangeliums zu empfangen. Er lud uns zu sich nach Hause ein, und als wir ankamen, setzten wir uns zusammen und aßen, tranken und sprachen über das Leben. Danach setzten wir uns ins Wohnzimmer und ich gab ihm, seinem Haushalt und anderen Gästen, die er eingeladen hatte, das Evangelium weiter. Dann fingen wir an, für sie zu beten. Einer nach dem anderen wurden sie geheilt, von Dämonen befreit und erhielten ein neues Leben mit Gott. Wir tauften ihn, seinen Haushalt und seine Gäste an diesem Tag in Wasser und mit dem Heiligen Geist. Du kannst mehr darüber in unserem Film mit dem Titel ***„Die letzte Reformation: Das Leben“*** sehen.

Lou Bega und seine Familie sind ein tolles Beispiel dafür, dass wir aufgerufen sind, Menschen des Friedens zu finden und das zu befolgen, was Jesus uns in Lukas 10 aufgetragen hat. Natürlich kann der Dienst an Personen des Friedens jedes Mal anders aussehen, da wir sie in ihrem Haus, in einem Restaurant oder an einem anderen Ort treffen können. Trotz der Unterschiede im Ort oder in der Art und Weise, wie es getan wird, ist der Aufruf immer noch derselbe. Jesus möchte, dass wir diejenigen finden, die bereit sind, die Botschaft des Evangeliums zu empfangen. Noch einmal: Du und ich sind Jünger, und wir sind hier, um zu lernen, wie unser Meister zu sein. Beginne also damit, die Menschen um dich herum zu finden, die Gott zu sich ruft. Finde die Menschen, von denen du denkst, dass sie offen sind, das Evangelium zu empfangen.

Manchmal hast du das Gefühl, dass Gott dich zu bestimmten Menschen führt, aber manchmal musst du einfach zu den Menschen um dich herum gehen und anfangen, über Jesus zu sprechen. Wenn du das tust, wirst du schnell entdecken, wer ein Mensch des Friedens ist und wer nicht. Wenn sie nicht offen sind, gehe weiter zur nächsten Person, bis du eine findest, die offen ist. Irgendwann wirst du diejenigen finden, die sagen: „Wow, erzähl mir mehr. Ich möchte mehr darüber hören, was du zu sagen hast.“ Sie werden fragen: „Wie kann ich gerettet werden?“ Sie werden dich zu sich nach Hause einladen, und dann kannst du dich mit ihnen zusammensetzen und ihnen das Evangelium mitteilen. Vielleicht kennst du in deinem Umfeld bereits

Menschen, die bereit sind, Jesus zu empfangen. Vielleicht ist diese Person des Friedens, die du finden sollst, in deiner Familie, in der Schule oder am Arbeitsplatz. Vielleicht ist es dein Nachbar oder die Person, die in deiner Nähe wohnt, mit der du nur ein paar Mal gesprochen hast. Vielleicht ist die Person des Friedens jemand, der den Glauben an Gott hat wie Lydia, aber nicht wiedergeboren ist. Es könnte jemand sein, den du in der Kirche oder bei einem Gebetstreffen triffst, der nicht das ganze Evangelium versteht oder dass wir alle wiedergeboren werden müssen. Wenn du Gott bittest, zu dir zu sprechen und dich zu dieser Person des Friedens in deinem Leben zu führen, glaube ich, dass der Heilige Geist dir jemanden auf dein Herz legen wird. Wenn er das tut, gehe zu dieser Person und erzähle ihr von Jesus. Du wirst sehen, ob sie eine Person des Friedens ist oder nicht. Wenn du eine Person des Friedens findest, wirst du sehr begeistert sein. Es gibt nichts Erstaunlicheres, als zu sehen, wie Gott das Leben von jemandem verändert.

Denke daran, deine Zeit nicht mit Leuten zu verschwenden, die debattieren und dir sagen wollen, wie verrückt Religion ist. Schüttle einfach den Staub von deinen Händen und Füßen und gehe von ihnen weg. Wir lesen in Apostelgeschichte 13, wie Paulus und Barnabas den Staub von ihren Händen und Füßen schüttelten, als sie an einen Ort kamen, an dem die Menschen ihre Botschaft nicht annehmen wollten. In Apostelgeschichte 13,51 heißt es: *„Sie aber schüttelten den Staub von ihren Füßen gegen sie ab und kamen nach Ikonion."* Wir sehen, dass sie weiterzogen und zu einem anderen Ort namens Ikonion gingen, und in Apostelgeschichte 14,1 lesen wir: *„Es geschah aber zu Ikonion, dass sie zusammen in die Synagoge der Juden gingen und so redeten, dass eine große Menge, sowohl von Juden als auch von Griechen, glaubte."* Hier sehen wir, dass Paulus und Barnabas weiterzogen und viele Personen des Friedens fanden. Verschwende deshalb nicht deine Zeit mit Menschen, die deine Botschaft nicht empfangen wollen. Finde diejenigen, die bereit sind, zu empfangen.

In die Ernte hinauszugehen und einen Menschen des Friedens zu finden, war auch für mich einmal neu, und ich hatte viele Fragen dazu. Als ich im Glauben hinausging und der Bibel gehorchte, wurde es einfacher zu erkennen, wen Gott beruft. Es wird auch für dich leichter werden, wenn du hinausgehst und es tust. Du wirst anfangen, Personen des Friedens zu treffen, die in etwa sagen werden: „Wow, es ist erstaunlich, dass du gerade jetzt angehalten hast, um mit mir zu reden, denn erst gestern habe ich Gott gebeten, jemanden zu mir zu schicken, wenn er real sei!“ Gott ist eifrig darin, Menschen zu sich zu ziehen, und er möchte dich zu diesen Menschen führen, weil er möchte, dass jeder gerettet wird.

Ein paar Tage bevor ich das Evangelium zum ersten Mal hörte, schaute ich in den Himmel und sagte: „Gott, wenn du da bist, komm und nimm mich! Ich möchte dich kennenlernen!“ Ich war wirklich ein Person des Friedens. Ich war auf der Suche nach Gott, obwohl ich nicht wusste, wer er war. Ich dachte, vielleicht würde ein UFO kommen, mich hochbeamen und mit mir wegfliegen. Ich bin so dankbar für meinen Freund Tommy, der mir von Gott erzählte. Tommy hätte sagen können: „Oh, Torben ist nicht interessiert. Er will Gott nicht.“ Stattdessen erzählte Tommy mir von Jesus, und ich war so hungrig, dass ich mehr hören wollte. Ich fragte Tommy, wie er Gott begegnet ist, und sagte ihm, dass ich mehr über Jesus wissen wolle. Ich hörte das Evangelium, tat Buße, wurde wiedergeboren und erlebte ein neues Leben mit Gott, weil Tommy dem Ruf von Jesus gehorsam war.

Ich möchte dich ermutigen, damit anzufangen, Menschen von Gott zu erzählen. Wenn du eine Person des Friedens findest, teile das Evangelium mit ihr. Wenn du unsicher bist, wie du das Evangelium weitergeben kannst, kannst du gerne alle unsere kostenlosen Ressourcen nutzen. Auf www.TLRmovie.com haben wir drei kostenlose Filme, und wir haben auch viele YouTube-Videos, die das Evangelium mitteilen. Du kannst auch gerne dieses Kickstart-Paket nutzen. Wenn du eine Person des Friedens findest, kannst du sie zu dir nach Hause einladen und ihr die Videos des Kickstart-Pakets zeigen. Nachdem sie es angeschaut hat und Buße tun will, sich mit Wasser und dem Heiligen Geist taufen lassen will, hilf ihr, dies zu tun. Hilf ihr, Buße zu tun, dann taufe sie mit Wasser und bete für sie, dass sie den Heiligen Geist empfängt. Führe sie zu Christus, und vielleicht hat sie auch Freunde und Familie, die ebenfalls offen sind und das Evangelium empfangen wollen.

Es ist wichtig, es einfach zu halten und dem zu gehorchen, wozu Jesus dich berufen hat. So wie wir aufgerufen sind, eine Person des Friedens zu finden, sind wir auch aufgerufen, Kranke zu heilen und Dämonen auszutreiben. Wir können das in Lukas 10 sehen. Das Heilen von Kranken und das Austreiben von Dämonen gehören oft zusammen. Aus Lukas 10,17 können wir sehen, dass Jesu Jünger sowohl Kranke heilten als auch Dämonen austrieben. Es heißt: *„Herr, auch die Dämonen sind uns untertan in deinem Namen.“* Sie waren so begeistert, weil sie die Vollmacht erlebten, die ihnen von Jesus gegeben worden war, nicht nur Kranke zu heilen, sondern auch Dämonen auszutreiben. Wenn du dich heute auf Jesu Worte hin aufmachst, das Evangelium verkündest, Kranke heilst und Dämonen austreibst, wirst du ebenfalls begeistert sein. Es ist begeisternd, die Macht und Autorität im Namen Jesu zu sehen. Aber nachdem seine Jünger aufgeregt darüber waren, dass die Dämonen sich ihnen unterwarfen, antwortete Jesus in Lukas 10,18-20:

> *Er sprach aber zu ihnen: Ich schaute den Satan wie einen Blitz vom Himmel fallen. Siehe, ich habe euch die Macht gegeben, auf Schlangen und Skorpione zu treten, und über die ganze Kraft des Feindes, und nichts soll euch schaden. Doch darüber freut euch nicht, dass euch die Geister untertan sind; freut euch aber, dass eure Namen in den Himmeln angeschrieben sind!“*

Das möchte ich auch dir sagen. Es ist erstaunlich zu sehen, dass Menschen im Namen Jesu geheilt werden und Dämonen aus Menschen ausgetrieben werden, aber freu dich nicht allein darüber. Wir müssen uns darüber freuen, dass unsere Namen im Himmel geschrieben steht. Manchmal beten wir für Menschen, die nicht geheilt werden, und manchmal versuchen wir, Dämonen aus Menschen auszutreiben, die keine Freiheit erfahren. Deshalb ist es wichtig, unsere Freude nicht allein darauf zu bauen, denn wenn wir nicht erleben, dass Menschen geheilt oder von Dämonen befreit werden, werden wir unsere Freude verlieren. Wir müssen unsere Freude auf Christus aufbauen und uns darüber freuen, dass unsere Namen im Buch des Lebens geschrieben sind.

Kranke zu heilen und Dämonen auszutreiben ist nicht nur für Pastoren, Leiter oder jemanden mit einer besonderen Gabe. Es ist für jeden, der Jesus nachfolgt. Jesus macht dies in Markus 16,17-18 deutlich:

> *Diese Zeichen aber werden denen folgen, die glauben: In meinem Namen werden sie Dämonen austreiben; sie werden in neuen Sprachen reden; werden Schlangen aufheben, und wenn sie etwas Tödliches trinken, wird es ihnen nicht schaden; Schwachen werden sie die Hände auflegen, und sie werden sich wohl befinden.*

Hier lesen wir, dass diese Zeichen denen folgen werden, die glauben. Ich möchte dich ermutigen, mutig zu sein. Gehe hinaus und finde die Person des Friedens. Gib das Evangelium von Jesus Christus weiter und bete für die Kranken. Wenn du auf sein Wort hin hinausgehst, wirst du erleben, dass du nicht allein bist, und auch, dass Menschen geheilt und befreit werden. Erinnere dich, wie ich in der ersten Lektion sagte, dass wir Jünger/Lehrlinge sind. Wir sind hier, um zu lernen, wie Christus zu leben, und wir lernen, indem wir es tun. Es ist okay, wenn wir jetzt nicht genau wie Christus aussehen, aber wir sollten ihm heute ähnlicher sein als im letzten Jahr.

Habe keine Angst. Ich erinnere mich noch daran, wie nervös ich war, als ich anfing, für Leute zu beten. Ich dachte mir: „Was, wenn sie nicht geheilt werden?“ oder „Was mache ich, wenn sie geheilt werden?“ Ich habe für viele Menschen gebetet, die nicht geheilt wurden, aber ich habe dabei viel gelernt. Schließlich begann ich, für Menschen zu beten, die geheilt wurden. Mit der Zeit wurde es immer einfacher. Ich erinnere mich noch an das erste Mal, als ich einen Dämon austrieb. Eine Frau fiel auf unseren Wohnzimmerboden, und ein Dämon begann sich zu manifestieren und zu schreien. Ich war sehr unsicher, was ich tun sollte, da ich noch nie einen Dämon ausgetrieben hatte. Doch je öfter ich es tat, desto leichter wurde es. Ich erinnere mich noch an das erste Mal, als ich eine Person des Friedens fand. Ich teilte das Evangelium mit ihr, und sie wollte wiedergeboren werden. Ich musste sie taufen, aber ich hatte noch nie jemanden mit Wasser getauft. Ich war mir nicht sicher, wie ich es machen sollte. Ich hatte Angst, es falsch zu machen, und Angst, die falschen Worte zu sagen. Ich erinnere mich auch an das erste Mal, als ich jemandem die Hände auflegte, um den Heiligen Geist zu empfangen. Ich dachte mir: „Was ist, wenn er den Heiligen Geist nicht empfängt?“ All das war auch für mich einmal neu. Ich hatte Angst, aber ich lernte, indem ich es tat.

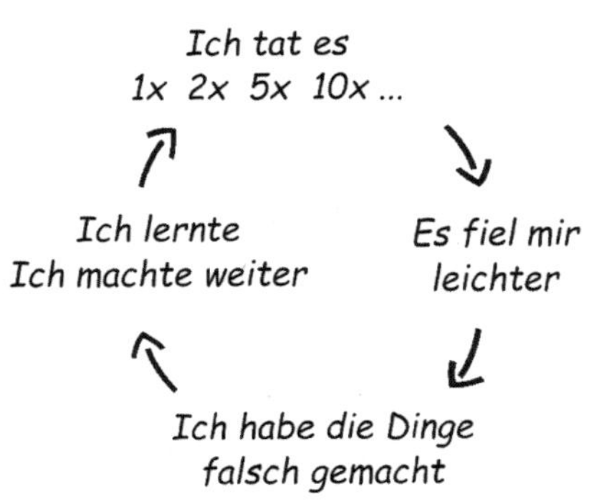

Ich möchte dich ermutigen, im Glauben hinauszugehen und es einfach zu tun. Wenn du einen Fehler machst, lerne daraus und mache weiter. Fehler zu machen ist normal. Ich habe zum Beispiel Menschen im Wasser getauft und später gemerkt, dass sie nicht bereit waren, sich taufen zu lassen, weil sie die Buße nicht ganz verstanden hatten. Ich habe auch versucht, Dämonen auszutreiben, ohne einen Durchbruch zu sehen. Ich habe für Menschen gebetet, dass sie den Heiligen Geist empfingen, und anscheinend haben sie ihn nicht empfangen. Das Wichtigste ist, dass ich aus all diesen Erfahrungen gelernt habe. Ich habe weitergemacht und wuchs darin zu wissen, wie ich es beim nächsten Mal richtig machen kann. Wenn du also zum Beispiel für jemanden betest, der nicht geheilt wird oder den Heiligen Geist nicht empfängt, bete noch einmal. Wenn du Angst hast, für jemanden zu beten, weil du Angst hast, die falschen Worte zu sagen, dann wisse, dass es nicht um deine Worte geht. Es geht um dein Herz. Mache einfach weiter und gehorche dem Ruf Jesu.

Vor vielen Jahren machte ich eine Ausbildung zum Feuerwehrmann. Zu dieser Zeit lernten wir Erste Hilfe, und es gab eine Menge neuer Informationen, die wir verarbeiten mussten. Am Ende des Erste-Hilfe-Kurses sagte der Lehrer etwas sehr Wichtiges: „Jetzt, wo ihr alles gehört habt, denkt an eines: Das Schlimmste, was ihr tun könnt, ist, nichts zu tun.“ Warum hat er das gesagt? Nun, weil es Leute gibt, die sich zu sehr auf all die Details konzentrieren (wie z. B. wie oft du den Brustkorb pressen sollst oder wie oft du Luft in den Mund blasen sollst), sodass sie zu viel Angst haben, etwas zu tun, weil sie keinen Fehler machen wollen. Solche Leute sind diejenigen, die nichts tun werden, und sie werden nicht ein einziges Menschenleben retten. So ist es auch mit dem geistlichen Dienst. Das Schlimmste, was du tun kannst, ist, nichts zu tun. Frage Gott: „Wem soll ich mich zuwenden? Wer braucht Heilung? Wer braucht Befreiung? Wer hat bereits Buße getan, muss aber noch getauft werden? Wer ist getauft, braucht aber den Heiligen Geist? Wer braucht das volle Evangelium?“ Lass dich von Gott zu Menschen des Friedens führen und mache sie zu Jüngern Jesu Christi.

Fragen und Antworten zu Lektion 6

Der Ruf Jesu

Lektion sechs ist sehr spannend, aber es gibt noch so viel mehr über den Ruf, den Jesus uns in Lukas 10 gegeben hat, zu sagen, als das, was in dieser Lektion enthalten ist. Ich schlage vor, du liest ein anderes Buch, das ich geschrieben habe, mit dem Titel „Der Ruf Jesu". In diesem Buch gehe ich mehr ins Detail. Zum Beispiel gehe ich darauf ein, was die verschiedenen Verse in Lukas 10 bedeuten. Ich glaube, dass es entscheidend ist, neuen Gläubigen diese Verse zu erklären. Sie werden nicht einfach so verstehen, dass mit der Ernte Menschen gemeint sind, mit den Schafen Gottes Volk und mit den Wölfen unser Feind und alle, die gegen uns sind. Wenn du also neuen Gläubigen das Kickstart-Paket zeigst, denke daran, dir die Zeit zu nehmen, ihnen die Bedeutung der Verse zu erklären.

In ***Der Ruf Jesu*** bespreche ich auch, warum Jesus in Lukas 10 sagt, dass man niemanden auf der Straße grüßen soll. Das kann wie ein seltsamer Befehl erscheinen, aber der Grund, warum Jesus das sagte, ist, dass er wollte, dass seine Jünger sich auf ihren Auftrag konzentrieren und nicht abgelenkt werden. Ich erkläre auch, warum Jesus sagte, dass wir nicht von Haus zu Haus gehen sollen, wenn wir eine Person des Friedens finden. Das liegt daran, dass wir den Leuten helfen müssen, ein Fundament des Glaubens in ihrem Leben zu legen. Wir müssen diesen Personen helfen, das Evangelium zu verstehen und wiedergeboren zu werden. Sobald sie wiedergeboren sind, sind sie wie neugeborene Babys, die Milch brauchen. In jenem Buch gehe ich auch mehr darauf ein, was die Milch darstellt, und wie Menschen zu reifen Jüngern Christi heranwachsen.

Obwohl es noch viel mehr Dinge gibt, die ich in dieser Lektion hätte mitteilen können, glaube ich, dass sie alles enthält, was nötig ist, um Menschen zu ermutigen, hinauszugehen und eine Person des Friedens zu finden, für Kranke zu beten, Dämonen auszutreiben und das Evangelium weiterzugeben. Ich empfehle jedem, der sich das Kickstart-Paket angeschaut hat, das Buch *Der Ruf Jesu* zu lesen.[1] Du kannst das Buch auch gerne an alle in deiner Hausgemeinde weitergeben, sobald du das Kickstart-Paket durchgearbeitet hast. Das wird dir helfen, noch besser zu verstehen, wozu Jesus dich berufen hat.

Nun, da du es gehört hast, gehe!

Wie ich bereits erwähnt habe, ist es sehr wichtig, dass man den Ruf Jesu nicht nur hört, sondern ihm auch gehorcht. Nachdem du ihnen das Kickstart-Paket gezeigt hast, ermutige ich dich, mit den Leuten auf die Straße zu gehen, um eine Person des Friedens zu finden, für die Kranken zu beten und das Evangelium zu teilen. Es ist wichtig, dass du mit den Leuten sofort rausgehst, bevor die Angst, auf die Straße zu gehen, sie entmutigen kann. Es ist so wichtig, dass die Menschen, die die Videos des Kickstart-Pakets gesehen haben, dieses Leben erfahren. So wie die Jünger zurückkamen und sich freuten, weil die Dämonen ihnen gehorchten, werden auch diejenigen, die du mitnimmst, zurückkommen und sich über die Kraft Gottes freuen und darüber, dass Gott sie benutzt hat, um Kranke zu heilen, Dämonen auszutreiben und das Evangelium zu predigen.

Wenn du Leute hast, die mehr Erfahrung damit haben, auf die Straße zu gehen, dann bilde Gruppen, in denen die erfahreneren Leute die weniger erfahrenen mitnehmen, um ihnen zu zeigen, wie es funktioniert. Wenn du eine Person ansprichst, kannst du sagen: „Entschuldigung, haben Sie irgendwelche Schmerzen oder etwas, wofür ich für Sie beten kann?“ Wenn sie ja sagt, bete für sie und teile ihr das Evangelium mit. Danach solltet ihr euch die Zeit nehmen, einander mitzuteilen, was ihr erlebt habt, während ihr auf der Straße wart, bevor ihr mit Lektion 7 beginnt.

Wir haben viele Videos im Internet, in denen du sehen kannst, wie wir hinausgehen, um die Person des Friedens zu finden, für die Kranken zu beten, Dämonen auszutreiben und das Evangelium weiterzugeben. Wenn du alleine und zu nervös bist, um rauszugehen, benutze

[1] Erhältlich unter www.gloryworld.de und in jeder Buchhandlung.

TLRmap.com, um Leute in deiner Nähe zu kontaktieren, die mehr Erfahrung damit haben, auf die Straße zu gehen. Sie können dir zeigen, wie man es macht. Es ist wichtig, die Angst zu überwinden und einfach rauszugehen und es zu tun. Wenn du rausgehst und es tust, wirst du Jesus Christus gehorchen, und es gibt nichts Großartigeres als das. Wie ich bereits erwähnt habe, wirst du dich beim ersten Schritt wie ein ängstliches, kleines Lamm fühlen. Sobald du jedoch diesen Schritt des Glaubens machst, wirst du auch erleben, dass Jesus wirklich mit dir geht, und du wirst begeistert sein, ihn durch dich wirken zu sehen.

Die Person des Friedens finden

Ich ermutige dich, Gott zu fragen, wer die Menschen des Friedens in deinem Leben sind. Oftmals sind Menschen des Friedens Menschen, die wir bereits kennen. Nimm dir also die Zeit, um zu beten und zu sagen: „Gott, bitte zeige mir, wen ich mit dem Evangelium erreichen muss. Wer ist die Person des Friedens?" Es kann z. B. jemand aus deiner Schule, deinem Arbeitsplatz, deiner Gemeinde oder deiner Nachbarschaft sein. Wie ich in dieser Lektion gesagt habe, kann die Person des Friedens jemand sein, der bereits gläubig ist, ähnlich wie Lydia, der aber noch das volle Evangelium verstehen, im Wasser getauft werden oder den Heiligen Geist empfangen muss. Die Person des Friedens könnte auch jemand sein, der Gott sucht, aber nichts über ihn weiß.

Es ist wichtig, Gott täglich zu fragen, wen er heute durch dich mit dem Evangelium erreichen möchte. Wenn du das tust, wird er dich leiten. Ja, er wird dir jemanden ins Gedächtnis rufen, und dann gehe zu dieser Person und gib ihr das Evangelium weiter. Wenn du anfängst, Jesus auf diese Weise zu gehorchen, wirst du sehr viel Frucht sehen. Du kannst den Leuten auch gerne das **Kickstart-Paket** und andere Videos auf unserem YouTube-Kanal oder unserer Webseite zeigen. Du kannst die Videos abspielen und sie als Werkzeug benutzen, um das Evangelium mit Menschen zu teilen, bis du dich sicher fühlst, das Evangelium selbst weiterzugeben. Die Ernte ist groß, aber es gibt nur wenige Arbeiter, also müssen wir in die Ernte hinausgehen und Jesus gehorchen. Ich ermutige dich, die Werkzeuge zu nutzen, die wir dir zur Verfügung stellen, und die Menschen in deiner Hausgemeinde zu bitten, sich Zeit zu nehmen, um zu beten und Gott zu fragen, wen sie mit dem Evangelium erreichen müssen.

Schlangen aufheben

Ich weiß, dass viele Menschen versuchen, andere davon abzubringen, dem Ruf Jesu zu gehorchen und ein Leben zu führen, das mit dem übereinstimmt, was Jesus in Markus 16,17-18 sagt, wo es heißt: *„Diese Zeichen aber werden denen folgen, die glauben: In meinem Namen werden sie Dämonen austreiben; sie werden in neuen Sprachen reden; werden Schlangen aufheben, und wenn sie etwas Tödliches trinken, wird es ihnen nicht schaden; Schwachen werden sie die Hände auflegen, und sie werden sich wohl befinden."* Es gibt einige Leute, die diese Verse lesen und sagen: „Ja, aber in Markus 16,18 sagt Jesus, dass wir auch Schlangen aufheben werden und wenn wir Gift trinken, es uns nicht schaden wird. Sollen wir das auch tun?" Es gibt sogar Gemeinden in Amerika, die, aufgrund dessen, was in Markus 16,18 steht, bei ihren Versammlungen tatsächlich mit Schlangen spielen. Das ist jedoch töricht, denn die Bibel sagt auch in Matthäus 4,7: *„Du sollst den Herrn, deinen Gott, nicht versuchen."* Wir sollten Jesus gehorchen und die Kranken heilen und Dämonen austreiben, aber wir sollten den Herrn nicht auf die Probe stellen. In Markus 16,18 sagt Jesus, es werde uns nicht schaden, wenn wir eine Schlange aufheben oder Gift trinken. Er sagt aber nicht, dass wir diese Dinge absichtlich tun sollen. Jesus sagt einfach, dass wir uns nicht fürchten sollen, wenn diese Dinge passieren, weil sie uns nicht schaden werden.

Ein Beispiel dafür sehen wir in Apostelgeschichte 28, als Paulus in Malta war. Dort wurde er von einer Schlange gebissen. Paulus schüttelte die Schlange einfach ab, und sie tat ihm nichts an. Die Leute dort waren erstaunt. Am Ende betete er für jeden auf der Insel, und sie wurden alle geheilt. Wir sollten also Dämonen austreiben, Kranke heilen und das Evangelium predigen, und wenn uns irgendetwas passieren sollte, in Bezug auf gefährliche Tiere oder Gift, sollten wir keine Angst haben, weil er mit uns ist. Denke jedoch daran, Gott nicht auf die Probe zu stellen.

Sollte jeder auf die Straße gehen?

Nein, ich glaube nicht, dass jeder auf die Straße gehen muss, aber jeder sollte ein Jünger Christi sein und dem Ruf gehorchen, den Jesus ihm gegeben hat. Es ist wichtig zu verstehen, dass, auf die Straße zu gehen, nicht der einzige Weg ist, um eine Person des Friedens zu finden. Die Person des Friedens zu finden, ist etwas, was in unserem täglichen Leben geschehen kann. Die Heilung von Kranken und das Austreiben von Dämonen geschieht nicht nur auf der Straße. Es kann auch in deiner Schule oder an deinem Arbeitsplatz geschehen oder wenn du mit der Familie oder Freunden zusammenkommst.

Wir haben gesehen, dass eine Menge Frucht in den vorhandenen Beziehungen entsteht. Viele Male, wenn Menschen beginnen, dem Ruf Jesu zu gehorchen und anfangen, Jesus mit Freunden und Familie zu teilen, finden sie Menschen des Friedens. Das geschieht nicht nur draußen auf der Straße. Menschen, die du auf der Straße triffst, können distanziert und skeptisch sein, weil sie dich nicht kennen und dir nicht vertrauen. Wenn du die Person des Friedens jedoch kennst, ist sie offener und wird dir vertrauen. Deshalb ist es für jemanden, den du kennst, viel einfacher, deine Botschaft zu empfangen. Auf die Straße zu gehen, um die Person des Friedens zu finden, ist eine großartige Idee, wenn du noch niemanden hast, den du kennst und den du erreichen willst. Es ist auch eine gute Möglichkeit für dich zu lernen, wie du für Menschen beten kannst. Es ist einfacher, für Menschen zu beten, die man nicht kennt, als für Menschen, die man kennt. Wenn du einmal geübt hast, für Menschen zu beten, die du nicht kennst und im Glauben und in der Kühnheit wächst, wird es dir leichter fallen, auch für deine Freunde und Familie zu beten.

Falls du introvertiert bist und dich damit überfordert fühlst, auf die Straße zu gehen, ermutige ich dich trotzdem, ein paar Mal zu gehen. Ich empfehle dir, mit jemandem zu gehen, der eher extrovertiert ist und von dem du lernen kannst. Wenn du siehst, wie es funktioniert und wie Gott durch dich heilt, wirst du im Glauben und in der Kühnheit wachsen. Sobald du das einmal getan hast, bitte den Heiligen Geist, dich zu führen, mit den Menschen zu arbeiten, die du in deinem Netzwerk hast. Wenn du die Person des Friedens in deinem Netzwerk findest, frage sie, ob sie andere Personen des Friedens in ihrem Netzwerk kennt. Dann wirst du sehen, wie das Reich Gottes von Netzwerk zu Netzwerk wächst.

Ich ermutige dich, dieses **Kickstart-Paket** zu nutzen, um kleine Kickstarts in verschiedenen Häusern einzurichten. Diejenigen, die sich das Kickstart-Paket mit dir anschauen, möchten vielleicht auch das gleiche Kickstart-Event in ihrem Haus mit ihrem Netzwerk veranstalten und so weiter. Das wird dir helfen, weiterhin Jünger zu machen und dem Ruf zu gehorchen, den Jesus uns allen gegeben hat.

Heilung der Kranken: Das Gebot von Jesus

Wenn wir über die Heilung von Kranken und die Verkündigung des Evangeliums sprechen, ist es immer wichtig, einen Blick auf Christus zu werfen, denn Jesus ist derselbe gestern, heute und in Ewigkeit. Jesus hat uns befohlen, das Werk fortzusetzen, das er hier auf der Erde begonnen hat. Wenn wir uns die Zeit nehmen, Jesus und seinen Dienst zu betrachten, sehen wir, dass er nicht nur das Evangelium gepredigt, sondern auch die Kranken geheilt hat. In Matthäus 4,23 heißt es: *„Und er zog in ganz Galiläa umher, lehrte in ihren Synagogen und predigte das Evangelium des Reiches und heilte jede Krankheit und jedes Gebrechen unter dem Volk.“* Jesus ging also umher, um das Evangelium zu predigen und die Kranken zu heilen. Wie hat Jesus gepredigt? Das können wir in Matthäus 5–7 sehen, den Seligpreisungen und der Bergpredigt. Wie hat Jesus die Kranken geheilt? Das können wir in Matthäus 8 und 9 sehen, wo über die verschiedenen Wunder und Heilungen berichtet wird, die er tat. In Matthäus 9,35 lesen wir: *„Und Jesus zog umher durch alle Städte und Dörfer und lehrte in ihren Synagogen und predigte das Evangelium des Reiches und heilte jede Krankheit und jedes Gebrechen.“*

Im Matthäus-Evangelium können wir sehen, wie Jesus predigte und heilte. Zum Beispiel in Matthäus 9,37-38: *„Dann spricht er zu seinen Jüngern: Die Ernte zwar ist groß, die Arbeiter aber sind wenige. Bittet* *nun den Herrn der Ernte, dass er Arbeiter aussendet in seine Ernte!"* Was bedeutet das? Es bedeutet, dass es viele Menschen gibt, die das Evangelium hören müssen, viele Kranke, die geheilt werden müssen, und viele, die von Dämonen befreit werden müssen. Nachdem er das gesagt hatte, rief er seine 12 Jünger zu sich und sagte in Matthäus 10,7-8: *„Wenn ihr aber hingeht, predigt und sprecht: Das Reich der Himmel ist nahe gekommen. Heilt Kranke, weckt Tote auf, reinigt Aussätzige, treibt Dämonen aus! Umsonst habt ihr empfangen, umsonst gebt!"* Wir sehen später, dass die 12 Jünger nicht genug waren, also rief er die 70. Auch die 70 waren immer noch nicht genug für die Ernte, und deshalb sagte Jesus, bevor er in den Himmel auffuhr und seinen Heiligen Geist herabsandte, in Matthäus 28,19-20: *„Geht nun hin und macht alle Nationen zu Jüngern, und tauft sie auf den Namen des Vaters und des Sohnes und des Heiligen Geistes, und lehrt sie alles zu bewahren, was ich euch geboten habe! Und siehe, ich bin bei euch alle Tage bis zur Vollendung des Zeitalters."* Hier sehen wir, dass die Ernte so groß ist, dass Jesus uns allen befohlen hat, die Kranken zu heilen und das Evangelium zu predigen.

Jesus ist derselbe gestern, heute und in Ewigkeit, und wir sollen weiterhin das Evangelium predigen und die Kranken heilen, wie er es getan hat. Wie er sollen wir uns eine Person des Friedens suchen, in ihrem Haus bleiben, essen, was sie serviert, die Kranken heilen und das Evangelium predigen. Wir sehen, dass Jesus in Matthäus 9 diese Dinge tat, als er Matthäus traf. Er ging in dessen Haus und setzte sich zum Essen hin. Und in Matthäus 9,12-13 stellt Jesus klar, warum er in Matthäus' Haus war. Er sagt nämlich: *„Als aber er es hörte, sprach er: Nicht die Starken brauchen einen Arzt, sondern die Kranken. Geht aber hin und lernt, was das ist: ‚Ich will Barmherzigkeit und nicht Schlachtopfer.' Denn ich bin nicht gekommen, Gerechte zu rufen, sondern Sünder."* Das ist es, was wir heute tun sollten. Nirgendwo in der Bibel steht, dass wir nur das Evangelium predigen oder nur die Kranken heilen sollen. Das Heilen von Kranken und die Verkündigung des Evangeliums gehen Hand in Hand.

Gelten die Verheißungen für Heilung auch heute noch?

Es gibt viele Menschen, die sagen, Heilung sei heute nicht mehr möglich und habe mit den Aposteln aufgehört. Ich möchte jedoch klar und deutlich sagen, dass diese Lehre falsch ist und nicht mit dem Wort Gottes übereinstimmt. Viele Menschen sagen auch, nur einige wenige Menschen mit einer besonderen Gabe könnten andere heilen. Das ist jedoch ebenfalls falsch und stimmt nicht mit dem Wort Gottes überein. In Markus 16,17-18 heißt es: *„Diese Zeichen aber werden denen folgen, die glauben: In meinem Namen werden sie Dämonen austreiben; sie werden in neuen Sprachen reden; werden Schlangen aufheben, und wenn sie etwas Tödliches trinken, wird es ihnen nicht schaden; Schwachen werden sie die Hände auflegen, und sie werden sich wohl befinden.“* Aus diesen Versen können wir ersehen, dass Heilung nicht nur für Menschen mit einer besonderen Gabe ist. Da Jesus gestern, heute und in Ewigkeit derselbe ist, wissen wir, dass sich auch sein Befehl an uns nicht geändert hat. Deshalb sollen wir auch heute noch im Namen Jesu Kranke heilen.

Ja, die Bibel erwähnt tatsächlich eine Gabe der Heilung. Wir lesen das in 1. Korinther 12,28, wo es heißt: *„Und die einen hat Gott in der Gemeinde eingesetzt erstens als Apostel, zweitens [andere] als Propheten, drittens als Lehrer, sodann [Wunder]kräfte, sodann Gnadengaben der Heilungen, Hilfeleistungen, Leitungen, Arten von Sprachen.“* Es ist wichtig zu verstehen, dass die Aufgabe all dieser Gaben und Berufungen darin besteht, die Heiligen zuzurüsten. Das sehen wir in Epheser 4,11-12, wo es heißt: *„Und er hat die einen als Apostel gegeben und andere als Propheten, andere als Evangelisten, andere als Hirten und Lehrer, zur Ausrüstung der Heiligen für das Werk des Dienstes, für die Erbauung des Leibes Christi.“* Wir sehen also, dass es Menschen gibt, die eine Berufung zum Apostel, Propheten, Evangelisten und Lehrer haben. Es gibt auch solche mit der Gabe des Heilens, des Helfens, der Leitung und verschiedenen Arten von Zungenreden. Nicht jeder hat also die Gabe der Heilung, aber jeder kann heilen. Genauso verhält es sich mit den anderen Gaben. Nicht jeder hat die Gabe des Helfens, aber jeder kann helfen. Nicht jeder ist ein Evangelist, aber jeder kann evangelisieren. Nicht jeder ist ein Lehrer, aber jeder kann etwas lehren. Und nicht jeder ist ein Prophet, aber jeder kann prophezeien.

Wenn ich zum Beispiel ein Kickstart-Wochenende veranstalte, rüste ich die Gläubigen aus, hinauszugehen und die Kranken zu heilen. Dabei benutze ich die Gabe, die Gott mir gegeben hat, um die Heiligen zuzurüsten, den Dienst zu tun, zu dem Jesus sie berufen hat. Ich habe einen Freund, der sehr prophetisch ist. Er hat mich gelehrt, besser im Prophezeien zu werden. Aber nur weil jemand prophezeien kann, heißt das nicht, dass er ein Prophet ist. Nur weil jemand lehren kann, heißt das nicht, dass er ein Lehrer ist. Nur weil jemand Kranke heilen kann, heißt das nicht, dass er eine Gabe der Heilung hat. Wenn aber jemand anfängt, Heilige zuzurüsten, z. B. im Heilen von Kranken, dann ist es wahrscheinlich, dass er eine Gabe in diesem Bereich hat.

Konzentriere dich nicht darauf, ob du eine Gabe hast oder nicht. Konzentriere dich stattdessen darauf, Jesus zu gehorchen, und das, was wir in Markus 16,17 lesen, wird folgen. Gehe hinaus, verkünde das Evangelium, mache Jünger, heile Kranke und treibe Dämonen aus. Fang an, das zu tun, wozu Jesus dich berufen hat, und du wirst vielleicht in einem bestimmten Bereich stark werden. Dann kannst du anfangen, andere Gläubige zuzurüsten, das Gleiche zu tun. Wenn das passiert, dann können wir sagen, dass du eine Gabe in diesem Bereich hast, und sie sollte genutzt werden, um die Heiligen zuzurüsten.

Du brauchst nicht die Gabe der Heilung, um die Kranken zu heilen. Stell dir vor, wir würden in einer Welt leben, in der wir nur das tun können, wofür wir eine Gabe haben. Stellen wir uns vor, jemand in der Gemeinde stellt ein paar Stühle um und bittet dich um Hilfe, und anstatt ihm zu helfen, antwortest du: „Nein, tut mir leid, ich kann dir nicht helfen, weil ich nicht die Gabe des Helfens habe.“ Oder stell dir vor, deine Kinder kommen von der Schule nach Hause und bitten dich, ihnen bei den Hausaufgaben zu helfen, und du antwortest: „Nein, tut mir leid, ich kann euch nicht helfen, weil ich nicht die Gabe des Lehrens habe.“ Die Vorstellung, dass du nur das tun kannst, wofür du eine Gabe hast, ist falsch und unbiblisch. Also, konzentriere dich jetzt nicht auf die Gaben. Konzentriere dich einfach darauf, ein treuer Jünger zu sein und zu lernen, dem Ruf Jesu zu gehorchen.

Ich empfehle dir, an einem unserer Kickstart-Wochenenden teilzunehmen, wo wir uns darauf konzentrieren, die Gläubigen zuzurüsten, Jesus zu gehorchen. Durch diese Kickstart-Wochenenden haben wir erstaunliche Frucht gesehen und eine Armee von Jüngern, die sich aufmacht, um Kranke zu heilen, Dämonen auszutreiben und Menschen zu Christus zu führen.

Anfangen, für Menschen zu beten

Nachdem du nun diese Lektion gelernt hast, fange an, für die Leute zu beten, die mit dir das Kickstart-Paket durchgehen. Habe keine Angst. Fange im Glauben an. Jeder muss irgendwo anfangen. Frage die Menschen im Raum, ob sie Schmerzen in ihrem Körper haben. Frage, ob jemand von ihnen unter Depressionen, Ängsten und so weiter leidet. Wenn sich jemand meldet, bitte ihn oder sie aufzustehen und bete dann für ihn oder sie. Was du sagst, wenn du betest, ist nicht wichtig. Was wichtig ist, dass du im Glauben betest und es einfach hältst. Du kannst z. B. sagen: „Im Namen Jesu befehle ich, dass der Schmerz sofort verschwindet."

Wenn jemand da ist, der unter Depressionen, Sorgen, Furcht oder etwas Ähnlichem leidet, lege ihm die Hände auf und bete. Du kannst z. B. sagen: „Im Namen Jesu befehle ich, dass die Depressionen (oder Ängste oder Sorgen etc.) sofort verschwinden." Befiehl diesen Dingen, sie zu verlassen. Wenn du gesehen hast, wie wir das in Videos gemacht haben, dann kannst du es genauso machen wie wir. Es ist wichtig zu verstehen, dass der Glaube wie ein Muskel ist. Je mehr du ihn benutzt, desto mehr wird er wachsen. Niemand fängt als Experte an, wie man für Menschen betet. Niemand weiß von Anfang an genau, wie es funktioniert, oder erlebt, dass 100% der Menschen, für die er betet, geheilt werden.

Nachdem du für jemanden, der Schmerzen hat, gebetet hast, bitte ihn, zu überprüfen, ob er noch Schmerzen hat. Wenn der Schmerz immer noch da ist, bete einfach noch einmal. Manchmal müssen wir zwei-, drei- oder viermal für Menschen beten, bevor ihre Schmerzen vollständig verschwunden sind. Wenn du beim ersten Mal für sie betest, wird manchmal nichts passieren. Wenn du das zweite Mal für sie betest, spüren sie vielleicht, dass der Schmerz ein wenig nachlässt. Und wenn du weiter betest, kann es sein, dass die Person sagt, dass ihr Schmerzlevel kontinuierlich sinkt. Bete einfach weiter, bis der Schmerz ganz weg ist. Es ist auch von Mensch zu Mensch unterschiedlich.

Wenn du für Menschen betest, ist es gut, deine Augen offen zu halten. Wenn du deine Augen schließt, kannst du nicht sehen, was mit der Person, für die du betest, passiert. Es ist wichtig, ihre Gesichtsreaktionen zu sehen, während du für sie betest, denn auch wenn du anfangs für Heilung betest, kann es sich in eine Befreiung verändern. Manchmal kannst du an ihrem Gesichtsausdruck erkennen, dass etwas in ihnen passiert. Manchmal fangen sie an, sehr tief zu atmen und sehen aus, als würde ein innerer Kampf in ihnen stattfinden. Wenn das passiert, ist es oft dämonisch und sie müssen von einem Dämon befreit werden. Sie fangen vielleicht an zu husten und erleben schließlich, dass etwas sie verlässt. Wenn ich um Befreiung bete, sage ich oft: „Ich befehle jedem unreinen Geist, jetzt herauszukommen, im Namen von Jesus." Nimm einfach die Autorität und befehle jedem unreinen Geist, sie zu verlassen.

In unserer „Pioneer School" im Internet kannst du viele Lehren finden, nicht nur darüber, wie man Kranke heilt, sondern auch, wie man Dämonen austreibt. Ich ermutige dich, dir diese Lehren anzusehen. Es ist wichtig, es einfach zu halten. Schaue auf Christus und habe Glauben wie ein Kind. Fange an, deinen Glaubensmuskel zu benutzen und lasse ihn wachsen. Bete für die Kranken und bete weiter, auch wenn sie die ersten paar Male, die du betest, nicht geheilt werden. Wir alle erleben, dass wir für Menschen beten, die nicht geheilt werden, weil wir noch nicht wie Christus sind. Lass dich jedoch nicht entmutigen. Mach einfach weiter, und du wirst erleben, dass Menschen im Namen Jesu geheilt werden. Teile weiterhin das Evangelium mit den Menschen und lerne, während du gehst. Mit der Zeit wirst du erleben, dass viele zu Christus kommen. Vergiss nicht, dass wir alle als Jünger hier sind, um zu lernen, wie Christus zu leben. Vielleicht sind wir noch nicht am Ziel, aber wir sollten von Jahr zu Jahr wachsen. Wir sollten dieses Jahr mehr Christus gleichen als letztes Jahr.

Der gute Boden

LEKTION 7

Willkommen zu Lektion sieben in diesem Kickstart-Paket. Ich hoffe, dass das Kickstart-Paket bis jetzt ein großer Segen für dich gewesen ist. Ich wünsche mir, dass es dein Leben verwandelt. Ich glaube, dass viele von euch sehr viel mehr über das Evangelium von Jesus gelernt haben und dass wir als seine Jünger aufgerufen sind, ihm zu folgen. Ich glaube auch, dass viele von euch Buße getan, sich im Wasser taufen lassen, den Heiligen Geist empfangen und ein neues Leben mit Gott begonnen haben.

Bevor ich diese letzte, lebensverändernde Lektion mit euch teile, möchte ich euch daran erinnern, worüber wir bereits gesprochen haben. In der ersten Lektion haben wir uns die Jüngerschaft angesehen und wie wir, wenn wir „Ja“ zu Jesus sagen, „Nein“ zu uns selbst sagen und uns entscheiden, Jesus als seine Jünger/Lehrlinge zu folgen. Wenn wir „Ja“ zu Jesus sagen, werden wir mit der Zeit lernen zu leben, zu reden, uns vom Heiligen Geist leiten zu lassen, Kranke zu heilen und Dämonen auszutreiben, wie Jesus es getan hat. Er ist unser Meister, und wir sollten lernen, so zu leben wie er. Natürlich werden wir Fehler machen, und das ist in Ordnung. Es ist in Ordnung, dass wir jetzt nicht genau wie Jesus aussehen, aber wie ich schon gesagt habe, sollten wir jetzt mehr wie Jesus aussehen als im letzten Jahr.

In der zweiten Lektion haben wir uns die neue Geburt angesehen und dass wir nicht das Leben führen können, das Jesus für uns hat, wenn wir nicht wiedergeboren sind. Wir müssen wiedergeboren sein, um Christus zu folgen und in das Reich Gottes einzugehen. Wir haben uns angesehen, dass wir Buße tun, uns von unseren Sünden abwenden und uns Gott zuwenden müssen. Wir haben uns auch die Bedeutung der Taufe angesehen und dass sie kein Symbol ist und wie die Taufe nach der Buße kommen muss.

In der dritten Lektion konzentrierten wir uns auf den Heiligen Geist und die Bedeutung des Sprechens in Zungen. Wir haben uns auch angesehen, wie Jesus in Johannes 16,7 sagte: *„Doch ich sage euch die Wahrheit: Es ist euch nützlich, dass ich weggehe, denn wenn ich nicht weggehe, wird der Beistand nicht zu euch kommen; wenn ich aber hingehe, werde ich ihn zu euch senden."* Lektion drei erklärt auch, dass der Heilige Geist uns in alle Wahrheit leiten und uns helfen wird, so zu leben wie Jesus damals.

In der vierten Lektion geht es um das Evangelium, um die gute Nachricht vom Reich Gottes vom Anfang bis zum Ende. Wir haben uns dazu angesehen, wie die Sünde in Adam und Eva hineinkam und dass die beiden den Garten verlassen mussten, damit sie nicht vom Baum des Lebens essen und für immer in ihrem gefallenen Zustand bleiben würden. Wir haben uns auch angesehen, dass Jesus als der neue Adam auf die Erde kam, um einen Weg für uns zu schaffen, Vergebung und ewiges Leben zu erfahren. Eines Tages werden wir, wenn wir wiedergeboren sind, im neuen Himmel und auf der neuen Erde sein, vom Baum des Lebens essen und für immer leben. Wir konzentrierten uns auch auf die Bedeutung der Buße bzw. Umkehr sowie der Taufe im Wasser und mit dem Heiligen Geist.

In der fünften Lektion haben wir uns damit beschäftigt, dass wir Gott kennenlernen können, indem wir wiedergeboren werden und Gottes Geist empfangen. Wir sind alle dazu berufen, eine Beziehung zu ihm zu haben. Es ist wichtig zu verstehen, dass wir nicht dazu berufen sind, Religion, sondern eine Beziehung mit dem lebendigen Gott zu haben. Wir haben uns auch angesehen, was es bedeutet, vom Heiligen Geist geführt zu werden und dass Gott heute oft zu uns spricht.

Lektion 6 handelt vom Ruf Jesu und dass dieser Ruf für jeden gilt. Dein Alter, dein Geschlecht, oder wie reif du im Glauben bist, spielt keine Rolle. Der Ruf von Jesus gilt jedem. In dieser Lektion haben wir uns mit Lukas 10 beschäftigt, um den Ruf Jesu an uns zu verstehen, der in Lukas 10,2 zum Ausdruck kommt: *„Die Ernte zwar ist groß, die Arbeiter aber sind wenige. Bittet nun den Herrn der Ernte, dass er Arbeiter aussende in seine Ernte!"* Wir haben uns auch angesehen, dass wir eine Person des Friedens finden sollten und was wir tun sollten, wenn wir sie gefunden haben.

In Lektion 7 nun werde ich über den guten Boden sprechen. Wir werden uns ansehen, wie wichtig es ist, alles zu befolgen, was wir uns in diesem **Kickstart-Paket** angeschaut haben. Es reicht nicht aus, nur auf die Dinge zu hören, die ich bis jetzt mitgeteilt habe. Wir müssen ihnen gehorchen und Christus nachfolgen. Leider werden viele von euch dieses **Kickstart-Paket** beenden und alles vergessen, was sie gehört haben. Andere werden die Worte Jesu in ihr Herz aufnehmen und vielleicht anfangen, ihnen zu gehorchen, aber sie werden abfallen, wenn die Verfolgung kommt. Einige von euch werden alles befolgen wollen, was sie gehört haben, aber sie werden es nicht können, weil sie so sehr mit dem Leben und all seinen Sorgen beschäftigt sind. Am Ende wirst du diese Dinge über Jesus stellen. Ich glaube jedoch, dass es auch einige unter euch gibt, die nicht nur zuhören, sondern Jesu Worte in ein gutes Herz empfangen werden. Ihr seid diejenigen, die sich dafür entscheiden, Jesus zu gehorchen und alles zu tun, was notwendig ist. Deshalb werdet ihr, wenn ihr Jesus gehorcht, erstaunliche Früchte in eurem Leben sehen.

Wenn wir uns das in dieser Lektion genauer ansehen, hoffe ich, dass es jedem von euch helfen wird, der gute Boden zu werden, der viel Frucht bringt, wenn ihr den Willen eures Meisters tut. Beginnen wir damit, das Gleichnis vom Sämann zu betrachten. In Markus 4,3-8 sagt Jesus:

> *Hört! Siehe, der Sämann ging hinaus, um zu säen. Und es geschah, indem er säte, fiel das eine an den Weg, und die Vögel kamen und fraßen es auf. Und anderes fiel auf das Steinige, wo es nicht viel Erde hatte; und es ging sogleich auf, weil es nicht tiefe Erde hatte. Und als die Sonne aufging, wurde es verbrannt, und weil es keine Wurzel hatte, verdorrte es. Und anderes fiel unter die Dornen; und die Dornen sprossten auf und erstickten es, und es gab keine Frucht. Und anderes fiel in die gute Erde und gab Frucht, indem es aufsprosste und wuchs; und es trug eines dreißig-, eines sechzig- und eines hundert[fach].*

Dieses Gleichnis spricht von einem Mann, der Samen sät. Die Samen in diesem Gleichnis stellen das Wort Gottes dar. Der Same (das Wort Gottes) ist sehr mächtig. Er kann Freiheit, Vergebung und sehr viel

Frucht in deinem Leben bringen. Allerdings ist der Same (das Wort Gottes) allein nicht genug. Er muss auf den richtigen Boden fallen, damit er Frucht bringen kann. In diesem Gleichnis spricht Jesus darüber, dass diese vier verschiedenen Böden vier verschiedene Arten von Menschen darstellen. Der Same ist das Wort Gottes, und Jesus sagt, dass er auf den richtigen Boden (die richtige Person) fallen muss, damit er Frucht bringen kann. Wenn du diese einfache Wahrheit nimmst, die wir in diesem **Kickstart-Paket** betrachtet haben, hat sie, glaube ich, die Kraft, nicht nur dein Leben zu verändern, sondern auch das Leben vieler Menschen um dich herum. Damit das geschieht, musst du jedoch der gute Boden sein, der das Wort in ein gutes Herz aufnimmt, ihm gehorcht und nicht aufgibt, wenn das Leben schwierig wird.

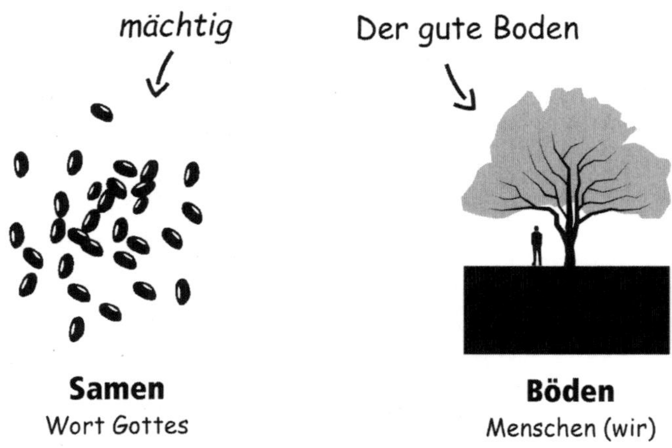

Was ist also der gute Boden? Der gute Boden sind Menschen, die das Wort hören, es aufnehmen und eine Menge Frucht bringen. Aber was ist Frucht? Was bedeutet es, gute Frucht zu bringen? Und wie viel Frucht will Gott, dass wir tragen? Nun, ich kann damit beginnen, dass Jesus möchte, dass wir viel Frucht tragen. In Johannes 15,2 (LUT) sagt Jesus: „*Jede Rebe an mir, die keine Frucht bringt, schneidet er weg, und jede, die Frucht bringt, schneidet er zurück und reinigt sie so, damit sie noch mehr Frucht bringt.*“ Das ist sehr ernst gemeint. Er möchte, dass wir Frucht tragen, aber welche Art von Frucht? Nun, es gibt zwei Arten von Frucht. Erstens gibt es die Frucht des Geistes, über die wir in Galater 5,22-23 lesen, wo es heißt: *„Die Frucht des Geistes aber ist: Liebe, Freude, Friede, Langmut, Freundlichkeit, Güte, Treue, Sanftmut, Enthaltsamkeit ...“* Dies sind einige der guten Früchte, die wir in unserem Leben haben sollten. Wenn wir durch den Geist leben und Gott unser Leben umgestalten lassen, sollten wir diese Früchte hervorbringen. Es gibt auch noch eine andere Art von Frucht, die dadurch entsteht, dass wir Jesu Worten gehorchen. Wir können das an dem sehen, was Jesus in Johannes 15,16 sagt: *„Ihr habt nicht mich erwählt, sondern ich habe euch erwählt und euch [dazu] bestimmt, dass ihr hingeht und Frucht bringt und eure Frucht bleibt, damit, was ihr den Vater bitten werdet in meinem Namen, er euch gebe.“* Die Frucht, auf die sich Jesus hier bezieht, sind Menschen. Er möchte, dass wir hinausgehen und bleibende Früchte bringen. Er möchte, dass wir seinem Ruf gehorchen und Menschen für das Evangelium gewinnen. Jesus möchte, dass jeder gerettet wird, und er will, dass wir hinausgehen und das Werk fortsetzen, das er begonnen hat, als er hier auf der Erde war. Wenn wir seine Worte annehmen und gehorchen, werden wir diese Art von Frucht in unserem Leben erleben.

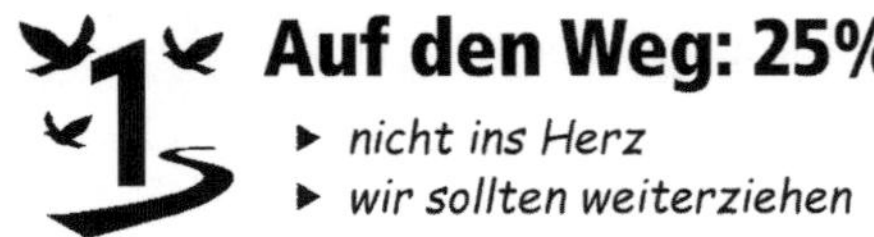

Schauen wir uns nun die vier Böden an, die in Markus 4 erwähnt werden. Nur einer der vier erwähnten Böden ist der gute Boden, der viel Frucht tragen wird. In Markus 4,8 spricht Jesus über diesen Boden, indem er sagt: *„Und anderes fiel in die gute Erde und gab Frucht, indem es aufsprosste und wuchs; und es trug eines dreißig-, eines sechzig- und eines hundert[fach].“* Im Moment bist du einer dieser vier Böden, und es besteht eine 25%ige Wahrscheinlichkeit, dass du der gute Boden bist. Markus 4,4 berichtet über den ersten Boden. Dort heißt es: *„Und es geschah, indem er säte, fiel das eine an den Weg, und die Vögel kamen und fraßen es auf.“* Hier sehen wir, dass die Samen nicht in den Boden gingen, und die Vögel kamen und fraßen sie auf. In Markus 4,15 spricht Jesus über diesen Boden: *„Die*

an dem Weg aber sind die, bei denen das Wort gesät wird und, wenn sie es hören, sogleich der Satan kommt und das Wort wegnimmt, das in sie hineingesät worden ist.“ Hier können wir sehen, dass der Same im ersten Boden jene Menschen repräsentiert, die das Wort Gottes nicht in ihr Herz aufgenommen haben. Bist du das? Bist du Boden Nummer 1? Das glaube ich nicht. Ich glaube, dass diejenigen, die Boden Nummer eins sind, diejenigen sind, die nichts mit Jesus zu tun haben wollen. Ich glaube, es sind die Menschen, auf die sich Jesus bezog, als er seinen Jüngern sagte, dass sie, wenn sie eine Stadt betreten und nicht willkommen sind, den Staub von ihren Füßen schütteln und weiterziehen sollen.

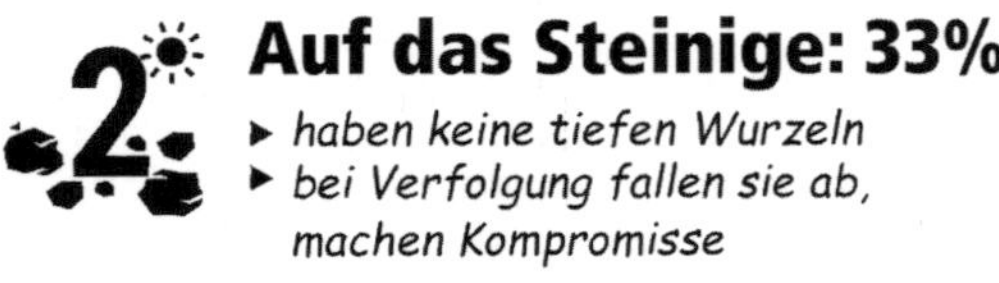

Nehmen wir an, du bist nicht der Boden Nummer 1. Es sind jetzt noch drei Böden übrig, was bedeutet, dass es eine 33%ige Wahrscheinlichkeit gibt, dass du der gute Boden bist, der viele Früchte trägt. In Markus 4,5-6 spricht Jesus über den zweiten Boden: *„Und anderes fiel auf das Steinige, wo es nicht viel Erde hatte; und es ging sogleich auf, weil es nicht tiefe Erde hatte. Und als die Sonne aufging, wurde es verbrannt, und weil es keine Wurzel hatte, verdorrte es.“* Später erklärt Jesus in Markus 4,16-17, was das bedeutet: *„Und ebenso sind die, die auf das Steinige gesät werden, die, wenn sie das Wort hören, es sogleich mit Freuden aufnehmen, und sie haben keine Wurzel in sich, sondern sind [Menschen] des Augenblicks; wenn nachher Bedrängnis oder Verfolgung um des Wortes willen entsteht, nehmen sie sogleich Anstoß.“* Menschen, die zu Boden zwei gehören, sind also diejenigen, die das Wort Gottes in ihr Herz aufgenommen haben und begonnen haben, Frucht zu bringen. Von außen mögen sie gut aussehen, aber wenn die Sonne, die für Verfolgung steht, kommt, verdorren sie und sterben. Die Sonne (Verfolgung) offenbart tatsächlich ein Problem mit der Pflanze (dir), das wir von außen nicht sehen können. Es zeigt, dass sie keine tiefen Wurzeln in Gott haben und dass sie deshalb, wenn die Verfolgung kommt, abfallen. Oder vielleicht fallen sie nicht sofort ab, aber sie beginnen, die Wahrheit um des Friedens willen zu kompromittieren. Diejenigen, die aufgrund von Verfolgung abfallen, sind Boden Nr. 2.

Verfolgung an sich ist nicht schlecht. Menschen, die Verfolgung erleben und den guten Boden haben, fallen nicht ab. Stattdessen fallen sie auf ihre Knie und suchen Gott sogar noch mehr. Diese Menschen beten, suchen Gott und wachsen noch mehr, wenn sie Verfolgung erleben. Wir müssen verstehen, dass Verfolgung nie ein Feind für die wahre Gemeinde Gottes gewesen ist. Aber diejenigen, die dem zweiten Boden entsprechen, sind nicht bereit, den Preis für die Nachfolge Jesu zu zahlen, und sie werden abfallen, wenn die Verfolgung kommt. Jesus nachzufolgen und ihm zu gehorchen, ist nicht einfach, und Jesus hat uns nie ein einfaches Leben versprochen. In der Tat hat er uns sogar das Gegenteil versprochen. Er hat versprochen, dass wir durch Verfolgung gehen werden, dass wir wegen seines Namens gehasst werden und dass wir durch viele Prüfungen gehen müssen, um in das Reich Gottes einzugehen. Es ist wichtig zu verstehen, dass die frühe Gemeinde aus Märtyrern bestand. Sie waren bereit, für Jesus zu sterben, und viele von ihnen taten es. Wenn du ihnen unser modernes Evangelium gepredigt hättest und gesagt hättest: „Gib dein Leben Jesus, und er wird dein Leben in Ordnung bringen und dir geben, was du willst“, hätten sie dich verwirrt angesehen und gesagt: „Was meinst du? Mein Onkel hat sein Leben Jesus gegeben und er ist im Gefängnis.“ „Meine Mutter hat ihr Leben Jesus gegeben, und sie wurde geschlagen.“ „Mein Cousin hat sein Leben für Jesus gegeben und er wurde lebendig verbrannt.“ Sie wären ganz verwirrt und würden denken, du seist verrückt. Über 90 % der ersten Jünger Jesu wurden getötet, weil sie ihm folgten. Aber Jesus spricht in Matthäus 16,24-25 über den Preis, ihm zu folgen: *„Dann sprach Jesus zu seinen Jüngern: Wenn jemand mir nachkommen will, verleugne er sich selbst und nehme sein Kreuz auf und folge mir nach! Denn wer sein Leben retten will, wird es verlieren; wer aber sein Leben verliert um meinetwillen, wird es finden.“*

Es kostet alles, Jesus nachzufolgen, aber viele verstehen das nicht, weil sie ihr ganzes Leben in der Kirche gesessen haben, ohne Verfolgung zu erleben. Vielleicht bist das du oder jemand, den du kennst?

Wenn du anfängst, Jesus zu gehorchen und Kranke zu heilen, Dämonen auszutreiben, Menschen im Wasser zu taufen und Jünger zu machen, wirst du erleben, dass Satan dich hasst, und du wirst eine Bedrohung für sein Reich sein. Verfolgung wird kommen, und viele werden abfallen, weil sie nicht bereit sind, sich auf Verfolgung einzulassen, und nicht glauben, dass es in ihrem Land Verfolgung gibt. Jesus verspricht jedoch, dass jeder, der ihm gehorcht, Verfolgung erleben wird, egal wo er lebt. Viele Menschen werden besonders überrascht sein, wenn sie herausfinden, dass die meiste Verfolgung von Menschen kommt, die sie kennen und lieben. Sie kommt oft von der Kirche, von Freunden und der Familie. Ich weiß noch, wie schwer es war, als ich mein Leben zum ersten Mal Christus übergab. Mein Vater, meine Kollegen und sogar die Kirche waren alle gegen mich. Sogar Menschen, die an Jesus glaubten, waren gegen mich und erzählten viele Lügen über mich. Es war sehr schwer. Verfolgung ist nicht nur physisch, sie kann auch mental oder emotional sein. Es ist schmerzhaft, wenn Menschen, die einmal deine Freunde waren, sich gegen dich wenden und z. B. Gerüchte über dich verbreiten. Inzwischen habe ich sogar Verfolgung aus meinem eigenen Land erfahren und musste nach Amerika fliehen. Aber, wie Jesus in Matthäus 10,23 sagt: *„Wenn sie euch aber verfolgen in dieser Stadt, so flieht in die andere!“* Verfolgung ist hart, und keiner von uns mag sie, aber du musst dich entscheiden, wem du gehorchen willst. Wirst du dich entscheiden, den Menschen oder Christus zu gehorchen? Entscheide dich nicht dafür, Boden Nr. 2 zu sein. Bleibe dran und gehe keine Kompromisse ein. Es ist einfach, um des Friedens willen Kompromisse einzugehen, wenn Menschen sagen: „Ich will nicht, dass du Menschen in deiner Badewanne taufst“, „Ich will nicht, dass du Versammlungen in deinem Haus hast“, „Du darfst nicht für Menschen beten! Was denkst du, wer du bist?“ Aber gib nicht nach. Wenn du Verfolgung erlebst, erinnere dich an diese Lehre und beschließe, dass du nicht Boden Nr. 2 sein wirst. Ich denke oft an diese Lehre, wenn ich verfolgt werde, und ich denke mir: „Ich will nicht Boden Nr. 2 sein; ich will Boden Nr. 4 sein. Ich werde nicht aufgeben!“ Und dann bleibe ich standhaft und tue weiter, was Jesus von mir will.

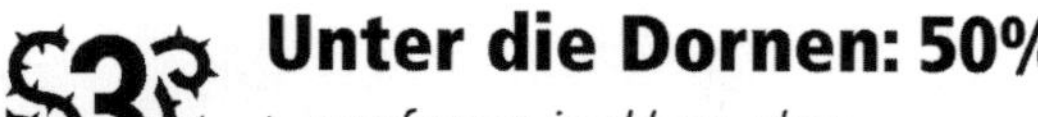

Unter die Dornen: 50%

- *empfangen ins Herz, aber ...*
- *wegen den Sorgen dieser Welt sind sie zu beschäftigt*

Nehmen wir also an, du seist auch nicht Boden Nr. 2. Es gibt jetzt noch zwei Böden und eine 50%ige Wahrscheinlichkeit, dass du der gute Boden bist, der viel Frucht bringt. In Markus 4,7 spricht Jesus über den dritten Boden, indem er sagt: *„Und anderes fiel unter die Dornen; und die Dornen sprossten auf und erstickten es, und es gab keine Frucht."* Jesus erklärt dies später in Markus 4,18-19, wo es heißt: *„Und andere sind die unter die Dornen Gesäten, es sind die, die das Wort gehört haben, und die Sorgen der Zeit und der Betrug des Reichtums und die Begierden nach den übrigen Dingen kommen hinein und ersticken das Wort, und es bringt keine Frucht."* Boden Nr. 3 sind die Menschen, die das Wort hören, es in ihr Herz aufnehmen und anfangen, Frucht zu bringen. Aber dann erstickt sie etwas Trügerisches, das überall um sie herum wächst, sodass sie nicht weiter Frucht bringen. Was ist dieses trügerische Ding, das um sie herum wächst? Nun, Jesus sagt, es seien die Sorgen dieser Welt, der trügerische Reichtum und das Verlangen nach anderen Dingen. Diese Dinge sind die größten Probleme in der Gemeinde heute.

Wenn ich mir die Gemeinde anschaue, kann ich dir sagen, was sie daran hindert, Frucht zu bringen. Es ist ihr Haus und ihr Beruf. Ich habe viele junge Menschen getroffen, die in Jesus verliebt sind und ihm dienen wollen. Ich habe viele getroffen, die davon geträumt haben, Missionar zu sein und die ganze Welt bereisen wollten, um das Evangelium zu teilen. Doch eines Tages verlieben sie sich in ein großes, schickes Haus und beschließen, es zu kaufen. Dann beschließen sie, es zu renovieren und auszubauen. Sie beschließen, auch ein schönes Auto zu kaufen, und wenn sie sich zurücklehnen und auf ihr großes, schickes Haus und ihr schönes Auto schauen, denken sie sich: „Wow, wir sind sehr gesegnet." Doch sie sind nicht gesegnet. Sie werden getäuscht, denn es ist weder ihr Haus noch ist es ihr Auto. Es gehört der Bank, und nun müssen sie der Bank das ganze Geld zurückzahlen, das sie ihr schulden. Aber um der Bank das Geld zurückzuzahlen, müssen sie viel arbeiten. Wenn sie dann nach einem langen Arbeitstag nach Hause kommen und sich um das Haus, den Garten und die Kinder kümmern müssen, sind sie müde und wollen sich nur noch hinsetzen und fernsehen. Sie sind so beschäftigt, dass sie den Traum, den Gott ihnen gegeben hat, vergessen haben. Plötzlich vergehen zwanzig Jahre, und sie tun nichts für Gott, weil sie zu sehr mit dem Leben beschäftigt sind und keine Zeit für ihn haben. Diese Menschen sind Boden Nr. 3.

Die Dinge in unserem Leben können den Traum, den Gott uns gegeben hat, töten und uns davon abhalten, Frucht zu bringen. Wir müssen vorsichtig sein, denn diese Dinge, die uns ablenken können, sind trügerisch. Ich weiß, wovon ich spreche, weil ich das auch erlebt habe. Vor einigen Jahren kauften meine Familie und ich ein altes Haus und fingen an, es zu renovieren und in Ordnung zu bringen. Zu dieser Zeit war ich mit unserem Haus, dem Auto, dem Garten und meinem Job beschäftigt. Ich war so beschäftigt und erschöpft, dass ich mich, wenn ich von der Arbeit nach Hause kam und mich um die Dinge im Haus gekümmert hatte, auf die Couch setzte, fernsah und dann ins Bett ging. Das habe ich von Montag bis Freitag gemacht. Und wenn das Wochenende kam, verbrachten meine Familie und ich Zeit mit unseren Freunden und kümmerten uns um andere Verpflichtungen. Dann begann eine neue Woche, und ich wiederholte das Gleiche immer wieder, und die Zeit verging wie im Fluge. Was ist aus dem Ruf Jesu geworden? Was ist daraus geworden, Gott zu gehorchen? Was ist daraus geworden, ihn zu suchen? Nun, ich hatte keine Zeit dafür. Ich ließ mich von den Sorgen dieser Welt, dem trügerischen Reichtum und dem Verlangen nach anderen Dingen täuschen. Doch eines Tages wurde ich von meinem Job gefeuert, und obwohl ich damals dachte, es sei eines der schlimmsten Dinge, die mir passieren könnten, kann ich jetzt rückblickend sehen, dass es eines der besten Dinge war, die mir passiert sind. Das liegt daran, dass ich, als ich meine Rechnungen nicht bezahlen konnte, Gott suchen und um seine Hilfe bitten musste.

Während dieser Zeit, in der ich wirklich Gott suchte, merkte ich, wie weit ich mich von ihm entfernt hatte. Ich war so beschäftigt mit dem Haus, dem Auto, dem Garten und der Arbeit, dass ich keine Zeit mehr für ihn hatte, und ohne es überhaupt zu merken, entfernte ich mich von ihm. Aber als ich gefeuert wurde, brauchte ich ihn. Also fastete ich und suchte Gott. Er begann wieder in meinem Leben zu wirken. Ich begann, mich vom Heiligen Geist leiten zu lassen, zu erfahren, dass Menschen geheilt wurden, Menschen zu Christus zu führen und ihm zu gehorchen. Als ich das erlebte, wusste ich, dass ich mehr wollte. Es gibt wirklich nichts Besseres, als Christus zu gehorchen und vom Heiligen Geist geführt zu werden. Aber ich wusste auch, dass, wenn meine Familie und ich dieses Leben mit Gott haben wollten, wir bereit sein mussten, den Preis dafür zu bezahlen. Ich wusste, dass wir einige Dinge in unserem Leben ändern mussten, und so entschieden wir uns, von unserem Haus in eine kleine Wohnung zu ziehen. Warum? Nun, weil wir dann nicht mehr so viel arbeiten mussten, und ich dann mehr Zeit mit Gott hatte. Wir stellten unser ganzes Leben um, um mehr Zeit mit Gott zu haben. Auf einmal musste ich nur noch zwei Tage in der Woche arbeiten und hatte fünf Tage, um Zeit mit Gott zu verbringen und ihm zu dienen. Diese Zeit war unglaublich, aber die Wahrheit ist, dass wir alle die gleiche Menge an Zeit haben. Wir alle haben 24 Stunden pro Tag. Allerdings setzen manche Menschen ihre Prioritäten einfach anders, um Zeit mit Gott zu haben.

Diejenigen, die auf Boden Nr. 3 sind, haben keine Zeit, Gott zu dienen, weil sie zu sehr mit anderen Dingen beschäftigt sind. (Oder man könnte sagen, sie lieben die anderen Dinge in ihrem Leben mehr als Jesus, also nehmen sie sich nicht die Zeit, ihm zu dienen). Sei nicht Boden Nr. 3. Lass dich nicht von den Dingen täuschen und lass nicht zu, dass du den Ruf Jesu vergisst. Eines Tages werden wir alle sterben und vor Gott stehen. Und niemand wird, während er vor Gott steht, auf sein Leben zurückblicken und sagen: „Ich wünschte, ich hätte mehr gearbeitet“, oder „Warum habe ich mir nicht ein größeres Auto oder ein größeres Haus gekauft, als ich die Chance dazu hatte?“ Viele Menschen werden auf ihr Leben zurückblicken und sagen: „Warum habe ich nicht für Jesus gelebt? Warum war ich besorgt darüber, was die Leute von mir denken? Warum habe ich versucht, es allen um mich herum recht zu machen, anstatt das zu tun, was Jesus von mir erwartet?“ Viele Menschen werden auch zurückblicken und sagen: „Warum habe ich für mein Haus gelebt? Warum habe ich für mein Auto gelebt? Warum habe ich für meine Hobbys gelebt? All das hat mir nur meine Zeit und meinen Fokus vom Reich Gottes weggenommen.“ Aber an diesem Tag wird es zu spät sein. Wenn du vor Gott stehst, wirst du nichts mehr ändern können. Es ist heute noch nicht zu spät, dich zu entscheiden, wem du gehorchen willst und welcher Boden du sein willst.

Lass nicht zu, dass Verfolgung oder irgendetwas anderes in dieser Welt dir den Ruf Jesu wegnimmt. Gehorche dem, was du in diesem Kickstart-Paket gehört hast. Wenn du die Entscheidung triffst, zu gehorchen, wird Jesus sich um dich kümmern und dir helfen. Meine Familie und ich sind durch viele schwierige Zeiten gegangen, in denen wir einen Kompromiss eingehen und uns für den zweiten Boden entscheiden hätten können. Aber wir haben uns entschieden, nicht Boden Nr. 2 zu sein, und wir wissen, dass es einen Preis hat, Jesus zu folgen. Wir haben so viel Frucht gesehen und wir lieben es, ihm zu dienen, aber wir haben auch viele Freunde und sogar Familienmitglieder verloren. Wir wurden aus Gemeinden rausgeschmissen und sogar von unserem eigenen Land abgelehnt. Wir mussten ein einfaches Leben führen, in dem wir nicht viele Dinge hatten, die andere Menschen haben. Wir haben Gott den Vorrang vor einem großen, schicken Haus gegeben und uns zeitweise dafür entschieden, in einer kleinen Wohnung oder sogar in einem Wohnmobil zu leben. Es war hart, aber Jesus zu dienen ist größer als alles, was wir jemals durchmachen werden. Ich sage nicht, dass es falsch ist, ein Haus zu besitzen. Ich sage nur, dass wir unsere Zeit richtig einteilen müssen. Jetzt sind meine Familie und ich Boden Nr. 4 und bringen eine Menge Frucht.

Der gute Boden: 100%

- *bringen viel Frucht*
- *30fach, 60fach, 100fach*

Ich weiß nicht, wo du in deinem Leben stehst. Vielleicht bist du schon auf Boden Nr. 4 und bringst wunderbare Frucht. Wenn ja, dann wächst du. Du gehst keine Kompromisse ein, um des lieben Friedens willen. Und du nimmst dir die Zeit, Gott zu gehorchen und hinauszugehen, um die Person des Friedens zu finden. Wenn nicht, frage Gott, was du in deinem Leben ändern musst, um der gute Boden zu sein, und er wird es dir zeigen. Du kannst fragen: „Gibt es Punkte, wo ich Kompromisse gemacht habe? Gott, bitte zeige mir, ob es Dinge in meinem Leben gibt, wie die Täuschung des Reichtums, die Sorgen dieses Lebens und die Sehnsucht nach anderen Dingen, die mich von dem einfachen Leben und der Berufung, die du mir gegeben hast, weggeführt haben.“ Bitte Gott, es dir zu offenbaren, und dann ändere, was geändert werden muss.

Ich hoffe, dass diese Lektion, zusammen mit dem Rest des Kickstart-Pakets, dich gesegnet hat. Ich ermutige dich wirklich, zurückzugehen und die Lektionen noch einmal durchzulesen oder zu hören. Ich glaube, wenn du sie noch einmal durchgehst, wird Gott dir Dinge offenbaren, die du beim ersten Mal nicht gesehen hast. Ich ermutige dich auch, dieses Kickstart-Paket zu nutzen, um andere um dich herum zu erreichen. Sei der gute Boden, der viele Früchte trägt. Lade deine Freunde, Familie und Nachbarn ein, um dieses Kickstart-Paket kennenzulernen. Wenn sie nicht wollen, schüttle den Staub von deinen Händen und Füßen und ziehe weiter. Suche dir andere, die dir zuhören wollen. Ich ermutige dich auch, eine Person des Friedens zu finden, in ihrem Haus zu bleiben, sie und ihre Angehörigen mit dem Kickstart-Paket bekanntzumachen. Wenn Menschen Buße tun, taufe sie mit Wasser und dem Heiligen Geist, bete für ihre Heilung und treibe alle Dämonen aus. Dann kannst du sie zu Jüngern machen. Sei der gute Boden, nimm die Worte Jesu in dein Herz und gehorche ihnen.

Ich möchte mit Markus 4,8 enden, wo Jesus sagt: *„Und anderes fiel in die gute Erde und gab Frucht, indem es aufsprosste und wuchs; und es trug eines dreißig-, eines sechzig- und eines hundert[fach].“* Sorge dafür, dass du der gute Boden bist, der viel Frucht für Gott hervorbringt. Gehorche den Geboten von Jesus und wachse!

Denke daran, dass wir hier sind, um dir zu helfen. Lass uns gemeinsam Jesus als seine Jünger nachfolgen. Wir empfehlen dir, dir unsere kostenlosen Filme anzusehen: „Die letzte Reformation: Der Anfang“, „Die letzte Reformation: Das Leben“ und „7 Tage Abenteuer mit Gott“. Du kannst dir auf unserem YouTube-Kanal auch unsere Videos und auf *www.thelastreformation.com* die Lehrvideos ansehen.

Ich möchte nun für dich beten.

Gott, ich bete für jeden, der dieses Kickstart-Paket gesehen hat. Ich bete, dass du mit deinem Heiligen Geist kommst, sie segnest und ihre Herzen berührst. Gott, ich bete, dass dieses Wort in ihnen lebendig wird und dass sie sich entscheiden, der gute Boden zu sein, der viel Frucht bringt. Ich bete, dass dieser Same, der durch das Hören dieser sieben Lektionen gepflanzt wurde, in gute Herzen fällt und viele Früchte hervorbringt. Gott, ich danke dir für die Menschen da draußen. Die Ernte ist groß und die Arbeiter sind wenige. Ich bete, dass du diejenigen, die dieses Kickstart-Paket sehen, als Arbeiter in deine Ernte aussendest und dass du sie durch deinen Heiligen Geist führst, damit sie die Person des Friedens finden. Ich bete, dass sie nicht nur viel Frucht in ihrem Leben sehen werden, sondern dass sie auch erleben, dass das Reich Gottes wächst wie nie zuvor. Also, komm mit deinem Heiligen Geist. Ich spreche Freiheit, Heilung und Durchbruch über das ganze Volk Gottes, im Namen Jesu. Amen.

Gott segne euch alle! Seid dem Ruf treu, den Jesus euch gegeben hat!

Torben Søndergaard
Ein Jünger von Jesus Christus

Frage und Antwort zu Lektion 7

Welchem Bodentyp entsprichst du?

Nachdem du nun die Lektion über die vier Böden gelesen hast, ermutige ich dich und alle anderen, euch etwas Zeit zu nehmen und Gott zu fragen, welcher Boden du bist. Es ist leicht, vom vierten Boden in den zweiten oder dritten Boden zurückzufallen, und wir müssen täglich unser Kreuz auf uns nehmen, uns selbst prüfen und weiterhin in Christus sein. Die Lehre über die vier Böden ist eine gute Erinnerung für uns, wenn wir Verfolgung erleben. Sie erinnert uns daran, dass wir keine Kompromisse eingehen und zu Boden Nr. 2 zurückfallen dürfen. Sie hilft uns auch, nicht zu Boden Nr. 3 zurückzufallen, wenn das Leben geschäftig und voller Ablenkungen ist, und fest auf Boden Nr. 4 zu stehen.

Nutze diese Lehre, um dich selbst zu prüfen und festzustellen, wo du in deinem Leben gerade stehst. Was sind die Dinge, die du ändern musst, um Boden Nr. 4 zu sein? Du hast die Wahl zu entscheiden, welcher Boden du sein willst. Entscheide dich, der gute Boden zu sein, der viele Früchte trägt. Wenn du nicht der gute Boden bist, kannst du beten und sagen: „Gott, bitte sprich zu mir und hilf mir. Bitte zeige mir, was ich in meinem Leben ändern muss, um der gute Boden zu sein, der viele Früchte trägt."

Wir sind alle unterschiedlich, und manche Menschen müssen vielleicht große Veränderungen vornehmen, um zum guten Boden zu werden, während andere vielleicht nur kleine Veränderungen vornehmen müssen. Manchmal müssen Menschen vielleicht eine Menge kleiner Veränderungen in ihrem Leben vornehmen. Wenn dies auf dich zutrifft, ist es wichtig, dass du dich daran erinnerst, dass dies nicht an einem Tag geschieht. Es braucht Zeit. Lasse den Heiligen Geist weiter in dir arbeiten, ändere, was du ändern musst, und du wirst am Ende den guten Boden erreichen.

Ich habe die Lehre der vier Böden auf der ganzen Welt weitergegeben, und oft kommen Menschen zu mir und sagen mir, dass diese Lehre ihr Leben verändert hat. Sie sagen oft, dass sie, als sie diese Lehre zum ersten Mal hörten, dem zweiten oder dritten Boden entsprachen, aber heute sind sie auf dem vierten Boden und tragen eine Menge Frucht. Ich habe auch Menschen getroffen, die mir sagten, dass sie einmal auf Boden Nr. 4 waren, aber ohne es zu merken, wieder in Boden Nr. 2 oder 3 zurückgerutscht sind, und diese Lehre hat ihnen wieder die Augen geöffnet. Sie sagen mir, dass sie erkennen, dass sie wieder Buße tun müssen und was sie ändern müssen, um wieder Boden Nr. 4 zu sein und gute Frucht zu bringen.

Wie ich bereits in dieser Lektion besprochen habe, repräsentiert Boden Nr. 2 diejenigen, die Verfolgung erfahren und abfallen. Es ist wichtig zu verstehen, dass wir alle verfolgt werden, wenn wir Jesus dienen. Das ist ein Teil der Berufung, die er uns gegeben hat. Wir werden um seines Namens willen leiden. Was sollen wir also tun, wenn wir Verfolgung und Leid erfahren? Wirst du Boden Nr. 2 sein, der um des Friedens willen Kompromisse eingeht, oder wirst du der gute Boden sein, der keine Kompromisse eingeht, auch wenn er durch Verfolgung geht? Menschen reagieren auf Verfolgung auf unterschiedliche Weise. Manche bleiben standhaft und warten darauf, dass sie aufhört, und auch wenn das in Ordnung ist, gibt es eine noch bessere Reaktion. Die beste Reaktion auf Verfolgung ist, sich zu freuen. In Apostelgeschichte 5 lesen wir, dass die Apostel verfolgt wurden, weil sie über Jesus sprachen, aber in Apostelgeschichte 5,41 sehen wir ihre Reaktion darauf: *„Sie nun gingen aus dem Hohen Rat fort, voller Freude, dass sie gewürdigt worden waren, für den Namen Schmach zu leiden.“* Wow, das ist stark. Wir sollten uns freuen, wenn wir verfolgt werden, weil wir wissen, dass wir eine große Belohnung im Himmel haben, und auch, weil wir für würdig befunden wurden, um seines Namens willen verfolgt zu werden.

Freust du dich, wenn du verfolgt wirst? Bitte Gott, dir dabei zu helfen, und denke daran, dein Herz zu hüten und es reinzuhalten. In Matthäus 5,44 lesen wir: *„Ich aber sage euch: Liebt eure Feinde, und betet für die, die euch verfolgen ...“* Das ist sehr wichtig und das müssen wir tun. Lass dein Herz nicht bitter werden. Wir müssen sehr vorsichtig sein, dies nicht zuzulassen, denn wenn wir Verfolgung erleben, kommt Satan oft und versucht, Bitterkeit, Schmerz und Unversöhnlichkeit in unsere Herzen gegenüber denen zu legen, die uns verfolgt haben. Wir müssen Gott bitten, dass er uns hilft zu verstehen, dass Verfolgung Teil von Gottes Plan ist und dass wir diejenigen lieben müssen, die uns verfolgen. Denke daran, dich zu freuen, denn du sammelst einen Schatz im Himmel, und dein Vater wird für dich sorgen.

Einen Schatz im Himmel sammeln

Wir, als Jünger Jesu, müssen unseren Fokus wieder auf die Ewigkeit richten. Wir haben uns viel zu sehr auf diese Zeit und nicht auf das kommende Zeitalter konzentriert. Jesus sagt in Matthäus 6,19: *„Sammelt euch nicht Schätze auf der Erde, wo Motte und Fraß zerstören und wo Diebe durchgraben und stehlen.“* Hier spricht er darüber, dass wir unseren Schatz nicht hier auf der Erde aufbewahren sollen. Wir sollten ihn stattdessen im Himmel aufbewahren. Wo ist dein Schatz? Wo ist dein Herz, und in was investierst du? Liegt dein Fokus auf diesem Leben und darauf, so viel wie möglich aus diesem Leben herauszuholen? Oder ist dein Fokus auf Christus selbst gerichtet und darauf, ihn mit diesem Leben zu ehren und Schätze im Himmel zu sammeln, nicht auf der Erde?

Stell dir vor, du hast eine neue Arbeitsstelle bekommen und dir wird am ersten Tag gesagt, dass dein Gehalt für die nächsten zehn Jahre davon abhängt, wie viel du am ersten Tag arbeitest. Wenn du wenig arbeitest, wirst du ein kleines Gehalt haben, aber wenn du viel arbeitest, wirst du ein großes Gehalt haben. Wenn man dir das sagen würde, würdest du an diesem ersten Tag so hart wie möglich arbeiten, damit du in den nächsten zehn Jahren ein großes Gehalt hast. In gleicher Weise wird das, was wir hier auf der Erde für Christus tun, unsere Ewigkeit bestimmen. Also müssen wir uns auf unsere Ewigkeit konzentrieren. Petrus sagte in Markus 10,28: *„Siehe, wir haben alles verlassen und sind dir nachgefolgt!“* Jesus antwortete darauf:

> *Wahrlich, ich sage euch: Da ist niemand, der Haus oder Brüder oder Schwestern oder Mutter oder Vater oder Kinder oder Äcker*

> *verlassen hat um meinetwillen und um des Evangeliums willen, der nicht hundertfach empfängt, jetzt in dieser Zeit Häuser und Brüder und Schwestern und Mütter und Kinder und Äcker unter Verfolgungen – und in dem kommenden Zeitalter ewiges Leben. Aber viele Erste werden Letzte und Letzte Erste sein* (Mk 10,29-30).

Hier sehen wir, dass diejenigen, die in diesem Leben Dinge aufgeben, obwohl sie Verfolgung erfahren werden, sowohl in diesem als auch im nächsten Leben gesegnet sein werden. Wenn wir alles aufgeben, um Christus nachzufolgen, werden wir einen Schatz im Himmel ansammeln und in diesem Leben gesegnet werden. Ich möchte dich deshalb ermutigen, den Worten Jesu zu gehorchen, deinen Schatz im Himmel zu sammeln, und du wirst sehen, dass Gott treu ist und dich segnen wird, sowohl in diesem als auch im kommenden Leben.

Keine Sorge

Jesus hat uns geboten, uns keine Sorgen zu machen:

> *Deshalb sage ich euch: Seid nicht besorgt für euer Leben, was ihr essen und was ihr trinken sollt, noch für euren Leib, was ihr anziehen sollt! Ist nicht das Leben mehr als die Speise und der Leib mehr als die Kleidung? Seht hin auf die Vögel des Himmels, dass sie weder säen noch ernten noch in Scheunen sammeln, und euer himmlischer Vater ernährt sie [doch]. Seid ihr nicht viel wertvoller als sie? Wer aber unter euch kann mit Sorgen seiner Lebenslänge eine Elle zusetzen? Und warum seid ihr um Kleidung besorgt? Betrachtet die Lilien des Feldes, wie sie wachsen; sie mühen sich nicht, auch spinnen sie nicht. Ich sage euch aber, dass selbst nicht Salomo in all seiner Herrlichkeit bekleidet war wie eine von diesen. Wenn aber Gott das Gras des Feldes, das heute steht und morgen in den Ofen geworfen wird, so kleidet, [wird er das] nicht viel mehr euch [tun], ihr Kleingläubigen? So seid nun nicht besorgt, indem ihr sagt: Was sollen wir essen? Oder: Was sollen wir trinken? Oder: Was sollen wir anziehen? Denn nach diesem allen trachten die Nationen; denn euer himmlischer Vater weiß, dass ihr dies alles benötigt. Trachtet aber zuerst nach dem Reich Gottes*

und nach seiner Gerechtigkeit! Und dies alles wird euch hinzugefügt werden. So seid nun nicht besorgt um den morgigen Tag! Denn der morgige Tag wird für sich selbst sorgen. Jeder Tag hat an seinem Übel genug (Mt 6,25-34).

Ich glaube, dass dieses Gebot ganz wichtig für uns ist. Als Mensch hier auf der Erde gibt es so viele Dinge, über die wir uns Sorgen machen können. Wir können uns um die Zukunft sorgen, unsere Finanzen, die Kinder und so weiter. Aber all diese Sorgen hindern dich daran, auf Christus zu schauen und den Ruf zu vollenden, den Jesus dir gegeben hat.

Auch in meinem Leben gab es viele Zeiten, in denen ich die Erfahrung gemacht habe, von Sorgen überwältigt zu sein. Aber wenn das passiert, gehe ich spazieren und denke über diese Worte Jesu in Matthäus 6 nach. Ich schaue mir die Blumen auf den Feldern an und denke daran, dass Salomo nicht einmal wie eine von ihnen gekleidet war. Wenn Gott sich um die Blumen kümmert, die heute hier sind, aber morgen ins Feuer geworfen werden, frage ich mich, wie viel mehr wird er sich nicht um mich kümmern? Und dann schaue ich auf die Vögel, und ich denke wieder über Jesu Worte nach und denke darüber nach, dass die Vögel keine Nahrung in Scheunen aufbewahren und Gott sie dennoch ernährt. Wenn ich darüber nachdenke, wird mir klar, dass er auch für mich sorgen wird, und ich erkenne, dass ich mir keine Sorgen machen muss, weil er sich um mich kümmern wird. Ich ermutige dich also, dir keine Sorgen zu machen und die Worte Jesu in Matthäus 6 zu nehmen und sie laut auszusprechen. Sieh dir die Vögel und die Blumen an und bitte Gott, dir die Augen zu öffnen, damit du siehst, dass er sich sicherlich auch um dich kümmern wird, wenn er sich doch um die Vögel und die Blumen kümmert.

Leute machen sich oft Sorgen um ihre Kinder, wenn wir darüber sprechen, dieses Leben für Jesus zu leben. Meine Familie und ich haben bis jetzt ein verrücktes Leben gelebt, verglichen mit vielen anderen. Wir sind um die ganze Welt gereist und wir haben nie ein sicheres, einfaches und geborgenes Leben geführt. Aber ich habe mich entschieden, dieses Leben für Jesus und meine Kinder zu leben. Unsere Kinder brauchen keine vielbeschäftigte Mutter und keinen vielbeschäftigten Vater, die jeden Sonntag für eine oder zwei Stunden in die Kirche gehen. Unsere Kinder brauchen eine Mutter und einen Vater, die für sie da sind und ihnen das wahre Leben mit Jesus zeigen können. Also, mach dir keine Sorgen um deine Kinder. Gott wird sich um dich und deine Familie kümmern. Wie es in Matthäus 6,33 heißt: *„Trachtet aber zuerst nach dem Reich Gottes und nach seiner Gerechtigkeit! Und dies alles wird euch hinzugefügt werden."* Denke daran, auf die Vögel und Blumen zu schauen und Gottes Willen zu suchen, und du wirst sehen, wie er sich um den Rest kümmert.

Konzentriere dich auf Jesus und nicht auf die Frucht

Jesus spricht in Johannes 15,2 (LUT) darüber, wie wir Frucht bringen müssen. Dort heißt es: *„Jede Rebe an mir, die keine Frucht bringt, schneidet er weg, und jede, die Frucht bringt, schneidet er zurück und reinigt sie so, damit sie noch mehr Frucht bringt."* Das ist sehr ernst, und wir müssen in unserem Leben Frucht bringen. Wir müssen uns auch daran erinnern, dass eine Rebe nicht von selbst Frucht trägt. Sie muss mit dem Weinstock verbunden sein, um Frucht zu tragen. Genauso wird in unserem Leben keine Frucht entstehen, wenn wir uns darauf konzentrieren, Frucht zu bringen, sondern wenn wir uns darauf konzentrieren, mit Christus verbunden zu sein und seinen Willen zu tun.

Es gab eine Zeit in meinem Leben, in der ich sehr darauf konzentriert war, Frucht zu bringen, aber nachdem ich keine sah, wurde ich sehr frustriert. Als ich jedoch anfing, Jesus zu suchen, verlagerte sich mein Fokus von der Frage, wie man Frucht bringt, darauf, wie man ein treuer Jünger ist, eine Beziehung zu Christus hat und seinem Ruf gehorcht. Als ich das tat, begann ich ganz natürlich, Frucht zu bringen. In Matthäus 7,17-20 heißt es: *„So bringt jeder gute Baum gute Früchte, aber der faule Baum bringt schlechte Früchte. Ein guter Baum kann nicht schlechte Früchte bringen, noch [kann] ein fauler Baum gute Früchte bringen. Jeder Baum, der nicht gute Frucht bringt, wird abgehauen und ins Feuer geworfen. Deshalb, an ihren Früchten werdet ihr sie erkennen."* Wenn jemand schlechte Frucht bringt, ist die Lösung nicht, zu sagen: „Du musst gute Frucht bringen." Ein schlechter Baum kann keine gute Frucht hervorbringen.

Stattdessen solltest du dieser Person helfen, sich mit Jesus zu verbinden. Du solltest sie mit dem Ruf Jesu bekannt machen und sie zu einem Jünger machen. Dann wirst du sehen, wie Gott sie verändert, und sie wird ganz natürlich anfangen, gute Frucht zu bringen. Fasten ist eine sehr wichtige Sache, die man tun sollte, wenn man mit Gott wachsen möchte. Wir wissen, dass Jesus seinen Dienst nach einem 40-tägigen Fasten begonnen hat. Auch ich habe meinen Dienst nach einem 40-tägigen Fasten begonnen. Ich ermutige dich, Gott zu fragen, wann du fasten solltest, denn Fasten ist eine großartige sehr wichtige Sache. In unserer „Pioneer School" im Internet und auf unserer Website *www.thelastreformation.com* findest du mehr Lehre über das Fasten und wie es dir helfen kann, zu wachsen und erstaunliche Frucht in deinem Leben zu sehen.

Schlussbemerkung

Wir hoffen aufrichtig, dass sowohl dieses Buch als auch das Kickstart-Paket ein großer Segen für dein Leben sind. Wir sind alle sehr begeistert von diesem Buch und dem Kickstart-Paket, weil es einfache und biblische Lehren enthält. Es liegt so viel Kraft in dem Samen Gottes (dem Wort Gottes). Es ist unser Gebet, dass dies eine unglaubliche Verwandlung in deinem Leben bewirkt und dass du, falls du noch nicht vollständig wiedergeboren bist, das Evangelium verstehst, Buße tust, dich im Wasser taufen lässt und den Heiligen Geist empfängst. Es ist auch unser Gebet, dass ihr alle gute Lehrlinge/Jünger sein werdet, die anfangen, das Leben zu leben, zu dem Jesus sie berufen hat. Wir ermutigen dich, diese Lehren mit anderen Menschen zu teilen. Lade Menschen zu dir nach Hause ein, geh mit ihnen das Kickstart-Paket durch und veranstalte deinen eigenen kleinen Kickstart.

Wir haben dir diese Lehren zur Verfügung gestellt, um dich mit den wertvollen Werkzeugen auszurüsten, die du brauchst, um zu erleben, dass das Leben anderer Menschen durch das Evangelium verwandelt wird, und auch um ihnen zu helfen, gute Frucht zu bringen. Lass uns gemeinsam Christus dienen und das Reich Gottes wachsen sehen wie nie zuvor. Wir haben viele kostenlose Ressourcen zur Verfügung, wie z. B. unsere Lehrvorträge und Filme auf unserer Website *www.thelastreformation.com*. Nachdem du dieses Kickstart-Paket einer Gruppe von Menschen gezeigt hast, denke daran, sie zu fragen, ob sie einen Kickstart bei sich zu Hause mit ihren Freunden und ihrer Familie veranstalten möchten.

Es ist unsere Überzeugung und unser Glaube, dass dies sich von Haus zu Haus und von Netzwerk zu Netzwerk verbreiten wird, und dass wir gemeinsam erleben werden, dass Zehntausende von Menschenleben verwandelt werden und eine Armee von Menschen als wahre Jünger aufstehen wird, die das ganze Evangelium predigen und eine Menge Frucht bringen wird.

Gott segne euch alle!

Über den Autor

Torben Søndergaard ist Gründer von „The Last Reformation" („Die letzte Reformation"), einer Bewegung, die sich in den letzten Jahren weltweit verbreitet hat.

Diese Bewegung hilft dem Leib Christi, zu dem Leben zurückzukehren, das wir in der Apostelgeschichte finden. Sie bildet Tausende von Gläubigen aus und macht sie zu Jüngern, um das Evangelium zu verbreiten und damit Menschen geheilt, befreit und wiedergeboren werden. Sie tun dies durch ihre vielen praxisorientierten Schulungen auf der ganzen Welt und die dreitägigen Kickstart-Wochenenden zusammen mit der kostenlosen Online-Pionierschule.

Torben hat mehrere andere Bücher und Broschüren geschrieben und drei Filme produziert, die auf DVD oder auf ihrem YouTube-Kanal verfügbar sind. Der YouTube-Kanal hat über 125.000 Abonnenten und wurde schon von Millionen gesehen.

Torben und seine Frau Lene leben derzeit in den USA und haben drei Kinder und zwei kostbare Enkelkinder. Weitere Informationen finden sich auf ihren Websites:

- TheLastReformation.com
- TLRmovie.com
- TLRmap.com
- YouTube.com/TheLastReformation

Weitere Bücher von Torben Søndergaard

Der Ruf Jesu

Die Ernte ist reif und groß. Finde Personen des Friedens und mache sie zu Jüngern!; 336 S., Paperback

Anhand der Worte, mit denen Jesus in Lukas 10 die Jünger aussandte, der praktischen Beispiele aus der Apostelgeschichte und vieler seiner eigenen eindrücklichen Erfahrungen, ermutigt uns Torben Søndergaard, uns genauso senden zu lassen, wie die Jünger damals.

Wir erfahren, wie wir die Menschen finden, die wirklich offen sind für den Glauben, wie wir ihnen helfen können, eine echte Wiedergeburt zu erleben und ihr Leben als Jünger zu beginnen, und wie sie selbst Menschen in ihrem Umfeld zum Glauben führen.

Die letzte Reformation (Neuausgabe 2020)

Zurück zum neutestamentlichen Jüngerschafts-Modell

200 S., Paperback

Zwar gab es in den letzten Jahrhunderten immer wieder reformatorische Ansätze, doch blieben viele Strukturen davon unberührt, die nicht auf der biblischen Vorlage beruhen. Wollen wir jedoch als Jünger Jesu Erfolg haben und alle Nationen zu Jüngern machen, dann müssen wir zu dieser Vorlage zurückkehren.

Torben Søndergaard schildert in diesem Buch auf sehr transparente und ehrliche Weise die Herausforderungen, welche er auf seinem eigenen Weg erlebt hat, zur biblischen Art, Jünger zu machen, zurückzufinden.

Christ, Jünger oder Sklave?

110 S., Paperback

Der christliche Glaube hat sich gegenüber der Zeit der ersten Christen bis heute sehr verändert. Geändert hat sich die Art zu predigen und unser Verständnis vom Glauben. Insbesondere kann man häufig hören, dass Christen nicht hinterfragen sollen, ob sie wirklich im Glauben leben.

Das aber ist genau das Gegenteil dessen, was Paulus im Brief an die Korinther schreibt: *„Fragt euch doch einmal selbst, ob ihr im Glauben steht, und prüft euch! …"* (2. Korinther 13,5). Wer oder was ist nun ein Christ?